外国语言文学高被引学术丛书

吕俊 侯向群 ◎ 著

翻译学——一个建构主义的视角

上海外语教育出版社
SHANGHAI FOREIGN LANGUAGE EDUCATION PRESS

图书在版编目（CIP）数据

翻译学：一个建构主义的视角 / 吕俊，侯向群著
. -- 上海：上海外语教育出版社, 2021 (2022重印)
(外国语言文学高被引学术丛书)
ISBN 978-7-5446-6702-9

Ⅰ. ①翻… Ⅱ. ①吕…②侯… Ⅲ. ①翻译学 Ⅳ. ①H059

中国版本图书馆CIP数据核字（2021）第024528号

出版发行：**上海外语教育出版社**
（上海外国语大学内） 邮编：200083
电　　话：021-65425300（总机）
电子邮箱：bookinfo@sflep.com.cn
网　　址：http://www.sflep.com
责任编辑：梁晓莉

印　　刷：	常熟市人民印刷有限公司
开　　本：	635×965　1/16　印张 17.5　字数 278千字
版　　次：	2021年4月第1版　2022年12月第2次印刷
书　　号：	ISBN 978-7-5446-6702-9
定　　价：	56.00 元

本版图书如有印装质量问题，可向本社调换
质量服务热线：4008-213-263　电子邮箱：editorial@sflep.com

出版说明

"外国语言文学高被引学术丛书"是基于"中文学术图书引文索引"(Chinese Book Citation Index,简称CBKCI)数据库的入选书目,将入库的引用频次较高的外语研究学术专著,进行出版或者修订再版。

该数据库由中国图书评论学会和南京大学中国社会科学研究评价中心共同开发,涵盖人文社会科学的11个学科,以引用量为依据,遴选学术精品,客观地、科学地反映出优秀学术专著和出版机构的影响力。上海外语教育出版社有32种图书入选"中文学术图书引文索引"数据库,占外国语言文学学科类入选专著数量近1/4(共132种入选),数量居该领域全国出版社首位。

本着"推广学术精品,推动学科建设"的宗旨,外教社整理再版这些高被引图书,将这些高质量、高水准的学术著作以新的面貌、新的方式展现给读者,这对于促进学者之间的思想交流,提高研究效率和研究质量,记录与传承我国学者在外国语言文学学科的优秀研究成果具有积极意义,同时也为广大语言学者提供了丰富的参考资源。

再版序言

十年前,《翻译学——一个建构主义的视角》一书面世,获得译界同仁的普遍认可,这正是拙作能得以再版重印的原因。作为著作者,我们首先要感谢译界同仁的厚爱,同时也在内心感到欣慰。十年的光阴,对于一个人的人生来说,不可谓短,但在历史的长河中,它又仅仅是一瞬而已。就学术发展而论,十年中我们足以见证一种学术思潮的兴起与勃发,也可以目睹其衰落与沉寂。时间对于一部学术著作而言,又是一个很好的试金石,当然,仅仅十年在此意义上又太短,不足以说明什么。所以,我们十分高兴这次拙作有机会再版重印,让它有了再经受十年考验的可能。

回想十多年前,当我们还在构思这部著作并把一些重要章节以论文形式在学术刊物上陆续发表之时,正是解构主义思潮主宰我国译学界之日,及至拙作正式出版之时,解构主义思潮业已衰落与式微。它之所以其兴也勃焉,其衰也忽焉,自是有其道理的。因为它只是一股怀疑与否定的批判思潮,并不是一种完整的真理理论体系。当人们认识到它所批判和否定的东西的确存在如其所批判的不足或错误时,它的任务便宣告结束,至于以后的事情,它就不管了,因为那不是它的分内之事了。解构主义批判了自笛卡儿以来的哲学,即现代性哲学,拒斥了主客二分的认识论,否定了知识的确定性(这些的确是现代性哲学的症结所在),给我们带来了强调差异性、不确定性、个性与离散性的后现代性。那么,如何处理这些杂然无序的问题,它就不管了。正如 Gerard Delanty 在 *Social Science: Beyond Realism and Constructivism*[①] 一书中所批评的,"有混乱思想的后现代主义是值得怀疑的,因为这种思想来源于文献批判主义和令人怀旧的权利偶像。我们认为解构主义在 20 世纪 80 年代是最时髦的,但现在已经消退,后现代主义的主要缺陷是它不能回答现代社会的规范基础问题。如果社会科学有一个公共功能,那么这种社会科学就必须回答它的理论客体问题。"这一批评可谓是一针见血。这也是它兴衰起落十分迅速的

---

① Delanty, Gerard(1997)*Social Science: Beyond Realism and Constructivism*. London: Open University Press. p108.

原因。

我国译学研究在20世纪90年代中期到21世纪初的前几年内,正是在这种思潮带领下以摧枯拉朽之势批判了语文学范式的传统翻译理论,否定了以奈达为代表的结构主义语言学范式的翻译思想。但在此之后它就鸣金收兵了。至于翻译学以后该怎么走,需要怎样的理论作为主导理论,新的研究又以何为基础,等等,它就不再考虑了。自此以后我国的翻译学基本处于缺乏主导理论的泛文化研究之中,甚至企图以文化研究替代翻译研究,声称"翻译研究,说到底,就是文化研究"。我们不否认现代知识处于学科交融与综合之中,但绝不是不再需要学科分类,而是不同学科之间的理论互鉴和方法融通。以文化研究替代翻译研究不但是不科学的,也是行不通的。其实,这也是解构主义发展的一个必然结果。为什么这么说呢?我们知道现代主义、后现代主义与建构主义在理论方法上是不同的,其发展就很不一样。现代主义采用句法学的方法,它相信句法结构决定了意义。而后现代主义的方法趋势是解释学的,而解释就必然是一种文化的解释,到一定时候,它必然要求所谓"文化转向"。建构主义的思想趋势是修辞学的。因为建构主义强调对话与协商,而修辞学的任务就是要让听众相信一种观点的正确性和合法性,以及另一种观点的不合法性。古希腊文化中修辞学十分发达与当时的民众爱好在市民广场辩论有一定关系。

在翻译学研究中,把研究方向引导至主导理论缺失、方向不明情况的原因在很大程度上是一些有影响的译学学者缺少反思精神,没有认识到他们所依赖的哲学理论自身的缺陷与不足。在现代性与后现代性的论战中,只图一时获得批判与否定的快感,而不考虑破坏之后的重建问题。所以,在理论选择时没有对众多可选择的理论进行甄别和衡量。当然,理论本身的问题还是主要的。例如,在哲学范畴上,现代主义只强调主—客关系,而解构主义则把客体置于不顾,只强调主体际性,在批判狭义认识论的同时,忽略或根本不知还有广义认识论的存在,后者是一种主—客—主的认识模式。这里既有不同的主体(即主体际性),还有不可或缺的客体位置。试想,如果客体缺位,那么主体间的对话和争辩又围绕什么进行呢?在广义认识论中主体是社会性的而不是个体性的。对话是个体与社会的对话;在语言问题上,解构主义批判了结构主义的语言工具论观点,代之的是语言本体论。认为"词语破碎处无物存在"。其结果必然使言说者也陷于难以自明的窘境；在理性观上，它否定了结构主义的目的——工具理性，批判了现代性的确定性，却用非理性代之，结果让自己陷入相对主义泥潭，只能以"怎么都行"作为最终判据。它忘记了人类一切活动或科学事业都是理性的事业，真正的哲学思想也都是在一定社会环境中人们通过协商对话，在交往理性中形成的：在真理问题上，解构主义批判了符合论真理，否定了真理的绝对性和与价值无涉的纯净性，这当然是对的，但它却否认任何真理的存在，这就走过了头，因而否定了一切科学探索的目的性，甚至人生的意义。按建构主义的观点，真理既不是绝对的也不是纯粹的、超然的，它是一种集体智慧的结晶，是各种思想或利益在协商中通过对话、争辩、冲突和让步而形成的一种共识，即哈贝马斯所谓的"共识性真理"。

其实，在翻译学建立的过程及主导理论的选择过程中，我们有很多理论资源可供选择和利用。解构主义的一些理论和方法在破除旧的理论时，的确是利器。但它在破后重建中却显得无能为力，难有作为。

在众多理论中，有一种有深远历史渊源又在同解构主义争辩与斗争中更得到空前发展的哲学思潮，即，建构主义，是我们可以倚重的哲学思想。正如 M.R. Matthews 在他的 *Constructivism in Science Education: A Philosophical Examination*[①] 所说，"从后现代主义或后解构主义的角度看，建构主义已经深深地影响了文学、艺术、历史、社会科学和神学教育。从总的情况看，建构主义已成为热点问题。"

这一哲学思潮门派众多，阵容强大。在批判现代性上，它与解构主义是"同盟军"，但在其理论目标和终极使命上来看，它们又很是不同。因此，它们之间的争论是在所难免。大家熟知的哈贝马斯和德里达的争论就是很好的例子。

作为拙作主要理论资源的哈贝马斯交往行动理论就以皮亚杰的认知建构主义为基础，重建了自己的交往行动理论，将主客二分法转换为个人系统和社会系统之间的建构关系。他说语言学上建立起来的主体通性结构可以以基本的言语行为为原型加以研究，这些结构对社会系统和个人系统来说，都是根本性的。我们可以把社会系统理解为交往行为的网状

---

① Matthews, Michael R. (1998) *Constructivism in Science Education: A Philosophical Examination*. London: Springer. p1.

系统;个体系统可以从语言能力和行为能力方面加以观察。据此他提出著名的交往行动理论,交往理性,普遍语用学,商谈伦理学,以及共识性真理等一系列重要理论。仅从这些理论名称中我们不难看出它们与翻译学的密切关系。

再如,托马斯·库恩,早就被看作建构主义运动的先驱。他的《科学革命的结构》提出了历史主义科学哲学观,他认为科学不仅是一种逻辑的建构过程,更是一个充满科学家社会行为的过程。他令人信服地证明了科学活动是由科学共同体选择的范式决定的,从而打开了用社会原因解释科学的方便之门。所以,拙著首先就运用了库恩的思想对译学发展进行了范式划分,即,传统的语文学范式、结构主义语言学范式、解构主义多元范式以及拙著中提出的建构主义范式。除此以外,拙著还借助了其他一些建构主义理论家的理论,如布迪厄等。他们都是建构主义者,因此,拙著副标题为"一个建构主义的视角"。

作为一个全新的翻译学理论和理念,当然会有这样或那样的缺点和不足,甚至谬误,同时也是容易引起争议的,因此,我们诚恳地希望读者能真诚地批评和指正。

是为序。

吕俊　侯向群
于南京龙江公寓

目　录

译学探索之路
——《翻译学——一个建构主义的视角》序 ⋯⋯⋯⋯⋯⋯⋯ v

关于建构主义翻译学之构想（代前言） ⋯⋯⋯⋯⋯⋯⋯⋯⋯ 1

第一章　关于翻译学的学科学思考 ⋯⋯⋯⋯⋯⋯⋯⋯⋯⋯ 13
 1.1　增强学科意识，促进翻译学的发展 ⋯⋯⋯⋯⋯⋯⋯⋯ 13
  1.1.1　学科学的发展与翻译学的孕育 ⋯⋯⋯⋯⋯⋯⋯ 13
  1.1.2　作为独立学科的必要条件与要求 ⋯⋯⋯⋯⋯⋯ 15
 1.2　翻译学的学科性质与特点 ⋯⋯⋯⋯⋯⋯⋯⋯⋯⋯⋯ 20
  1.2.1　翻译学是一门综合学科 ⋯⋯⋯⋯⋯⋯⋯⋯⋯ 21
  1.2.2　综合学科内部结构的特点 ⋯⋯⋯⋯⋯⋯⋯⋯ 22
  1.2.3　综合学科内部的科际整合 ⋯⋯⋯⋯⋯⋯⋯⋯ 24
 1.3　翻译学的机体结构模式 ⋯⋯⋯⋯⋯⋯⋯⋯⋯⋯⋯⋯ 26
  1.3.1　为什么要选择传播学的结构模式作为翻译学的机体
     结构模式 ⋯⋯⋯⋯⋯⋯⋯⋯⋯⋯⋯⋯⋯⋯⋯⋯ 28
  1.3.2　传播学观照下的翻译研究的特点 ⋯⋯⋯⋯⋯⋯ 30
  1.3.3　传播学的丰富理论成果是翻译学的雄厚理论资源 ⋯⋯ 34
 1.4　翻译学的理论结构框架模式 ⋯⋯⋯⋯⋯⋯⋯⋯⋯⋯ 35
  1.4.1　以言语学作为主干理论框架的建构性研究 ⋯⋯⋯ 36
  1.4.2　言语的语言学与语言的语言学 ⋯⋯⋯⋯⋯⋯⋯ 37
 1.5　增强理论意识，促进翻译学的建设 ⋯⋯⋯⋯⋯⋯⋯ 39
  1.5.1　在翻译研究中轻视理论的倾向 ⋯⋯⋯⋯⋯⋯⋯ 39
  1.5.2　理论的构成、性质与功能 ⋯⋯⋯⋯⋯⋯⋯⋯ 41
  1.5.3　在翻译研究中轻视理论的缘由 ⋯⋯⋯⋯⋯⋯⋯ 46

第二章　对已有几种翻译研究范式的反思与批评 ⋯⋯⋯⋯⋯ 49
 2.1　我国译学研究的几次范式演变 ⋯⋯⋯⋯⋯⋯⋯⋯⋯ 49

2.2 语文学范式的翻译研究及其批评 ································· 49
2.3 结构主义语言学范式的翻译研究及其特点 ······················ 53
2.4 结构主义语言学范式的翻译研究中的盲点与误区 ············· 57
2.4.1 结构主义把翻译研究置于天真的假设基础上 ··········· 57
2.4.2 对结构主义意义观的解构 ································· 59
2.5 解构主义范式的翻译研究与批评 ································· 63
2.5.1 解构主义范式的翻译研究对翻译学的贡献 ············· 63
2.5.2 哲学的语言论转向：一种认知范式的转变 ············· 64
2.5.3 翻译观念：从独白走向对话 ······························ 67
2.5.4 翻译的过程：一种对话的参与 ·························· 69
2.5.5 理解中的偏见与翻译的再创造 ·························· 72
2.6 解构主义范式的翻译研究——缺少主体框架的研究范式 ····· 77
2.6.1 翻译学的框架结构问题 ··································· 78
2.6.2 为什么解构主义的翻译理论不能成为本体理论框架 ································· 79
2.6.3 翻译学主体理论框架的性质与特点 ····················· 82
2.7 如何看待解构主义的研究范式 ···································· 87
2.7.1 我们应从解构主义那里学些什么 ························ 87
2.7.2 在学习中应避免的几个倾向 ····························· 90
2.8 对翻译研究"文化转向"的反思 ·································· 93
2.8.1 为什么译学研究出现文化转向 ·························· 93
2.8.2 如何看待这种文化转向 ··································· 95
2.8.3 回归本体之路与双重解读的策略 ························ 99

第三章 建构主义翻译学之知识基础 ···································· 105
3.1 实践哲学——建构主义翻译学的哲学基础 ····················· 105
3.1.1 哲学观念的变化与翻译研究的关系 ···················· 105
3.1.2 从理论哲学向实践哲学的转向 ·························· 110
3.1.3 哲学的实践转向对翻译研究的指导意义 ············· 113
3.2 建构主义翻译学的认识论基础 ···································· 117
3.2.1 经验—分析科学与重建性科学的区别 ················· 117
3.2.2 人文社会科学中的主客体关系 ·························· 120

3.2.3　自在客观性、主体间性与自为客观性 …………… 121
　　　3.2.4　三个世界理论与翻译研究 ………………………… 123
　　　3.2.5　从狭义认识论到广义认识论 ……………………… 126
　3.3　建构主义翻译学的理性基础 …………………………………… 127
　　　3.3.1　翻译研究范式与理性基础 ………………………… 127
　　　3.3.2　翻译研究中的理性定位 …………………………… 131
　　　3.3.3　建构的翻译学的理性基础：交往理性 …………… 133
　3.4　建构主义翻译学的真理观 ……………………………………… 135
　　　3.4.1　不同翻译研究范式中的真理观 …………………… 135
　　　3.4.2　共识性真理及其特点 ……………………………… 139
　　　3.4.3　共识性真理观与建构的翻译学 …………………… 143
　3.5　建构主义翻译学的语言学基础 ………………………………… 147
　　　3.5.1　结构主义和本体论语言观及其翻译观 …………… 147
　　　3.5.2　言语行为理论及其哲学基础 ……………………… 151
　　　3.5.3　言语行为理论与建构主义翻译学 ………………… 153

第四章　建构主义的翻译学 ………………………………………… 158
　4.1　普遍语用学的翻译观 …………………………………………… 158
　　　4.1.1　何为普遍语用学 …………………………………… 158
　　　4.1.2　翻译学的语言学基础：从结构主义语言学向言语
　　　　　　行为理论的转变 …………………………………… 161
　　　4.1.3　普遍语用学的翻译观 ……………………………… 165
　4.2　建构主义翻译学的理解观 ……………………………………… 167
　　　4.2.1　绝对主义的意义观与理解的机械性 ……………… 167
　　　4.2.2　相对主义的意义观与理解的任意性 ……………… 170
　　　4.2.3　哈贝马斯对意义的绝对主义和相对主义理论的
　　　　　　超越 ………………………………………………… 172
　4.3　从言语行为理论到普遍语用学 ………………………………… 175
　　　4.3.1　奥斯汀的言语行为理论 …………………………… 175
　　　4.3.2　塞尔对言语行为理论的发展 ……………………… 178
　　　4.3.3　哈贝马斯的普遍语用学 …………………………… 186
　4.4　言语结构的双重划分与翻译模式的转变 ……………………… 198

	4.4.1	言语行为作为普遍语用学的最小单位	198
	4.4.2	言语行为的双重结构	199
	4.4.3	双重结构原理对翻译研究的意义	200
4.5	现实文本与观念文本	206
	4.5.1	观念文本与现实文本	206
	4.5.2	不同性质的观念文本与现实文本的不同关系	208
	4.5.3	文学文本与现实文本的关系	209
	4.5.4	情感的读者与理性的译者	213
	4.5.5	普遍性原则与论证性原则	214
4.6	底线限制性：建构主义翻译学的翻译标准特征	216
	4.6.1	传统翻译观念的颠覆	216
	4.6.2	传统翻译标准的破碎	218
	4.6.3	建构主义翻译学的翻译标准问题	220
	4.6.4	新旧翻译标准的比较	227

第五章　翻译伦理学 ……………………………………………… 229

5.1	翻译活动中的权力与话语	229
5.2	不对称的文化交往	234
	5.2.1　殖民话语与翻译的境遇	235
	5.2.2　后殖民主义语境下的翻译研究	239
	5.2.3　系统对生活世界的殖民化对翻译活动的影响	245
	5.2.4　自我中心主义与文化霸权主义	248
5.3	翻译伦理学	250
	5.3.1　何为翻译伦理学	250
	5.3.2　翻译活动更需要道德与伦理规范的制约	253

后　记 ……………………………………………………………… 259

译学探索之路

——《翻译学——一个建构主义的视角》序

这几年我读了不少学友的书稿,也写了一些序文,从中学到许多知识和治学之道,也借题发挥思考并提出了一些为人为学的看法,都算遵命完成了任务,没犯很大的难。去年吕俊同志让我读他与侯向群合著的书稿《翻译学——一个建构主义的视角》,提出修改意见并赐序文。老友下令,怎敢怠慢。但这次却不那么顺当,让我真犯了难,也真怠了慢。一是这本书的内容我读了一遍没全懂,于是就打电话请教,老吕除了每次口头回答我的问题之外,还专门写了两篇文章《何为建构主义翻译学》和《论学派与建构主义翻译学》让我学习。他做事认真、治学严谨的态度与精神真让我十分感动。二是我很想借此机会研究他的治学道路,这首先对我,其次对他人会有很多的启迪,因此我就得多花一些时间读他其他的文章和著作,思考、分析和研究他治学的经历和经验。我研究过刘重德先生为人为学的经历、经验和学者品格,受到很深的教育,一部分记录在我那篇短文《博古通今,学贯中西,立德垂范》(《上海科技翻译》2003 年第 2 期)之中,一部分深深地沉淀在我的心里,成为我的精神财富。今天研究吕俊就是想从同代人中学到有价值的东西,以利提高我的品格、学养与精神境界。

吕俊和我是同代人,但比我年轻八岁。我们都是新中国成立后读的中小学,同在"文化大革命"期间(同是 1967 年)大学毕业,而且都教过中学,我还教过小学。从读中小学到教中小学,这是我们人生的第一个阶段。当时的时代精神、社会文化环境、学校教育和家庭影响给了我们颇有成效的熏陶与教育,我们的这段经历和上下两代人的经历有很大差别。1990 年 7 月我有幸在井冈山英汉比译研讨会(即中国英汉语比较研究会第一次预备会议)上认识了吕俊同志,他给我的第一印象就是忠厚、耿直、正派。会后我们同路到南昌,同住一个房间,得以彻夜畅谈,那个难忘的夜晚已深深地留在我的记忆里。吕俊讲述这段历史是这样表达的:生活比较艰难,书读得不多,社会活动得多,虽然知识学得不丰富也不系统,但培养了事业心与责任感,也培养了爱集体、爱祖国的情感和吃苦耐劳的精神。对我们这代人来说这是很重要的一段历史,它起着奠基的作用。我每次和他交谈都能学到很多东西,印象很深的是许多中外名训他都能出口成诵,比如有孔子的"吾十有五而志于学""学而不思则罔""知之为知之"、孟子的"天将降大任于斯人也"和"富贵不能淫"、老子《道德经》中的"见素抱朴,少私寡欲"等那些名段,他特别赞赏司马光《资治通鉴》中那段"以德帅才"的论述和王国维用晏殊、柳永、辛弃疾三人词中的妙句集成的关于学业大成必经的三种境界。马克思的"There is no royal road to science ..."和奥斯特洛夫斯基的"Man's dearest possession is life."这两段宏论隽语他至今不忘。他还不止一次地说过恩格斯、列宁、高尔基、别林斯基、爱因斯坦、居里夫人、歌德、培根等大智慧者关于人生、事业、治学、人格、真理、苦乐、成败等问题的警句名言使他终生受惠。我在和他的交往中深深感到,在这个历史阶段,他的人生目标、德才观念、进取精神、治学态度、崇高境界等为人为学的人生观和价值观的内化过程已经基本完成,大都已深深地根植于他的心中,就像未出土的竹笋一样,一旦阳春来临,便会破土而出,茁壮成长。说到这里我想起了孔子说的"三十而立,四十而不惑",这说明30岁至40岁这段时间在人的一生中何等重要。现在年轻人有许多困惑,常有学生问我如何"成家立业"一类的问题。通过研究吕俊和我们同代人的经历与经验,我深深地感到"家庭幸福,事业有成"方为人生完整之目标,缺一则不完美矣。若二者兼得须"立大志,薄名利,愿勤苦,乐吃亏,重诚信,多宽容",舍此无捷径也。

我1977年,他1979年进大学任教,但他1980年就明确了以翻译研究为专业方向,我1987年才开设对比语言学的课程,1989年才开始教翻译课,起步比他晚了许多,进入角色就更比他迟。进入大学以后,我们这代人面临着两个密切相关的实际问题,一是如何估价自己的学业基础和教学科研能力,二是如何选择确立自己的学术研究领域的主攻方向。我们今天回头看就更清楚了,在第一个问题上,有的人有估价过高或过低的问题,过高和过低其结果基本一样,就是做不到有目标、有计划的补课。由于第一个问题没得以很好解决,所以第二个问题就更难解决。因为学术方向的选择与确定是在深刻认识自己的优势与劣势的基础上逐步落实的。在教学科研的实践中我们都深知所受的教育深广程度都不够,知识结构不合理、不系统,有重大缺陷。怎么办?只有靠刻苦学习,有目的、有计划地认真补课,没有别的路可走。吕俊这方面做得比我好,他不但英语功底打得好,而且有计划地加强英汉两种语言文化的学养,逐步补缺、构建和优化自己的知识结构。说到这方面的问题我深有感触,古今中外在学术上有成就的人大都有几个共同点:一是立志早、志向高,而且知难而进,终生进取;二是较早接受名家及其经典的熏陶和教诲。我们这代人这方面有严重缺陷,基础教育和大学阶段学术环境很差,读书时间少,劳动与社会活动多,更没有机会与可能聆听名家教诲和跟他们交流与切磋。改革开放以后这方面逐步好转。其实我们这个民族并不缺少这种思想,"严师出高徒"和"名师出高徒"的名训几乎家喻户晓,只是我们管教育的人不重视,在教育过程中(特别在基础教育过程中)拿不出切实有效的办法。欧美人可能特别重视这个问题,德国有机化学家、诺贝尔奖获得者瓦博格(O. H. Warburg)说:"一个年轻科学家一生中最重要的事情是跟他那时代的科学巨人接触。"美国经济学诺贝尔奖获得者萨缪尔森(Paul Samuelson)说:"我可以告诉你们怎样才能获得诺贝尔奖。诀窍之一就是要有名师指点。"三是有正确认识和建设自己的能力。这个能力特别重要,是自我建设最有成效的能力。它包括准确认识自身优势与劣势的能力;选择、确定和调整奋斗目标的能力;有目标、有计划补课的能力;协调优化智力结构和非智力结构的能力;选择学术对手(同行竞赛者,是朋友而不是敌手)的能力。四是不断优化知识结构。所谓不断优化了的知识结构逐渐形成三个打通的系统:古今打通,文理打通,中外打通。我们上一代学人中赵元任先生就是这样三打通的学者,所以他的贡献就特别多而大。我们这代人中不仅三打通的没有,就是两打通的也极少,甚至一打通我们都没做好。一是时代没提供合适的条件,二是我们自己的努力很不够。还有一个问题,就是我们的基础教育中不重视逻辑、语法与修辞这三艺(trivium)的教育(见2000年我给李国南的《辞格与词汇》写的序文),这是我们教育的一大缺陷,严重地影响了创造性人才的培养。这三个学科是培养人的思维、认知、表达能力的学科,这三种能力是人的其他各种能力的核心,是理论思维和创造能力的根基。不说逻辑和语法,单就近期修辞学中metaphor(隐喻)和metonymy(换喻,借代)的研究来说,为提高人的认知能力和推动认知科学与认知语言学等学科的发展已经做出了很大的贡献。我再次呼吁,希望更多的学者和教育家都来关注这个三艺教育问题。

读了吕俊同志的文章和各类著作,你不得不承认他是个学问做得比较全面的人,既教翻译又研究翻译,既有微观研究又有宏观研究,既做翻译实践又从事理论研究,既编写教材又撰写理论著作。就他的学术研究所走过的历程大体可以划分为四个阶段,这种划分不一定很恰当,但大致可以看出他治学所经历的过程。

(1) 微观研究阶段。他从 1983 年开始在《翻译通讯》《现代外语》《外语学刊》等期刊上发表研究翻译的文章,讨论的问题主要是翻译教学与实践中局部的或具体的问题。1987 年以后逐步关注理论问题,他不仅研究翻译学本体,还研究相关学科和学科理论基础(哲学的、心理学的、语言学和文艺学的),同时他开始用系统科学(系统论、信息论、控制论等)的方法探讨翻译问题。1994 年他出版了一本教材《英汉翻译的理论与方法》,这本书既是这个阶段结束的标志,也是下一个阶段开始的标志。刘重德先生在为该书所作的《序》中做了一个很好的总结:"它吸收了近年来国内外翻译界的新成果,如奈达的动态对等,吸收了语言学界的研究成果,如篇章语言学、交际理论,同时也反映了作者近年来的研究成果,如语段作为翻译单位、语言国情学、语言对比等。总的看来,立论正确,观点新颖,内容丰富,材料翔实,从词语句到篇章的文体都做了比较系统的探讨,英汉两语的异同也进行了多方面的比较,可以说截至目前,在英汉翻译方面,本书是一部体系比较完整的新教科书。"从书中可知翻译学、语言学、符号学、文体学、文艺学以及翻译中的文化因素等理论问题都已进入了吕俊的翻译研究视野并部分地开始了深入探讨。

(2) 理论准备和学科建设思考阶段。这个阶段大体从 1995 年至 20 世纪末。从他发表的论文来看,这个阶段他集中做了三件事:一是研究了诗歌翻译的理论问题;二是学习并用学科学的理论构想翻译学的性质和定位问题;三是为翻译学的建设做相关学科的理论准备,他主要学习研究了西方哲学中语言论转向、西方文论、美学以及传播学等和翻译学的关系问题,找到了这些学科对翻译学建设的支撑点,为下一个阶段用历史和逻辑相结合的方法研究翻译学各类研究模式打下了基础。我们知道这是一个很艰难的阶段,因为学懂(不走样)西方的理论就不是件易事,能和我们的实际很好地结合起来就更难。正如吕叔湘先生所说:"'结合'二字谈何容易,机械地搬用乃至削足适履的事情不是没有发生过。"(龚千炎著《中国语法学》序,语文出版社,1986)

(3) 翻译学范式划分和比较研究阶段。此阶段从 2000 年至 2004 年。

他这个阶段的主要成果集中在三个方面。1)《跨越文化障碍——巴比塔的重建》(2001)是其理论研究成果的代表作,是在其已发表论文的基础上加工而成的。这本书的贡献有三:一是讲清楚了译学研究的三种范式的基本范畴,通过比较、分类与界定让大家明白了其异同和各自的优缺点,为进一步寻找译学建设之路和构成范畴系统提供了参照。二是他在该书的《代前言》中说:"有人说中国的学术界在改革开放后的20年中走过了西方半个多世纪甚至一个世纪的历程,这句话并非一种夸张。就翻译界而言,可以说就是如此。我们的翻译研究就经历了语文学研究阶段、结构主义现代语言学阶段、解构主义阶段。"并在书中简要论证了我国译学研究所经历的这三个阶段。不管这个说法准不准确,但这种关注我们自己建设的做法是值得大力倡导的。因为我们在理论研究上有一种自我轻视的倾向,不少人很愿意紧跟在外国学者的后边做介绍加评点的文章,参考文献全是外文的或是翻译的,有意无意地忽视国内同行的研究,吕叔湘先生批评过这类现象:"我们不能老谈隔壁人家的事情,而不联系自己家里的事情。"(陈平著《现代语言学研究》序,重庆出版社,1989)学习外国的是为了寻找参照系,为了借鉴,而不是目的,用于建设我们自己才是目的。如不这样做不仅影响我们事业的发展,而且自己也难做出真正属于自己的成绩。三是在研究方法上提供了一个历史和逻辑相结合的模式。吕俊在研究这三种译学范式时,一方面抓住了它们的历史传承关系,探索其发展规律,一方面以译学为中心从学理上研究相关学科在不同历史阶段跟译学的关系,从而纵横结合,把问题说得比较深透。2)编著的高等院校英语专业研究生系列教材《英汉翻译教程》(上海外语教育出版社,2001)是以传播学为机体框架,把翻译学的内容都归于其中,和过去的教材相比,它不仅拓展了翻译学的研究领域,把翻译全过程分解成本体、主体、客体、载体、环境、效果等要素,而且基本理清了各要素之间的关系。这是借用别的学科理论研究翻译学的一种探索,应该说这也是一种开拓性的研究。3)五本译作出版。1999—2001年间吕俊出版了弗洛伊德文集《释梦》《马拉默德短篇小说集》《金色的耶路撒冷》等五本译作。我没读过他的这些翻译作品,无从评说,但至少可以说他在进行理论研究时没有放下翻译实践,可以想见这是在理论指导下的要求更高的翻译实践。这对一个研究翻译理论的学者来说是极其重要的。这三方面的成果特别是理论研究成果是经过不断反思和批判而产生的,特点是比较系统而深刻,这就为进入第四个阶段打下了更宽厚的基础。

（4）建构主义研究阶段。这个阶段是前一个阶段的继续和发展,主要内容集中在他的《翻译学——一个建构主义的视角》这本新著中。这是翻译学的一个理论框架。我读后印象最深的有以下几个问题：1）以哈贝马斯（Jürgen Habermas）的学说为指导,通过比较和批判说明了语文学、结构主义语言学、解构主义、建构主义四种范式的异同,从哲学基础、理性观、真理观、语言观、认识观等五个方面论证了建构主义翻译学的合理性。这种研究对我们有重要意义,是学科理论建设的主要方法,既找到了深厚的理论基础,又易于使理论的构建具有继承性和系统性。2）以建构主义翻译观为基础,通过比较与批判总结出了建立建构主义翻译学翻译标准的三条原则：知识的客观性；理解的合理性与解释的普遍可接受性；原文文本的定向性。这些原则比较接近翻译的实际,体现了开放性与多元性,也易于实现主观性和客观性相结合。因此按这些原则建立起来的标准,可能会更有效地指导翻译实践和研究。3）借鉴哈贝马斯的商谈伦理学（discussethics）提出了翻译伦理学（translative ethics）。吕俊在书中说："翻译伦理学的宗旨是建立跨文化交往活动的行为准则。它是一种以承认文化差异性并尊重异文化为基础,以平等对话为交往原则,以建立良性的不同文化间互动关系为目的的构想。"按照哈贝马斯的普遍语用学（universal pragmatics）和商谈伦理学的思想,翻译伦理学的理论原则首先是追求平等与公正,反对语言和文化霸权主义,反对霸权的和狭隘的各类中心主义。其次不同文化之间要相互尊重,异中求同,取长补短,共同进步。再次,应追求交往活动的有效性。怎么样交往才能有效性高呢？那只有交往各方都追求真善美,别无他法。"真"就是说真事,讲实话,反对各种不同形式的谎言、弄虚作假和以假乱真。"善"就是真诚相待,平等互利,友好交往,反对各种形式的损人利己行为。"美"就是得体,得体有丰富的内容,单就"对话"这种交流来说就有态度、表情、举止、话语、语气、声调、话轮转换、内容调整、结束方式等等。翻译伦理学就是翻译行为和活动的道德规范,也就是不同文化的人们相互交往与交流行为和活动的道德规范,它的核心价值观念是"促进人类的交流和进步,缩减与消解民族之间的矛盾和为此而付出的代价"。（见我给司显柱的《翻译研究：理论、方法、评估》写的序文,中国文史出版社,2005）这种价值观念就是我们曾经说过的翻译学的深层理念,也就是翻译学的灵魂。这本新著中除了我说的以上三点还有不少精彩之处,比如翻译学的性质与定位、理论的功能、各种不同文本的关系问题的论述等等,这些问题都留给读者评说吧。

最后还是老办法,借题发挥说点感想。我们这代人和前辈学人相比有很多不同之处。第一,总体来说我们的中外古今语言文化功底,特别是国学功底和前辈相比差距很大。他们很多人都能中外与古今两打通,而且国学功底很深,而我们这代人经史子集知道得太少,单就"集"中的诗、文、词、赋也所知寥寥。当然对西方的柏拉图、亚里士多德、莎士比亚、但丁、歌德、罗素、康德、托尔斯泰、洪堡特、黑格尔、汤因比、库恩等人的文史哲经典读得也很不够。这是学问的根基,由于这个根底浅薄,所以我们这代人的学问就受到了严重的制约。第二,在学风和学术道德的严谨程度上,我们这辈人比前辈也放松了不少。季羡林先生说:"这样明目张胆的大骗当然是决不允许的。还有些偷偷摸摸的小骗,也不能不引起我们的戒心。小骗局花样颇为繁多,举其荦荦大者,有以下诸种:在课堂上听老师讲课,在公开学术报告中听报告人讲演,平常阅读书刊杂志时读到别人的见解,认为有用或有趣,于是就自己写成文章,不提老师或者讲演者以及作者的名字,仿佛他自己就是首创者,用以欺世盗名。这种例子也不是稀见的。至于有人在谈话中告诉了他一个观点,他就据为己有,这都是没有学术良心或者学术道德的行为。"(《季羡林人生漫笔》,同心出版社,2000,第376页)当然季先生不是专门批评我们这代人的,但包括我们。学术腐败现在已发展到不可容忍的程度,实在令人焦虑,我们不能熟视无睹。当然这是个很复杂的社会问题。本来学术是相对独立的,相对自由的,也是相对洁净的,但现在权力也走了进来,金钱也钻了进来,关系也挤了进来,这就复杂起来了。科学的精神、态度和方法似乎都成了障碍,因为用它出成绩太慢,绝不如占、买、要、偷一些办法来得快。这样一来,科学的尊严和学术的净土就愈来愈少了,可怕呀!我们的态度应是严格要求自己,积极研究根源,理性上加强批判,制度上严格把关。第三,在研究方法上我们这代人大都缺乏考据之功。我们的学术传统讲究考据、辞章和义理,考据是考辨证据,辞章是赋诗作文,义理是理论研究。老一代学者中有的集三者或两者于一身,我们这代人中这样的学者可以说极其难找了。研究学问不论用什么方法,都需要证据,获得证据需要三种工夫:考辨真伪,确定当与不当,选择充分与不充分,这都是极其费时的工夫。我们现在做的学问不少都缺少这些工夫,所以有的文章会曲解古人和洋人的思想,有的研究是微观和宏观分离甚至二者相互否定。第四,由于轻视理论的学术传统的影响和时代的局限,我们的前辈学者对理论研究重视不够,他们大都重视考据,不看重系统的理论研究。他们常用的研究方法是从小处着手,分析入微,层层剥落,最后画龙点睛,得出精言妙论。其基本模式是《易经》上讲的"观物—取象—比类—体道"。我们虽有墨家逻辑,但它重内容轻形式,没形成亚里士多德形式逻辑那样完整而严密的理论体系,因此不具有方法论性质。重技轻科学的学术模式在先秦时代就形成了,所以我们的传统中还缺少科学精神和科学方法。爱因斯坦(1952)说:"西方科学的发展是以两个伟大的成就为基础的,那就是:希腊哲学家发明的形式逻辑体系(在欧几里得几何学中),以及通过系统的实验发现有可能找出因果关系(在文艺复兴时期)。在我看来中国的贤哲没有走上这两步,那是用不着惊奇的。"(《纪念爱因斯坦译文集》,上海科技出版社,1979,第46页)随着时代的发展和国内外的交流日渐频繁,在理论与应用的关系和科学与技术的关系以及学术研究模式等重要理论问题上,我们这代人可能比前辈学者认识得更深刻一些,因此对理论与方法论重视的程度可能更高一些。比如我们对学术研究模式已有了较科学的认识,把归纳法和演绎法结合起来,形成一个完整的研究程序:发现问题—分析问题—提出假设—验证假设—演绎推理—方法总结。大量的文章和理论著作表明,我们的研究已逐渐由零散之说走上系统的理论建设。另外我们学者已经开始有了建立学派的意识。这些都是改革开放以来学术思想的进步。一代人有一代人的任务,我们肩负着时代赋予的历史重任,要努力学习前辈的高尚品德,继承发扬他们的优良学术传统,坚决反对学术腐败,维护科学的尊严,净化学术环境,严谨治学,积极创新,把优良学风传递下去,让道德与智慧永放光辉。

杨自俭

谨识于中国海洋大学六三居室
2005年4月15日

关于建构主义翻译学之构想
（代前言）

一、何为建构的翻译学

所谓建构的翻译学是一种以交往理性为基础,以建构主义思想为指导的翻译研究,并把这一研究对象作为独立的学科知识体系来建构。建构的翻译学是一种重建性质(reconstruction)的研究。因为自结构主义语言学介入翻译研究以来,人们就已经把它作为一种独立的知识体系来看待了。如尤金·奈达、彼得·纽马克、沃尔弗拉姆·威尔斯等人都有过"翻译(科)学"的提法。在解构主义盛行的 20 世纪八九十年代,以巴斯奈特、勒菲弗尔、图瑞为代表的"翻译研究派"(translation studies)也把他们的多元取向性质的翻译研究(如多元理论派、文化建构派、目的论派、诠释学派、操控论派等)视为一种独立的学科体系的研究,认为翻译学在 20 世纪 80 年代就已建立起来了,并认为这是 80 年代的一件大事。无论是结构主义还是解构主义在这一问题上并没有分歧,只是他们所采取的哲学基础各不相同,所采用的理论范式也彼此相异。结构主义语言学范式的翻译研究依据的哲学基础是认识论主体哲学,而解构主义的翻译研究采用的是解释哲学。结构主义采用的是一种逻辑—数学的思维方式,而解构主义采用的是现象学思维方式。它们从不同的维度对翻译活动加以研究,都取得了相应的成果,也都存在着各自难以克服的弊病。在 20 世纪 90 年代,国内曾开展过关于翻译学是否是一门独立学科的大讨论,2001 年中国译协又责成青岛海洋大学的杨自俭教授在青岛召开了翻译学学科问题的研讨会。可以说,对翻译学是一门独立性学科的问题已经取得了大体一致性的意见了,但是许多理论上的问题却不可能在几次会议上得到解决。许多深层次的问题尚待逐步深入的探讨。我记得在 90 年代末的讨论中,一种反对的观点是以两种不同的范式用于同一学科领域所起的争论为由,反对翻译学是一门独立的学科,或者说翻译学尚未走向成熟,仍处于潜科学状态等等。很显然这种认识是以科学哲学家库恩的学科划界理论为依据的。库恩认为只要在一个科学领域内,其科学共同体之中思想尚未达到统一,存在争议,那么该学科就是处于潜科学状态的,只有当其内部各种思想达到了高度统一,它才成为显科学,即成了一门常规性科学。库恩是一位科学哲学家,他所论述的是自然科学的情况,这些理论用于人文和社会科学未见恰当。其实在自然科学中他的理论也招致了猛烈的批评,卡尔·波普尔就是其中的一位批评者。因为任何一个学科领域中,学术争论一刻也没有停止过,不能因此而说所有的科学都是非常规科学,都处在潜科学状态。就如大家都熟知的光学中的波粒二象性的著名例子。光到底是波还是粒子? 爱因斯坦在《物理学的进化》一书中指出:"单独地应用这两种理论中的任何一种,似乎已不可能对光的现象作出完全而彻底的解释了。我们似乎有时使用这一种理论,有时得用另一种理论,又有时要两种理论同时并用。"① 这说明即使在一个古老的学科中,或成熟的自然科学领域中,争论也是难以避免的,而且两种看似矛盾的理论同时存在于同一学科中的情况也并非不可能。而在人文与社会科学中,争论更是极为普遍的事。按波普尔的话来说是"永远处于讨论状态"。翻译活动就是如此。

结构主义从内部语言学着手探讨翻译,使我们从语言本质上认识到翻译活动之所以可能的语言学基础。它所研究的静态语言规律又是一切动态语言的稳定且不变的参照系,没有这样一个参照系,翻译的理解活动必然会混乱不堪。结构主义还为我们提出了种种语言分析手段,是我们翻译中不可或缺的方法,如语义分析、语篇分析、语法分析等等。可以说结构主义语言学的翻译研究范式有着十分明确的实际指向,即指向文本,并与文本保持着密切的联系,其理论不仅要靠文本得到检验,同时也直接作用于文本,所以其指向性是十分明显的。对于这些内容我们是不能,也无法全部否定的。它的弊端主要是其封闭性,把许多与翻译相关的要素,如主体要素,语境要素等排除在外,使得它的实践性受到一定程度的影响。但我们前一阶段的翻译研究大有用解构主义完全否定和替代结构主义范式的趋势,其势头之猛连尤金·奈达也有些沉不住气了,甚至怀疑他

---

① 引自林德宏,《科学思想史》,南京:江苏科学技术出版社,1986:第347—348页。

自己毕生所致力研究的翻译(科)学是否全部错了,因此带上了悲观的情绪,伤感地认为翻译研究难以成为一个独立的知识体系。

其实,解构主义是代替不了结构主义的,它只是一种怀疑主义的思想,一种否定与反思的批判精神,它以敏锐的眼光指出了结构主义的缺陷以及不合理之处,打开了结构的封闭性,变静态为动态,使被排除在外的诸因素与结构的内部因素相结合,从而促进了多元的翻译研究,从内部语言学转入对外部语言学的关注,但绝不能以外部语言学完全取代内部语言学,这两者始终应是相辅相成的,没有"内"也就无所谓"外",它们之间只能是互相依存的辩证的统一。外部语言学仍需以内部语言学作为基础和基本出发点,其变异的情况也是以内部语言学的静态规律作为参照的。所谓变异性也只是相对于规律性而言的。我们说解构主义的翻译研究不可能替代结构主义语言学范式的翻译研究的另一个重要原因是解构主义的翻译研究始终是缺乏实际指向的研究,是一种没有文本所指的研究,即它不是指向任何具体文本的研究。它带有元批评(metacriticism)性质,是对一种批评的批评,从来不是以实践为目标和导向的,因此缺乏实践指导性,也没有方法论的意义。它可以借助文本的内容来印证自己的观点,但从来不把它的理论施加于文本内容。如它可以用同一本原作被不同译者翻译会产生不尽相同的译文这一现象来证实它关于意义的对话生成性的正确,但它却从来不能去指导你应如何通过对话生成意义,又应产生怎样的意义,以及如何去验证所生成的意义正确与否。因此,从这方面来说,它是没有方法论的意义的。比如说,你无法回答这样的问题:"你大谈特谈解构主义的翻译观,你能否用解构主义的方法来翻译一本书,看它和别人的译文有何不同?"由于解构主义是以消解和否定一切系统和中心为特征的思潮,它倡导差异性,结果使其自身也难以形成有任何实践可能的理论。我们翻遍所有西方解构主义翻译理论家的著作也很难找到对翻译实践做出具体指导的文字。而翻译又是实践性很强的活动,如果这些理论缺乏实践这块重要领地,很有使翻译研究沦为文化研究和意识形态研究附庸之虞。因为许多西方解构主义翻译理论研究者并非以翻译实践作为职业,亦非职业的翻译理论教授,而是文化学者,比较文学学者,甚至是哲学家。他们利用翻译文本内容所呈现出来的问题作为他们在其本职领域研究的佐证,来印证他们的观点。因此,他们对翻译研究的兴趣并非促进翻译事业的发展(客观上可能会有这方面作用),而是利用翻译研究,使之成为服务于其本职领域的例证。由于这样的原因,以上的担忧就不是杞人忧天了。

但是解构主义的翻译观毕竟为我们打破了结构主义的封闭,让我们看到了其不合理之处,使得翻译研究从语言的一元性研究走向包括主体、语境、文化等多元性研究。可以说解构主义的翻译观在这方面是功不可没的。

建构主义翻译学就是要返回翻译本体,重建这一知识体系。经过结构主义和解构主义的研究,我们已认识到问题的症结了,但这又不是把这两种研究范式简单相加就可以变成新的范式的问题,它涉及一系列基本概念的重新思考,如哲学基础、理性基础、真理观、语言观等,所以说它具有重建的性质。

二、建构主义翻译学的知识基础问题

建构的翻译学的哲学基础是实践哲学,理性基础是交往理性,真理观是共识性真理,语言学基础是言语行为理论。

结构主义语言学范式的翻译研究是以认识论主体哲学作为哲学基础的,而解构主义的翻译研究是以语言本体论哲学作为其哲学基础的,这两种哲学又可以统称为"理论哲学",我们知道这两种哲学都不适合做翻译学的哲学基础,因为认识论主体哲学是以主—客二元对立为基本思维模式的,主体是可以独立于客体之外的精神主体,客体有不依附于主体的规律性,即一种自在的客观性。而翻译研究属于人文与社会科学领域,在这一领域中,主客关系是一种"主体间"的关系,它们是互为主客体的关系,不可能截然分开。其中包括主体的客体化与客体的主体化过程,所以其客观性只能是自为的客观性,即在群体主体之间形成共识性的可作为"真理"看待的东西。而语言本体论哲学的主要问题是把语言视作存在的本体,把人和现实世界都视作语言中的存在,语言不再是人类社会实践的产物,反倒是"词语破碎处无物存在"的唯一存在。这种哲学使人远离了人类现实生活这一"原初自明的世界",进入一种纯思辨性的语言世界,使人类交往成为"在语言中的相遇"。意义成了具有不同前理解结构的主体间对话的任意生成物。以这种哲学思想来指导翻译活动必然会带来相对主义或虚无主义。按照它的说法,不仅跨文化的交往(即翻译)是不可能的,连在同一种文化内人类的交往也会因失去与现实生活的联系和参照而成为困难的事。所以,解构主义的理论并没有给人们带来任何真理理论,更没有给翻译学带来任何方法论的指导。因此,建构的翻译学是不可能以这两种哲学思想作为其哲学基础的,指导建构的翻译学的哲学思想应该是实践哲学或实践诠释学。我们在翻译研究中扬弃这两种哲学思想首先要经过这两种哲学指导的翻译研究阶段,只有这样我们才有可能认识它们,并最终扬弃它们,这是翻译研究必须经历的过程。这一道理,马克思早就在《黑格尔法哲学批判导言》一文中指出过:"你们不在现实中实现哲学,就不能扬弃哲学。"① 也就是说,只有我们在实践当中,并从现实出发来批判现存的哲学,才能真正扬弃它。对于从思辨性哲学转向到实践哲学的问题,马克思曾指出:"思辨终止的地方,即在现实生活面前,正是描述人们实践活动和实际发展过程的现实的、实证的科学开始的地方。关于意识的空话将销声匿迹,它们一定为现实的知识所取代。"② 实践诠释学不同于哲学诠释学之处在于它把作为人类生存的重要形式,即人类交往中最关键的概念"理解"放到了人类生活的现实世界中来,不再是在理论的概念上打圈子,也不是在语言的魔圈中走迷宫,而是关注人的生活世界,即关注人与外在的物质世界,也关心包括人类的精神世界在内的生活世界。在翻译研究中,以这种哲学为指导可以使我们走出观念性文本,而进入现实性文本,即人类生存实践活动本身。解构主义所提倡的开放性,只是让我们走出结构主义语言学所设定的具体的观念性文本而走入了一个更大的用语言把现实世界泛化与虚化了的观念性文本,没有真正向现实生活世界开放。所以它不是一种真正的开放。而实践诠释学,或实践哲学则是把实践的概念引入哲学,从而颠倒了被颠倒了的语言与实践的关系,即,不是从观念的文本出发来理解和解释人的生存实践活动,而是从人的生存实践活动去理解和解释观念性文本。翻译是一种特殊的人类交往实践活动,而交往实践活动是人类赖以生存的主要实践活动,所以翻译研究的哲学基础只能是实践哲学。

建构的翻译学是一种理性的建构。这也是一切建构主义的共同点。

---

① 《马克思恩格斯全集》第 1 卷,北京:人民出版社,1956:第 459 页。
② 同上。

它们都是以理性为基础的。翻译研究已经历了以直觉与灵感为主要特征的非理性的语文学范式研究走向以工具理性为基础的结构主义语言学范式研究的阶段,但在20世纪的八九十年代,结构主义语言学的工具理性受到了解构主义的批判,指出这种理性的缺陷以及不完整性。由于解构主义是一种反理性的思潮,这使得翻译研究进入一种非理性的阶段。在这一阶段,一切中心、一切系统、一切规则与法规都受到了冲击,从而使翻译活动失去了规范,意义生成的任意性得到放纵,个体意志得到了张扬。现在以实践哲学为指导的翻译研究又将回归理性,但这不再是以语言逻各斯为中心的工具理性,而是交往理性。交往理性是研究人类交往中,为保证这种活动的顺利进行而必须遵循的规范与规则,所以它带有一种伦理学性质。它不仅是求"真",而且求"善"。它是一种使交往合理化的保证。因为交往是一种社会性行为,是在主体间进行的,所以交流符号的意义和交往行为都有互为规定的性质,不是某个人就可以随便改动的,所以在主体间的交往中,人们不仅必须尊重语言的规律性(这一点结构主义语言学已有充分的论述而且把它作为理性的全部内容),更应承认和服从社会上已约定俗成的那些交往行为中共同认可的规范与规则,即语用性规则。哈贝马斯的普遍语用学理论就是对此进行论述的。我们建构的翻译学也是以这一理论作为其理性基础的。这样一来,我们把原来在结构主义语言学范式中的语义—句法翻译模式变为建构的翻译学的语义—语用翻译模式了。从而,翻译研究就做到了向生活世界的真正开放。因为语用问题主要是讨论语言使用者与语言的关系的,它自然也包括了语境问题。在跨文化交际中,文化的差异性,译文的可接受性,译者主体的目的性,以及翻译活动的道德伦理等就自然会进入研究者视野。更重要的是把自然实存世界以及社会世界和个体主体的精神世界都用语言的中介联系了起来,使观念性的文本向着现实生活的文本真正敞开了。

建构的翻译学的语言学基础是言语行为理论。首先,建构的翻译学从结构主义语言学的束缚中走出来,转而关注言语问题,即实际使用中的语言。因为结构主义自我封闭,认为只有这样结构与系统中的语言才是有规律可循的,而且从索绪尔开始就排斥使用中的语言,即言语,认为这只是个人使用的缺乏规范的语言,是语言的泛音与浮渣。结果,结构主义语言学就成了语音和意义之间的关系网络。索绪尔认为这样的语言体系就是一系列语音上的差别与另一系列意义上的差别平列,从而隔断了与现实世界的关联,强调其自足性。这种语言观由于排除了主体与语境的因素,使人们把文本中的语言看成了价值中立和语境理想化的语言。所以这与实际使用中的语言是大不一样的。日常生活中与文学作品中的语言都是实际使用中的语言,有言说主体的,也有具体语境的。在具体语境中,言说主体不可能不带有自己的言说目的及情感判断与价值判断。言说的语境会因时、因地、因言说对象不同而变。而结构主义语言学的规律性在日常使用中常常碰壁,不适用,或不恰当。原来意义是确定的、明确的,可是到现实中会变得不确定、不明确,只有加入主体与语境因素才能使其确定或明确。那么在这种言语中是否无规律可言呢?当然不是,索绪尔只注意了语言的构成性规则,忽视了调节性规则。没有构成性规则,语言系统就不能存在,不能构成。但只有语义以及语法这些构成性规则还是不够的,人们在现实交往中不仅需要这些构成性规则,同时在实际使用中还需要调节性规则,即语用规则。没有调节性规则,人们仍然无法进行合理的交往,会造成交往失败或引起混乱。构成性规则就好比象棋,没有规定每种棋子的走法这类规则,就不可能有象棋这种游戏。而调节规则就如汽车、行人要靠右行驶或通行的规则,没有这些规则人们虽照样会开车和走路,但会互相拥挤、碰撞、造成混乱。语用规则就是调节性规则,而语法规则就是构成性规则。在翻译活动这种研究中,既然涉及的是使用中的语言,即言语,当然要有两套规则的运用,我们不仅要译出正确的句子,还得译出得体的句子。例如"We know what you have done."这样一句话,如果是警察审问嫌犯,可以译为:"你干过些什么,我们是清楚的。"可是如果是对曾为你做出过贡献的人说则可能是:"我们深知您所做过的一切。"在一些实际的翻译中,我们就见过把关系弄颠倒的情况。如周恩来曾对已退休的并对中澳友好做出贡献的澳大利亚工党议员比尔·莫罗说过这句话,可翻译者却用了"你做过些什么,我们是知道的。"这种译文语法是没问题的,即遵守了构成规则,但忘记了调节性规则,译得不得体,让人听了似乎是要揭人的老底儿。奥斯汀和塞尔把人们对语言的使用叫做言语行为(speech act)并发展成为一种语言理论。实际上,从他们开始,语言研究的语用转向就已开始了。人们开始对实际使用中的语言进行研究,这对翻译研究是更为适当的语言学基础。

　　建构的翻译学主要是以共识性真理为真理观基础。这不同于结构主义语言学的符合性真理观。所谓真理符合论是指某种负荷者(如语言符号)与它所表达(所代表)的对象之间的一种关系。如果负荷者与它所表达的对象符合,那么它就是真的;否则它就是假的。这种真理观出现最早,也最有生命力,比较有说服力。但是它不是很适合人文与社会科学。其主要原因在于,在自然科学中,人们力避主观性,尽量不以个人好恶,即不带有个人的情感与价值判断,来描述某一事物或陈述某一思想,所以真理符合论是比较容易检验的,也容易为人们所接受。如果说"水分子是由两个氢原子和一个氧原子构成"这样一个语言表述,无论是谁,只要是有些化学常识的人都得说是真的,因为它与事实相符。可是如果我们说"这部小说写得真好",就不容易判断这句话的真假,原因是读者欣赏水平不同,审美情趣不一,看问题的着眼点各异,价值观也有差别。但是如果在一个较大的群体之中,甚至在整个社会上,人们都这样认为,那就可以看作这句话是真。如果没有什么人同意你这种看法,人们也有理由说你这种说法不对。这种情况就不能以该表达式是否与对象相符合作为真假的判断标准,而依靠在公众范围内能否取得相同的意见,即形成"共识"作为判断标准,这也是一种客观性,它是自为的客观性,这种客观性同样也起到一种"真理"的作用,即共识性真理。

在翻译研究中,我们主要依靠这种真理观来评论或评价一个译文的优劣。当然这种客观性或真理观会因时而变,它不像自在性客观性有长期稳定的状态。因为随着人们观念的变化,审美情趣的转移,或价值观念的变化,这种自为性的"客观"也会变化,所以,我们总是以历史当下性作为衡量和评价标准的。如果让我们今天再去看"五四"时期的译作,我们的看法与"五四"时期的读者肯定不会完全一致。

但是,以自在性客观性为基础的符合论真理观在翻译中也是同样会发挥作用的。因为在翻译科学技术作品时,这种真理观起到更为主要的作用。在文学作品中,如果涉及现实世界中的客观道理或事实,也是以这种真理观作为基础的,即必须使我们的译文符合知识的客观性。因此,建构的翻译学作为翻译的标准应包括以下三个方面:① 使译文符合知识的客观性;② 有理解的合理性与解释的普遍可接受性;③ 尊重原作的定向性能和图式框架。从这里我们可以看出第①条是以符合性真理观为基础的,第②条是以共识性真理观为基础的,第③条是以翻译工作的交往伦理观为基础的。它们又分别与自然实存世界、社会群体世界和个体主体的精神世界一一对应。从这些方面建构的翻译学对翻译活动提出制约与约束,才能使翻译活动成为合理的跨文化交际的手段和沟通文化的桥梁,这样既打破了结构主义语言学范式翻译研究的封闭性,也遏制了解构主义研究范式带来的个体主体意志的张扬与主体间对话中意义生成的任意性。

三、建构的翻译学的特点

建构的翻译学有着不同于以往翻译研究范式的特点。这些特点主要表现在它的开放性、实践性、社会性和"主干清晰、多元丰富"的研究模式等方面。

开放性,不仅指打开结构主义语言学的翻译研究范式为我们所设定的原文文本与译文文本、源语与目的语、作者与译者之间的二元对立的狭窄视域,也不仅仅指解构主义的翻译研究范式虽然打破结构与系统从而促成多元局面,而又仍停留在语言魔圈之内的思辨性讨论之中。建构的翻译学的开放是指向着现实生活世界的开放,真正从观念性文本走向现实的文本,即从人类交往实践的角度来考察和研究翻译活动。无论结构主义还是解构主义,它们都没有走出观念性文本,没有走向现实性文本,即没有冲破语言的魔圈。正如德国哲学家卡西勒所说,他们被自己创造的语言束缚起来,让语言给语言的主人划定了一个不可逃脱的魔圈。要冲破这一魔圈,我们必须回到人类生存的现实世界中来,因为这是一个原初自明的世界,一切被语言表达引向神秘的东西都能在这里找到答案和得到验证。是自然实存世界先于语言而存在,而不是语言先于自然实存世界而存在。是人在社会实践中创造了语言,使它负载文化、传递信息、表达情感等。但在长期的语言使用中,它那种约定俗成的力量的确对我们有左右与支配的力量,但这只是问题的一面。语言本体论哲学过分地夸大了它,让人们感到在语言面前人完全成了被操纵物,甚至是"话在说人",而不是"人在说话"了。这就过分地把语言神秘化,以致包括人与社会关系在内的现实世界也都成了语言中的存在。这比结构主义语言学把语言视作自足性的独立王国走得更远,而把世界看成语言的一统天下。随着对语言的神秘化,翻译活动便变成了与人类实践性活动毫无关联的哲学思辨,逐渐失去其实践性。建构的翻译学既不是如结构主义翻译研究范式那样把翻译看作是纯语言的操作,也不是如解构主义那样使之成为一种纯思辨的讨论,它把翻译活动看成是人类生存实践的一部分,是一种跨文化交流的手段与桥梁。翻译研究是探讨这种交往活动的规律性以及如何建立起文化之间交往的合理模式,并使这种研究直接服务于社会实践。其目的是使信息交流,知识共享,促进互相了解和彼此沟通。

实践性特征是从两层意义上来看的,其一是指它终止了解构主义那种以思辨性为特征的研究模式,开始走向现实生活世界,即走出观念性文本而走向人类生存实践的思考。从这一意义上来说,这是开放性带来的必然结果,即开放性必然带来实践性,而实践性又会促进开放性。目前在翻译活动中还存在着不少阻碍文化间平等交往的现象,如后殖民时期如何克服强势文化对弱势文化的文化殖民问题,如何建立起合理的交往机制问题,能否建立可被普遍接受的翻译标准问题等等,这些都是建构的翻译学的中心任务。

其二,这种实践性并不只停留在对宏观问题的探讨上,同时对具体的文本有针对性,即向实践翻译活动开放着,有其具体的指导性意义。例如,结构主义语言学翻译研究范式采用了语义—句法模式进行翻译实践和翻译理论的探讨,而建构的翻译学则采用语义—语用模式,从而使得对语言的理解划分为两个层面,即 know what(知道为何)与 know how(知道如何)。也就是把语言分为语言表达层面与施为层面,并使这两个层面在理解中同时发挥作用。语言表达层面采用的是语义—句法模式,而施为层面解决的是语义—语用问题,前者表现为语言的正确性,后者表现为语言使用的适当性。是"真"与"善"在同一句子中的有机结合。例如,郭沫若曾以科学院院长的身份向科学工作者做过《科学的春天》这一报告,他说:"科学工作者不应当把幻想让诗人独占了。"这句话如果译为"Scientists shouldn't let the poets alone have the exclusive use of imagination."从语义和语法上来说是不错的,但是它却说得不得体,因为这样说很有长者教育晚辈的口气,甚至带有责备的口吻,让人听上去不舒服,也显得言说者不知道尊重别人,会令与会者心里对郭老产生不良的印象。一句话,这样的译文只重视语义而忽视了语用。如果译为"Scientists are not supposed to let the poets alone have the exclusive use of imagination."就大不一样了,责备的口气变成了善意的建议,或者说就是号召。目前,已有很多人对言语学或话语学、言语交际学进行研究并取得了丰厚的成果,这些都为建构的翻译学提供了理论准备。从中我们可以看到这种翻译观对实践翻译的直接指向性。

社会性也与开放性有关联。结构主义语言学范式的翻译研究把语言看成是独立王国,带有自足性,从而隔离了人类生存的社会,因此缺乏社会性。而解构主义又把三个世界都放到语言之中,也消解了它的独立性,并使它与自然实存世界、个体主体的精神世界之间的界限变得模糊不清。这里所说的社会性是指翻译活动是人类社会活动的一部分,应服务于人类社会的进步;另一方面,它也是受社会规范与规则制约的。

首先,作为社会活动的一部分,就不可能不受社会的意识形态、文化传统的影响,这些权力话语在左右着人们的思想与行动,这也必然会反映到翻译活动中来。而时间的差距、社会文化与意识形态的不同使得跨文化的交往变得十分复杂,它绝不是仅仅用语言编码与解码这样简单的机械性活动,这一活动必须向文化、意识形态敞开,也必须向历史敞开。这同样是向生活世界的开放。因为生活世界包括文化、社会与个人这三个因素。人作为社会关系的总和,其一切活动都与社会有着千丝万缕的联系,以往的翻译研究过分局限于语言结构之中或对话主体之间,这都是对社会性的忽视。解构主义的翻译研究范式是多元的,但它们都只是从被结构所排除在外的诸因素与翻译的关系思考的,而不是把这一活动完全置入社会中作为思考基础的。所以,虽然解构主义的研究范式也涉及文化或意识形态问题,但它是从福柯等人的权力话语思想出发突出差异性而反对结构主义的共性与普遍性的,或者从萨义德的《东方学》中获取关于文化不平等关系的启示从而论述翻译活动的,并非从社会认识论、社会结构以及社会实践的角度来思考翻译活动。它们的出发点并不一致,解构主义的翻译研究主要是展示差异性,拆除结构与系统,排除所谓的共性与普遍性。而建构主义的翻译研究则与之不同,它是从这一活动现象的本体立场上出发,揭示其社会属性的一面,从而寻找规律性,引导它促进社会的进化。

其次,我们说翻译活动有社会性特征是指对翻译活动受社会释义与社会理解的制约而言,是指要有社会规范与规则的约束而言。解构主义翻译研究过分强调个体主体的自由,似乎没有什么限制,主体间对话也不要什么规范与约束。这种观点对翻译研究来说是有害而无益的,因为作为社会中的任何个人,他的知识形成与认识能力都是社会化的结果,他的知识首先是社会化了的知识,是历史积累与传承的结果,这其中有历代人对知识的过滤筛选,归纳总结,证实证伪,梳理整合后传授给他的,所以他的个人知识(即他的先在性知识结构,或前理解)并不仅属于个人,而是属于整个社会。解构主义强调了个性之间的差异而忽视社会的共性,所以才使得个性放纵无羁、天马行空。既是社会性的,那么,一个译者的译文(或者说是他与文本对话所生成的意义)就必须经受社会理解和释义的检验,它必须有社会的普遍可接受性以及理解的制约性,这样才能使翻译活动成为社会性活动,而不是文人雅士书斋中的个人行为与私人事务。从实际翻译的角度看,我们强调其社会性还有建立翻译伦理学的设想。因为翻译活动是社会性的,作为社会性的规范之中,最重要的是伦理规范。从整个翻译活动来看,任意改变原作意图与图式结构,不负责的胡译乱译,这不仅仅是翻译问题,而且是对别种文化、对原作者的态度问题,甚至无视别人存在的大问题,在跨文化交往中这是不平等的交往,是不合理的。在具体行为中正确遵循普遍的语用学原则,也是遵守交往伦理学的具体体现。从这一点来看,它同样具有一定方法论的意义。

最后,针对结构主义语言学翻译研究范式只局限于语言之中,而解构主义范式又只强调多元而忽视翻译研究的主干问题,即语言问题,我们提出建构的翻译学的研究框架模式为"主干清晰,多元丰富"。主干是指言语学,它是以语言学为重点的动态模式。多元丰富是与主干相关的,或者说与翻译活动相关的诸因素与翻译关系的规律性研究。这既是对以往两种翻译学模式的超越,又是按新的理性思路上的一种发展。通过前一阶段的研究,我们看到解构主义打破了结构,拆解了系统,但并没有针对结构主义语言学翻译范式在语言问题上所存在的缺陷提出新的语言理论作为翻译研究的基础问题,而是直接走向了多元,从而忽视了翻译问题的讨论是不可能离开语言这一中心问题的事实,结果,解构主义范式的多元成了没有主干的一盘散沙,彼此之间缺乏关联性。而建构主义翻译学则针对结构主义范式的封闭性与解构主义的零散性,提出以言语行为理论为语言学基础,而以言语行为所涉及的种种外部因素构成多元,形成主干清晰、多元丰富的模式。

第一章

关于翻译学的学科学思考

1.1 增强学科意识,促进翻译学的发展

20世纪90年代国内译论界所争论的一个焦点问题是翻译学是否是一门独立的学科。有人认为建立翻译学只是一场迷梦,有人认为这是走进了死胡同。类似的观点还有翻译无理论或翻译理论无用等。当然,大多数人认为翻译学是一门独立的学科,但到目前它是否已建立起来了,衡量标准是什么,其学科性质又是什么,学科定位又如何等问题也仍不十分清楚,或是见解不一。我们以为作为新学科的建设者首要的是学习相关理论,增强学科意识,促进翻译学的确立与发展。这种相关理论主要是学科学的理论。这种理论在一个学科的创立和发展中起着很重要的理论指导作用。

1.1.1 学科学的发展与翻译学的孕育

"学科学"是一门以学科为研究对象的新学科。其任务是研究学科的定义、分类、结构、模型、形态、特征、更替、衍生、周期、战略、动力、方法、传播、证伪、流派、组织、管理和预测的一般规律。[①] 这一学科虽然很新,但其发展却有着很久的历史。随着人们对客观世界的认识不断加深和科学的不断发展,它已经历了四个历史时期。根据我国学者陈燮君先生的研究,学科学的第一个时期可以追溯到古希腊时代,并一直延续到16世纪近代科学产生之前,但这只是一个学科结构的朦胧意识时期。第二阶段是学科结构意识的自觉认识时期。这一时期是从16世纪近代科学的产生到

---

① 陈燮君,《学科学导论——学科发展理论探索》,北京:生活·读书·新知三联书店,1991:第1页。

19世纪初科学比较发达并产生不同的学科分类理论的一个时期。从19世纪初到20世纪中叶的一百几十年是人类对学科结构达到了整体把握的阶段。在这一时期内科学界发生了翻天覆地的变化,同时产生了马列主义辩证唯物主义学科划分理论。恩格斯在《自然辩证法》一书中对学科划分问题做了专门的论述。他按物质运动形式对学科总体进行由低级向高级的分类排列,把从无机物最简单的运动形式到有意识的生命和思维运动的复杂形式进行了理性分析,把学科结构的客观原则与发展原则高度统一起来,使人类对学科结构的整体把握成为可能。所以这一时期被称为学科结构的整体把握时期。

与我们现在讨论的问题关系最大的是学科结构理论的第四个时期。这是学科理论研究的系统综合时期。它从20世纪中叶一直到现在,而且还在延续。由于近五十年来科学的飞跃发展,尤其是计算机技术、信息科学的诞生,信息论、控制论、协同学等横向方法论的出现,不仅改变了科学、生产和生活的面貌,更改变了人们认识事物的方法。人们开始认识到各学科的知识不再是一条条孤立的线,而是彼此交织的广袤的网,而各个学科就如网上的一个结。它与其他学科有着千丝万缕的联系,它既向其他学科发散,其他学科的知识也向它集结,形成辐射和辐集相结合、纵向与横向相连通的格局。每个学科既是一个相对独立的系统,同时也是诸多学科的交汇点。所以人们对学科理论的建设既要强调系统性,又要强调综合性。于是这一时期横向学科、综合学科、交叉学科及比较学科如雨后春笋般地应运而生,新学科、新理论、新方法、新流派、新思潮,层出不穷。这是这一时期学科理论特点的集中体现,也是在这一理论指导下的具体实践成果。翻译学也是在这样的背景下萌动与孕育的。

长期以来翻译研究只注重系统性而缺乏综合性,所以难以形成独立的学科知识体系。人们习惯上从单一性质的学科角度思考问题,如或以文艺的理论来指导翻译,或从语言学取向的途径,或从社会符号以及文化的视角研究,始终没有形成独立的、既有系统又有综合的框架体系。所以翻译中争议颇多,见解殊异,诸多流派观点相左,各行其是,论战不休。这使得翻译研究处境尴尬,连它是否是一门独立的学科,以及性质是什么都成了问题。

当前这种系统综合的学科研究浪潮中,交叉学科、综合学科、横向学科的出现,唤醒了翻译研究者的学科意识,人们开始认识到以往在学科分类中存在的狭隘性以及封闭性,破除了传统学科之间的壁垒,开始运用新的学科理论指导翻译学的建立,努力开辟通往一个既有独立系统又有综合特征的新的理论构建的道路。它既是一个相对独立的知识体系,又是一个与相邻学科相融的兼容体系。这种新的学科理论正在深入人心,得到广泛认同。但是,由于翻译研究中矛盾与争论有较长的历史渊源,旧的单性质的学科观念比较顽固,人们对翻译研究可否成为一门独立的学科仍心存疑虑。近年来翻译研究范式的变化又给这一争议增添了新的内容,使争论更趋激烈并变得复杂。

1.1.2 作为独立学科的必要条件与要求

要讨论翻译研究是否可以成为一门独立的学科,首先应从学科学的角度去看一下怎样的知识体系可以成为一门独立的学科,即一门学科的创生条件是什么,然后再以翻译研究所具备的条件去与之对比,看是否符合。

根据学科学的理论,如果一种系统的知识所研究的对象与其他知识系统不同,即有着自己独特的、有别于其他学科的工作任务,并能据此而产生与完成任务相适应的理论、原则与方法,而这些理论、原则和方法又是不可能被其他学科的理论、原则和方法所取代的,这样的知识体系就应该成为一门独立的学科。

从这一独立学科的基本条件来说,翻译研究是可以当之无愧地成为一门独立的学科的。因为它的工作任务是对两种语言、两种文化、两种习俗之间信息交流与传播的规律的研究,是与任何其他学科,如语言学、文化学、文艺学等有所不同的,因为它们都具有单一性。对这些学科的单一向度的研究都不能直接地去解决翻译中的矛盾与问题,而翻译研究在长期的实践过程中形成了一系列行之有效的原则与方法,有一些已上升到理论的高度。而这些原则、理论和方法又绝不是其他任何学科的原则、理论与方法可以取代的。

但是,任何一门新的学科的创建又都不是偶然的,根据学科学的理论,它必须具备以下几个条件:第一,一定的历史条件;第二,一定的理论准备;第三,一定的代表性作品和学科带头人的队伍。下面让我们看一看翻译研究在以上三个方面的准备情况。

首先,从历史的角度来看,翻译活动无论在中国还是在西方都有相当长的历史。在上千年的翻译活动中,人们积累了十分丰富的经验,经历了不同的历史时期,伴随社会的发展和人们认识的提高,翻译的内容和对翻译活动的认识以及研究翻译的视角、观念等都在不断变化。这些内容对任何一个学科来说都是十分宝贵的和不可或缺的。同时,人类进入20世纪以来,国家和民族之间的交往日益频繁,尤其是20世纪中叶以后,国际上的合作与交流更显重要,和平与发展成了时代的主流,国与国之间政治上的商谈、经济与技术的交流与合作、人员的相互往来已成为十分普遍的现象。尤其是我国加入WTO以后,翻译研究就更显重要。如何建立起合理的交往机制,翻译研究将承担十分重大的责任。此外,翻译活动现在以多种形式来进行,不仅仅是一般传统的笔译与口译,同声传译、机器翻译等也已成为当今翻译研究的内容。原来的传统理论、原则和方法已不能满足形势发展的需要,要全面并深入地开展翻译研究,努力使已取得进展的各系统研究在合理的翻译学框架里进行整合,形成一个既有系统又有综合的翻译学体系已成为当务之急。更为有利的是,目前学科学的理论已渐成熟,它是指导翻译学构建的理论指导,这一切都说明历史已经为翻译学的建立提供了充分的条件。建立翻译学不仅是历史发展的必然结果,也是时代的需要与呼唤。

其次,我们再看一看理论准备的情况。

尽管在西方以修辞学为指导的传统翻译研究和我国以古典美学为指导的语文学式的翻译研究都没有为我们留下系统的理论,但那种主观直觉与感悟性的一些零散论述却极富启发性,它们虽然只寥寥数语,却鞭辟入里,入木三分,充满智慧,已成为一份宝贵的遗产。在结构主义语言学介入翻译研究以后,翻译界发生了翻天覆地的变化。人们开始使用分析的方法,用现代语言学的成果来分析文本的语义—句法结构,使得原来混沌不清的客体对象变得澄澈透明,语言因此成了理想的工具。在此基础上,寻找语言转换规律成了翻译研究的主要任务,认为只要在此基础上就可以建立起翻译研究的科学模式,而且也的确取得了可观的成果。这自然触动了一些研究者建立翻译(科)学的念头。这个阶段的研究使人们提高了对文本结构与语言结构的认识,也为翻译学的建立提供了一定的理论准备。

当翻译研究进入20世纪90年代的时候,解构主义思潮影响了翻译研究,它以否定、怀疑、拆解和破坏为特征的方式质疑了结构主义模式的翻译研究,打破了结构的封闭与系统的自足,使外部因素与内部因素结合,从而形成了多元的翻译研究局面,例如,在西方形成的 Translation Studies 学派就是对翻译学的多元建构,从多维的角度丰富了翻译学的理论。从另一方面来讲,近年来翻译学的相关学科,如信息学、认知语言学、篇章语言学、对比语言学、比较文学、文化学、交际思维学等都有长足的进展,这些学科的理论、原则和方法必然会辐集到翻译学这一领域上来,它们必然会给翻译学增添理论动力。此外,横向方法论,如信息论、系统论、控制论、协同论、耗散结构论、突变论等也会为翻译学的建立提供方法论基础。可以说,翻译学的创生已经具备了理论准备条件。

最后,在代表性作品与代表性人物方面也已经具备了一定条件,无论在结构主义语言学的翻译研究阶段,还是在解构主义翻译研究阶段,都有一些代表性的作品与代表人物涌现。在过去的几十年中,有目共睹的一个事实是翻译研究的专著成倍增长,系列丛书层出不穷,无论国内还是国外,情况基本如此,在这些宏论的背后是众多的译论名家,他们的译论精彩纷呈,从不同角度、不同层面提出各自的见解,从而形成不同流派。这些代表作品与代表人物都为翻译学的创生贡献了力量。

以上我们论述了翻译学的创生条件问题。综上所述,我们可以肯定地说,翻译研究已经具备了成为一门独立学科的资格,并已具备了创生的条件。但是,根据学科发生和发展的规律,每一新兴学科都必须经过"动因——准备——孕育——顿悟——验证——传播——发展"这样一个时间阶梯。而且在这个时间阶梯中也会不断发生认识上的反复,证实与证伪的争辩,或者说各阶段的界线也会让人感到含混不清。翻译研究也正是如此。例如,在承认翻译研究可以成为一门独立的学科的研究者中,有人认为翻译学尚未真正建立起来,因为这里还有许多不同意见的争论,尚未达到高度统一。根据库恩的科学划界理论,它仍处于潜科学状态,还不能是显科学,因此不能说翻译学已经建立起来了。但也有人认为翻译学已经建立起来了,因为在结构主义语言学的翻译研究中,尤金·奈达等人就已明确地提出"翻译(科)学"(science of translation)的问题,而20世纪80年代末的解构主义的翻译研究派又一次明确提出翻译研究(translation studies)是一门独立的学科,而且把这件事视为20世纪80年代的一件大事。

这两种观点看问题的方式各不相同。前者是从科学哲学的角度来划分潜科学与显科学,后者是以译界代表性人物的观点为例证证明自己在理论上的正确。我们认为这两种观点都有些偏颇。前者运用库恩的科学划界的理论似乎是有理论根据的,但是这种理论是自然科学中的划界理论,如果套用到人文与社会科学中来未见适当。因为在人文和社会科学中,即使是在显科学中仍有许多可争议的问题,甚至一直在争论着,但并不影响它是一门已确立的独立学科。在这类学科中,争论是正常的,正如卡尔·波普尔所说,在精神世界中,讨论状态是一种经常性状态。它很难如自然科学那样在一定历史阶段内人们的认识能够达到高度一致。因此,以此来判断翻译学仍是潜科学状态是不适当的。而后者以译论界代表性人物的话作为依据,有以势压人并非以理服人之嫌。如果讨论这一问题,我们还必须依靠相关的理论来指导,那么就仍然回到学科学理论上去。我们前面提到了一门新兴学科在创生过程中所依赖的环境机制(如历史条件)以及内在动力(如理论准备等)和学科意识的激励等条件。实际上这其中就包括了动因、准备、孕育等几个阶段,一旦有了学科模式的选择和学科方法的形成,它就达到了顿悟,即新的学科开始创立。如结构主义语言学的翻译研究选择了结构主义语言学的等值转换的模式,以寻求语言对等的转换机制为目的,以语义—句法的分析为操作方法来建立翻译学体系。他们认为这样就可以建立起翻译学,这就说明他们已认识到翻译研究可以成为一门独立学科。而解构主义的翻译研究又以诠释学为理论模式,以对话中的种种因素为取向向不同的向度发展多元理论。他们也提出了"翻译学是一门独立学科"的口号,这说明这些论者也达到了一种顿悟。也就是说实际上翻译学已经建立起来了,那么,我们又如何去解释解构主义对结构主义的批判和否定呢?原因在于一门新学科建立之初并非就是一个十分完善的理论体系,它还有待于验证,即证实或证伪,有待于在传播中接受批判并不断修正,有待于在发展中得到完善。这时它应已完成了创生阶段,而进入了发展阶段。学科学理论认为一门学科创立之后能否迅速发展,要从五个方面去看。第一,学科的动力机制。即看这一学科能否吸收新出现的现代科学理论,运用现代科学方法不断使学科内部结构优化、互动和序列进化。如果一门新学科在创立之后便停止不前,趋于稳定甚至固化,那就是缺乏学科动力机制的表现。而翻译学自结构主义语言学介入以来是不断发展的,说明这一学科是充满生气的,是有生命力的。第二,合理的采掘模式。在学科发展中,研究者必须对所研究客体进行创造性的研究和探索。在语文学式的翻译研究中,人们过分依赖于译者主体的灵感与悟性,不注重对客体的认识,所以谈不上采掘模式的问题,直到结构主义语言学的介入,人们才开始对翻译的客体——文本进行语言的分析,即从载体入手进行采掘,结构主义文艺学从文本结构进行剖析和掘进,使得人们对客体有了较深的认识。但是这种仅把文本当成客体的认识局限被解构主义打破了,这一理论扩大了研究客体的范围,从文本扩大到整个交际过程,这样把整个翻译过程视为研究客体,从此许多文本以外的因素,如意识形态、文化传统与文化差异、译者主体性、社会语境等都成了采掘的对象,从而使翻译研究的领域得到扩大,一元性研究变成多元研究,促进了翻译学的发展。第三是较强的角色意识。增强学科角色意识是一门新学科发展的另一种动力,它注意从这一新学科的本体立场出发,吸收内化其他相关学科的知识来丰富自身,这对一门新学科来说是十分重要的。翻译学也不例外,以前的翻译研究者缺乏学科本体角色意识,或把翻译当成语言学的附庸,或把它当成文艺学的一个领域,或把它当成文化研究的一个部分。总之,就是缺乏翻译学的独立学科意识和本体意识。这与原来的一些翻译理论家都是著名语言学家、文艺学家或文化学者等有关。他们把翻译研究当成副业,其研究成果主要为其主业服务,或充其量也是偶一为之的副产品,他们的立场并没有转变到以翻译研究为本位的立场上来,十分缺乏翻译研究的角色意识,所以在翻译研究的学科性质归属上也会反映出来,如把翻译看成是语言学的分支、文艺学的下属学科等。这种角色意识的缺乏或立场性错误往往成为新兴学科发展的障碍。第四是不断拓展的学科发展空间。一门新兴学科能否发展在很大程度上是看它是否存在更大的可能性空间。翻译学是研究跨文化交际的学科,交往活动是人类最重要的活动,它包括物质交往和精神交往,可以说这两类交往活动都与翻译分不开。直接来说,翻译活动属于精神交往,可是间接地说,物质交往也必然与翻译活动有关(这里主要指民族之间和不同文化之间的物质交往),所以其发展空间是十分广阔的。目前有许多翻译的领域还是刚刚被开垦的处女地,如机器翻译还没有取得重大的突破,只有一些阶段性的成果;口译理论还很薄弱;同声传译的研究才刚刚起步。这些不同分支领域的发展都需要学科理论体系探索和相关学科知识系统研究同步发展,不断拓展研究的发展空间。

这是新兴学科的生命力之所在。第五,研究者是否具有表现时代精神的学术锐气和理论风格。即,研究者有无学术敏感性,有无锐意进取的精神,是否善于从其他学科中不断地吸收新的理论营养以增强自身的理论修养和扩充自己的学识,尤其是能否站在哲学发展的高度透视研究对象发展过程,并预见未来的发展趋势与走向;能否具有清晰的逻辑头脑分析判断研究对象发展中内部与外部矛盾演化过程中存在问题和症结等等。

这五项条件是一门新兴学科发展质量标准的评估体系。它们是用来衡量新生学科的发展情况的,而不能把它们当成创生标准来要求一门新学科。在翻译学是否已经创生的争论中有一些观点就是错把发展标准当作创生标准了,所以得出翻译学尚未创立的错误结论。学习学科学的目的就是把翻译学建立的问题放到理论平台上去讨论,而不能把它变成一种情绪化的争论。

1.2 翻译学的学科性质与特点

任何一门学科的性质都可以从两个不同的角度去划分,一是从其研究客体的性质去划分,二是从学科学角度,即从该学科与其他相关学科的关系以及它在学科群体中的位置来划分。

如果从客体对象的性质来划分,我们有三大类:自然科学、人文科学和社会科学。

自然科学与人文科学、社会科学之间的区分是比较明显的,但人文学与社会科学之间的界线就不十分清晰了。当然,如果从定义上来看还是很不同的,如一般说来,人文科学是指以人的内心活动、精神世界以及作为人的精神世界的客观表达的文化传统及其辩证关系为研究内容、研究对象的科学体系,它是以人的生存价值和生存意义为学术研究主题的学科。它的研究客体是一个精神和意义的世界,也可以说它是对人类自身的研究。而社会科学也研究人,因为社会也是由人构成的,它研究的是人类社会,是以人类社会的构成和发展规律为研究客体的科学。但实际上正如瑞士著名学者让·皮亚杰所说:"在人们通常所称的'社会科学'与'人文科学'之间不可能做出任何本质上的区别,因为显而易见,社会现象取决于人的一切特征,其中包括心理生理过程。反过来说人文科学在这方面或那方面也都是社会性的。"① 翻译学也同样涉及人文性与社会性这两方面问题,如从定义上来讲,翻译学很明显应是属于人文科学,因为它的客体是"人的精神世界的客观表达",即文本。但翻译活动又是跨越两种不同文化,涉及两种不同语言的社会性交流与传播,不是私人间的事务,不可能不受社会规范与习俗的制约,它又不可能完全是人文的,也必须是社会性的活动。所以现在有些学科划分理论就把人文与社会科学放到一起,不再区分,统称人文社会科学,例如联合国教科文组织出版的《社会及人文科学研究中的主流》一书中列了 11 个学科,其中有社会学、政治学、心理学、经济学、人口学、语言学、人类学、史学、艺术及艺术科学、法学、哲学,这其中有人文科学也有社会科学,也有两者互相渗透难以界定,人们长期争论不休的。

因为本章主要讨论其学科学性质,所以不拟在这方面花费更多篇幅。下面就是学科学的思考。

1.2.1 翻译学是一门综合学科

从学科学的角度来看,翻译学属于综合学科,即 synthetic discipline。值得注意的是,这里的"综合"并不是就其学科特征而言的,而是指其学科性质,即学科定性,尽管这类学科在学科特点上也的确是综合了多学科内容。

综合学科和交叉学科(亦称边缘学科)以及横向学科都是学科学理论发展到系统综合时期以后涌现出来的一些新兴学科群体,其共同特点是打破传统的学科单一性的格局,把两个或更多学科按照新的研究方向重新组合在一起,但其组织方式却各自不同。交叉学科是指两个学科之间的相互观照、互相作用,从而改变原来学科的基本结构并构成一个全新学科的基本结构。但是这种新的学科结构不是原来学科的简单叠加,而是一种质的飞跃,所产生的学科也是全新的学科。例如生物化学并不是生物与化学的相加,而是一门既不同于生物也不同于化学的第三学科。横向学科是在广泛跨学科研究的基础上,以各种物质结构、层次、物质运动形式的某些共同点为研究对象而形成的具有较强的工具性和方法性的学科,如控制论、信息论、系统论、耗散结构论、协同学、突变论等等。

---

① 让·皮亚杰,《人文科学认识论》,北京:中央编译出版社,2002:第 1 页。

而综合学科是以特定问题或目标为研究对象的,但因对象的复杂性,任何单一学科都不能独立承担,必须综合运用多学科的学科理论、原则和方法来完成,这样的学科就称为综合学科。目前综合学科已成为一种具有普遍性的学科,如环境科学、城市学、管理学等都属这一类,翻译学也是综合学科。

翻译学涉及的学科很多,如语言学、文艺学、文化学、思维学、心理学、人类学、符号学等等,但它有一个特定的研究对象,即跨文化、跨语际的信息传播与交流的规律性与原理。这一对象是十分复杂的,历史已经证明以往的以某一学科单向度的研究都是难以完成的。要研究这一客体对象,我们必须采用综合各相关学科的知识来进行。综合学科是自20世纪50年代以后才出现的新兴学科群体,在这以前的翻译研究不可能是综合性的,而只能是单向度的,所以,对翻译研究的定性往往是不科学的,如翻译是语言学的分支,或文艺学的分支等等。

这些新兴学科群体的崛起是人类认识的一次飞跃,是人类知识发展的必然结果,也反映了科学进步和发展的必然趋势。在古代,科学知识是混沌不清的,没有学科划分的概念,最初出现的学科都是与人们感官关系密切和与生活、生产联系最直接的知识,如力学、光学、天文学等等。人们对电的认识肯定比它们晚,而磁学就更晚,而当电学与磁学形成电磁学时就一定只能是近现代的事情,这是人类认识不断从感性到理性,由具体到抽象的规律使然。实际上人类的知识是有整体性和普遍关联性的,只是由于人类最初的认识水平有限而把它人为地分割开了。现在人们逐渐认识到这一问题,已开始从整体性与普遍关联性入手来讨论知识问题,并对知识进行有机的整合,从而形成诸多新的学科群体,这些学科有利于对自然世界与人类社会世界许多复杂现象进行综合性研究。

1.2.2 综合学科内部结构的特点

综合学科是系统整合诸多学科的知识应用于一个新的目标。这些单一学科也都是与研究目标有相关性的,而不是毫不相关的,只是单凭这些单学科的力量难以从整体上把握这一研究客体。翻译正是这样,有人曾从语言学的角度分析,有人从符号学角度去研究,有人从文化学的立场探讨,也有人从文艺学的观点去考虑。他们都不同程度上取得了可观的成果,但都缺乏整体性观察的结果,甚至他们各自得出的结论是互相矛盾、彼此抵触的。因为它们都是在某一向度上所进行的相对自足性的论证,都尽量使自己的理论增强自我解释性,是各系统内在逻辑的集中反映,都带有一种封闭与静止性。所以综合学科并非诸多相关学科的简单相加,不是一个拼盘或杂烩,它是有一个整体性整合机制的,它要把各单一学科中的知识纤维、理论板块、学科体系进行新一轮合理的选择,根据研究目标与任务的要求做拼接与整合,让它们相互联系,互相渗透,形成互动关联。具体地说,要做到下述三个结合。

第一,各学科知识单元的静态复合与动态组合相结合。例如,原来参与翻译研究的语言学、文艺学、文化学、符号学等知识单元都带有一种定向复合的特点,即围绕着它们各自的研究对象和研究内容,是一种静态复合的特点。当它们参与到翻译研究领域之后如果仍然保持这种特点,结果只能把翻译学变成它那一学科的附庸。这是以往经常出现的现象,如语言学派说翻译是语言学的分支,文艺学派说它是文学的一个领域等等。现在综合学科的理论要求参与的各学科必须根据研究对象已改变的事实对承载原来学科学术信息的知识单元的结构方式进行重新组合,这种组合是动态的。举个例子来说,英汉翻译中,英语和汉语都有各自的语言单位,如词、短语、小句、句、语段等等,它们都是一个静态稳定的系统,由这一级一级的单位使语言由词成句,联句成篇。而一旦把这一概念系统或知识单位放到翻译中来,情况就变了,其目标改变了,由静态的复合变成了语言转换中的动态组合了,翻译中的单位根据巴尔胡达罗夫的定义是这样的:"所谓翻译单位,我们是指在译文中能够找到对应物的原文单位,但它的组成部分单独地在译文中并没有对应物。换言之,翻译单位就是原语在译语中具备对应物的最小(最低限度)的语言单位。"[1] 很显然,我们不可能再使用原来的语言单位的概念去代替翻译单位的概念,但有一点是十分重要的,那就是要求翻译研究者必须首先熟悉原来各学科的概念系统、知识结构和理论模式,否则在动态组合中就无法操作甚至造成混乱。就如上例,如果我们要了解翻译单位,就必须先了解语言单位。

第二,各学科内在逻辑结构的比较与互补相结合。既然参与综合学科的各单向学科都与综合学科的研究目标有关,但又不能独立完成,就说

---

[1] 巴尔胡达罗夫,《语言与翻译》,北京:中国对外翻译出版公司,1985:第145页。

明它们既有联系又有区别和差异的事实。其联系性是指各参与学科都可以服务于翻译研究,这是讨论问题的逻辑起点,没有这一点,以后也就无话可说了。重要问题在于它们彼此的互补性,要做到互补就必须首先了解它们的差异和区别所在,这就是首先要做比较,通过比较发现可以互补的地方。所以对比语言学、比较文学、比较文化学对翻译研究都很重要,而更为重要的是不同学科之间的对比,如语言学与文艺学之间的互补问题。以往的翻译学研究在这方面是很欠缺的,语言学派的翻译研究和文艺学派的翻译研究常常是意见相左,互相攻击,语言学派说文艺学派的译文文字虽美但不忠实,文艺学派说语言学派空有形式上的对应而没有艺术效果等等。这两种观点分别是由各自学科内在逻辑结构不同所造成的,通过比对找到差异,使它们形成在翻译领域内的互补性是翻译研究者的任务之一。其实在同一学科内,因流派的区别,也同样会形成差异,如转换生成语法与系统功能语法是不同的语言研究理论,它们之间差异性很大,互补性也很大,如果讨论语言的共性并以此作为翻译中可译性问题的讨论,生成语法有很强的解释力,而一旦深入语言系统内部,就一些具体问题的解决而言,系统功能语法理论就更得心应手,所以这两个语言理论也同样可以在翻译学中得到合作与互补。

第三,各学科的机体结构发展与翻译学机体结构发展相结合。翻译研究在很大程度上借重其相关学科的发展,同时又关注自身的积累和发展,如结构主义语言学的理论为翻译研究提供了对文本客体的分析方法,而解构主义理论又为翻译研究指出开拓外部研究的多元的途径。但是翻译学的机体结构也并非直接照搬这些理论,而是吸收、改造、内化它们,使它们成为翻译研究的理论、原则和方法。例如,在吸收诠释翻译学的理论时,注意到译者不仅是读者,同时又是译文信息传播者的事实,因此不可以把译者作为接收终端,而是当成原文信息传达的中介,这样就会提高自身的受制约意识,使主体的客体化程度增强,这才与翻译机体结构的整体相适应。

1.2.3 综合学科内部的科际整合

上一节讨论了综合学科内部结构的特点,其中谈到科际之间的关系,但诸多相关学科融汇到一门新的学科,并将其各自的理论整合到一个大系统内,这是一件很不容易的事,也要经过对比、选择、适应、融汇和整合的复杂过程。国外学者也十分关心这个科际整合的问题。这里介绍一下美籍华人学者成中英教授的有关论述。他说:"交叉科学研究又名科际整合研究。它是今日人类开拓新知,创造价值,实践文化改造与技术改良所不可或缺的智慧工程。我在这里强调它们方法学上的重要性。它代表至少两种方法或两种观点的交叉或集中使用。因之要求我们有更清晰的方法意识以及对所涉及的概念与范畴系统有更深的理解。其成果是跨系统的,跨学科的与跨世界的。"①在这里成中英教授指出,整合问题是整个交叉科学(他所说的交叉科学包括交叉学科和综合学科)本身就是科际整合。由此可见科际整合直接关乎交叉学科与综合学科能否成为一门真正的独立学科问题。接着他又对具体的整合程序提出了有启发性的几点看法。他指出了下列几个有关交叉科学研究兼具方法性与目的性的性质:

1. 找寻焦点:两个以上的方法与观点同时观照就有焦点可言。寻找焦点是方法,获得焦点是目的。

2. 建立融合:两组以上的概念需要融合起来,以扩大视野。但融合可以是对立互补,可以是同中求异,异中求同。建立融合是方法,取得融合是目的。

3. 挖掘共源:任何不同的事物在其历史的深处都有共同的因子。认识共源是方法,说明共源是目的。

4. 扩大境界:两个以上的观点的交合应能扩大世界观与知识的境域。促进扩大是方法,印证扩大是目的。

5. 灵活应用:如何使两个以上的观点应用于实际经验与生活并产生价值就是兼方法与目的的实践理性的发挥。②

首先,找寻焦点,就是在综合学科中寻找需要解决的问题,这一问题在两个或两个以上的学科理论中均有论述,然而它们对这一问题的解决方案与具体办法都不尽相同,而且一旦用于这一新领域中它们不一定很适用,即不能直接应用于这一新的综合学科。这时我们要进行对比,首先是相关学科之间的对比,然后再分别与新学科的情况和需要进行对比,这样可以发现异同,形成互补,并做出适当调整,做到既有同时观照,又有整

---

① 转引自刘仲林,《现代交叉科学》,杭州:浙江教育出版社,1998:第281页。
② 同上。

体把握。

其次是融合问题。融合是诸多相关学科在综合系统内存在的形态。这时这些学科不再坚持原来学科的立场,不再指向原来的目标与对象,而是在新的系统中达到一种融合与贯通,变成一个整体。它们在新的系统中,针对新的工作对象同异互显,有无相生,协调工作,而不是抵触排斥。

再次是挖掘共源问题,这一过程旨在揭示不同事物在历史深处存在的共同因子,发现它们的家族相似性。这样有利于从本源上去认识它们的共同之处,从而增强对其本质的认识。世上万物本有密切联系,由于近代以来学科采取了由统一的知识逐渐分化为独自发展的学科,使得人们忘记了它们之间的联系与共源。正如老子所说:"道生一,一生二,二生三,三生万物。"宇宙与自然界的发展与演化就是由少到多、由简单到复杂的过程,我们回溯历史,发现本源就是揭示本质的过程。

第四个阶段是扩大境界。扩大境界就是扩大视域。在综合性学科中,把原来多个单向性学科整合为一个大系统之后,使原来收敛式思维变成一种发散式思维,使单向学科向综合学科辐集时也使综合学科向外辐射,使它们融贯联通,方法互借,理论互鉴,这就是扩大境界的过程。翻译研究从文本走向文化,从一元走向多元的过程就是境域的扩大,从而也使翻译学与其他诸多原来少有联系的学科接壤。这样的结果是学科之间联系与互动性的增强,使人们可以对某一学科从多维视角去观察,又可以从某一学科的立场去观察其他学科。

最后是灵活运用。这主要是指研究者必须富有学术敏感性,又能够灵活机动,不拘一格地运用各种原则、理论与方法。所谓"运用之妙,存乎一心",只要掌握了理论的精髓,方法自然会灵活。同时这一点也提醒我们在科际整合中不应师循成法,因为我们尚无成法可循,要有开放性思维,善于发现学科之间的契合点,以及它们在本质上的关联处,从此去发掘和探索,很可能这就是一块新的领域。这样不断开拓进取,翻译学作为一个学科就可以走向成熟。

1.3 翻译学的机体结构模式

对翻译学机体结构模式的选择反映着人们对翻译活动性质的认识。

语文学范式的翻译研究所选择的是译者主体模式的结构框架。他们认为译文好坏取决于译者的天资和禀赋，否认理论的作用，排斥客体的因素。而结构主义语言学范式的翻译研究走上了另一个极端，即以文本结构的客体模式为结构框架，他们否认译者主体的作用。这一模式迷信语言的工具理性，强调结构的自足性。而在解构主义的翻译研究中，虽然摆脱了主客观二元对立的束缚，走向了主体间的对话，但其机体结构的框架始终没有很好地建立起来，可以说是缺乏主干的多元开放的结构框架，或失去制约的主体对话模式。这些机体结构的形成自然有其哲学根源和认识论基础，但这个结构一旦形成就会影响翻译研究，决定它的方向与方法，决定它可能发展的空间。所以，选择一个能反映翻译活动本质的合理的结构模式对翻译研究是至关重要的。

前面我们已经阐明，翻译属于综合学科，是对翻译活动中诸多要素进行系统综合研究的新学科。其综合性是很强的，所涉及的不仅是语言学、文艺学，也离不开文化学、心理学和思维学。它所涉及的要素也很多，如原文作者、原语符号系统、原语所传达的内容、所通过的渠道、译者主体、译者所使用的语言符号系统、译语所传达的内容、原文与译文的接受者等等。那么，作为翻译这种活动的机体结构框架就应把这些要素都包括进去才行，使这些要素在机体结构之中彼此观照，互相制约，发挥整体功能。

确定翻译活动的机体结构模式，实质上是对这一活动本质性的认识。只有清楚地认识了这一学科的性质，明确其所要完成的任务，并注意在完成任务过程中各要素之间所起的作用、相互关系以及遵循的规律，了解它与相邻学科的关系，对这一结构内部与外部情况有一个系统的全面的分析，我们才能做出适当的选择。

那么，翻译的性质与要完成的任务究竟是什么呢？概括地说，翻译是一种跨文化的信息交流与交往的活动，其本质就是交往传播（communication）。无论采用怎样的翻译形式，如笔译、口译、机器翻译，也无论所译的内容是何种载体，如科技信息、文学作品、应用文章，它们所要完成的任务都可以归纳为信息的传播与交流。

所谓传播，是一个系统（信源），通过操纵可选择的符号去影响另一个系统（信宿），使信息得到传播。翻译同样具有传播的性质，即一种社会信息的传递，表现为传播者、传播渠道、受信者之间的一系列关系；是一个由传播关系组成的、动态的、有结构的信息传播过程；它是一种社会活动，其关系反映社会关系的特点。与普通传播过程不同的是,翻译是在跨文化间进行的,操纵者所选择的符号也不再是原来的符号系统,而是产生了符码转换,所涉及的社会关系也已改变。但是其基本原理都与普通传播有共通之处。所以,如果将传播学的机体结构模式加以改造,便可适用于翻译。

1.3.1 为什么要选择传播学的结构模式作为翻译学的机体结构模式

前面已经对传播的定义做了介绍,但是要了解什么是传播学还必须作更详细的说明。

1.3.1.1 什么是传播学

传播学是信息科学的一个分支。现代科学认为现代社会的三大环境支柱是物质(材料)、能量和信息。把信息看成是人类社会的重要资源、现代化的重要工具、科学决策的依据、社会进步的关键环节是现代社会的一个重要特点。信息科学是否发达已经关系到一个国家的盛衰强弱,我们说现在是"信息时代",这说明信息是多么重要。但是什么是信息呢?关于这一词语的定义很多,我们采用信息论创始人之一、美国科学家维纳在《控制论与社会》(1950)一书中所下的定义,这一定义有较高的概括性。他解释道:信息就是我们适应外部世界并把这种适应反作用于外部世界过程中同外部世界进行交换的内容的名称。它按其来源与作用又可以分为自然信息、生物信息、社会信息与技术信息。就传播学而言,我们主要涉及的是社会信息。所谓社会信息,主要是指人类社会系统中的信息流。它有物质信息与精神信息之分。社会信息的基本形态是语言,语言形态也可以转换为文字和电磁波等形态。语言、文字、图像等都是交流社会信息的载体。由于信息的重要性日益为人们所认识,信息科学就应运而生,而传播学作为信息的传播规律,根据传播学的一些奠基人,如 D. 麦奎尔和 S. 温德尔等人的看法,传播指的是社会的个人或团体主要通过符号向其他个人或团体传递信息、观念、态度和情感。这种传播是每时每刻都在进行的普遍现象,它是一个有结构的信息过程,传播学就是研究其原理和规律的科学。

传播学孕育于20世纪20年代,形成于四五十年代,到七八十年代在北美和西欧、日本等发达地区和国家,它已成为队伍庞大、理论学派林立、学说纷呈、著作层出不穷的显学。国外许多大学均有传播学系或专业。在我国,这一学科到90年代才出现在个别大学,而且仅限于新闻专业,到90年代末一些译著和专著逐渐增多,很有发展的趋势。

1.3.1.2　翻译的本质决定了它应是一种传播

翻译理论家沃尔弗拉姆·威尔斯在《翻译学——问题与方法》(*The Science of Translation Problems and Methods*,2001)一书中指出,翻译这门科学形成的过程之所以如此缓慢,其原因是人们"不知应遵循什么特定的研究模式,也不知按什么顺序去加以研究"。而且,以往的研究"迫使翻译学忽视本身的许多特点,特别是有关信息传递性质的那些特点"。所以他写该书的一个宗旨就是认为"翻译乃是与语言行为和抉择密切相关的一种语际信息传递的特殊方式"[①]。威尔斯对翻译的定义比较本质地阐明了这一学科的性质。原来一些翻译理论家多把翻译看成是原语与译语之间的两极过程,从语言的不同层面上去寻找对应关系,而忽视了在信息传递过程中的其他因素,结果把信息传递的动态系统看成了静态的两极封闭系统。这一点我们可以清楚地从下述翻译定义中看到:"翻译是一项对语言进行操作的工作,即用一种语言文本(text)来替代另一种语言文本的过程,"(卡特福德)"翻译是把一种语言的言语产物在保持内容,也就是意义不变的情况下,改变为另一种语言的言语产物的过程。"(巴尔胡达罗夫)"翻译是在接受语中寻找和原文信息尽可能接近、自然的对等话语,首先是意义上的对等,其次才是风格上的对等。"(尤金·奈达)

从以上几位名家的定义中,我们不难看到清晰的两极界限和这个封闭的系统。以这种思想为指导,把翻译活动置于这样的结构模式之中,自然会把许多翻译活动所涉及的要素排除在外,也很难吸收、内化一些相关学科的知识构成综合研究的学科。

但在传播学的结构模式之中情况就不同了,人们可以看到一个开放的动态系统。传播学的奠基人和先驱者、美国政治家拉斯韦尔在他的被

---

① Wolfram Wilss, *The Science of Translation Problems and Methods*,上海:上海外语教育出版社,2001:第12—13页。

誉为"传播学的《独立宣言》"的《社会传播的结构与功能》(1948)一书中,把传播的过程归纳为五个要素的互动关系与活动过程。这五个要素就是"五W"模式:即谁说(who says),说什么(says what),通过什么渠道(in which channel),对谁说(to whom),产生什么效果(with what effects)。它包括了传播主体、传播内容、传播渠道、传播对象和传播效果等五个方面的内容。同时,拉斯韦尔又针对这五种要素提出五种与之相对应的传播研究:对应传播主体活动研究的控制分析;对应传播内容的内容分析;对应渠道研究的媒介分析;对应受信者的受众分析和对应效果研究的效果分析。当然,这五种分析不是静态进行的,而是动态的、有各种变化的。正如《孙子兵法》所说:"声不过五,五声之变不可胜听也;色不过五,五色之变不可胜观也;味不过五,五味之变不可胜尝也。"上述五种要素的变化繁衍也是无穷尽的。这五种分析也是十分复杂、互相交错进行的,它们是一种一动俱动的互动关系。拉斯韦尔不仅从内部结构上分析了传播过程的要素,也从外部功能上概括了传播活动的作用。他认为传播具有监视环境、联系社会、传递遗产等三大功能。在拉斯韦尔之后,还有一些著名的心理学家、社会学家、社会心理学家参与建设,最终使传播学成为一门对人类交往现象及其规律进行综合性与深层次研究的新兴学科。如果把翻译研究置入稍经改造的传播学结构框架之中,就会使我们的眼界大为开阔,使我们从信源、信道、信息、信宿、信源与信宿的关系、效果和目的与场合等一系列要素做系统的、动态的研究。尽管结构主义语言学范式的翻译研究之后人们已经打破了原语与译语的两极局限,并开始对其他要素有所涉及,如从文化学和符号学等方面进行新的探索,但仍处于一种孤立性的、非连贯的研究,甚至仍是一种针锋相对、各树一帜的局面。这样就很难建立翻译学的整体系统。只有把它放到信息传播的全过程中去考察才能对本体、主体、客体、载体、受体等各方面进行系统综合性研究。

1.3.2 传播学观照下的翻译研究的特点

如果选择传播学的结构框架作为翻译学的机体结构模式,翻译研究就会呈现出以下的一些特点,而这些特点在此之前是没有的。

这些特点是:① 整体性;② 动态性;③ 开放性;④ 综合性;⑤ 实

用性。

翻译活动是一种信息的传播和交流,它本是一个整体连贯性的活动,但是以往的研究模式却把这个整体性与连贯性破坏了,只强调某一方面而做单向度的研究,彼此分割,互不干预,这影响了翻译学的建立。如果把它置于信息传播的整个流程去观察,情况就不同了。这种结构模式具有一种构造功能,可以清楚地展示各要素系统之间的层次、次序关系和相互联系的关系,从而使我们获得一个整体形象。例如,信息论创始人维纳根据"五W"模式提供了一个线性传播模式图:

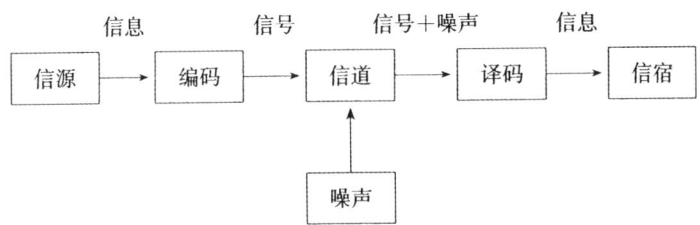

但是后来人们发现这一模式有两个方面不足,其一是缺乏反馈这一环节,这样交际双方都无法评估传播效果问题,其二是忽略了交际传播中社会环境(如政治的、经济的、文化的等)的制约因素和交际双方交际动因影响的主观因素,所以后来又有人把"五W"模式扩大为"七W"模式,即增加了"传播的目的是什么"和"在什么场合下进行传播"这两个要素。从而原来的线性传播模式被传播学创始人威尔伯·施拉姆改造为控制型传播模式:

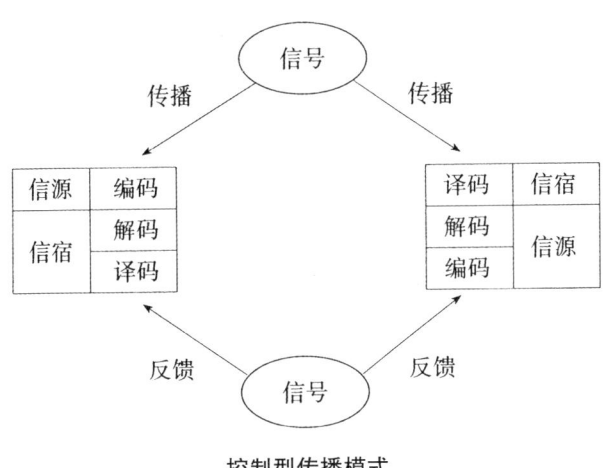

控制型传播模式

这种带有反馈机制的交往与传播模式使整个过程变成互动过程,在这过程中交际双方可以调节自身,从而使传播系统处于一种良性循环的可控状态。翻译研究中所涉及的问题与此基本相仿,只是它跨越了文化,并在编码与解码的内涵上有了变化。这个传播学的控制型模式可以让我们清楚地看到其各种要素联系的整体,而不是孤立的片段。它们之中无论哪一个要素受到强调,我们都必须调动其他要素协同运动才能达到这一目的。因此对其中任何一个要素的研究都不可能孤立地进行而必须依从整体一致性原则。

所谓动态性原则,既是传播学,也应是传播学观照下的翻译学的一个原则,它与整体性原则相关。当我们说整体性时,并非就是说它是一潭死水般的系统,它是一种动态平衡的结构。它强调结构内部各要素的互动性,它们既密切联系又互相制约。在传播过程中,尤其是翻译这种跨越文化、跨越时空的活动中,各种要素都包含了许多变量,我们必须在整体性原则下去分析这些变量,并控制这些变量在活动中保持整个系统的平衡发展。例如,我们同是翻译莎士比亚的著作,虽说"谁说"的这一要素确定了,但是因为翻译目的的不同,或传播渠道不同,或受众不同,也必然会引起整个系统的其他要素的相应变化和调整。如果我们的译文是供学者研究或供一般读者欣赏,我们采用的方法就应有所区别,贴近原文的直译更受研究者的青睐,而语言顺畅的意译更受一般读者的欢迎。传播的渠道不同也会影响到一些因素的变化,舞台演出的剧本翻译必须考虑舞台效果,语句过长或拗口是大忌;如果为原版电影做翻译我们又不可能不考虑语流的快慢、语句的长短、口形的接近以及表情与手势的配合等多种因素;而如果这些都只是阅读文本形式,上述因素就不重要或根本无须考虑。这说明在传播过程中整体地协调互动是普遍性的情况,动态性是一个基本性原则。

开放性是另外一项重要特征。把翻译学置于传播学的框架中,有利于把翻译研究从以前的封闭系统中解放出来,使它向所有相关学科开放,使任何一个要素或在任何一个层面上向着要解决的那个任务的所有现象开放,使凡是与之有关的各学科的知识、方法都能渗透进这个系统中来。在以往的结构主义语言学范式的封闭型翻译研究中,即使是语言学科中的有些成果都难以引进翻译研究中来,如语义学、话语分析等静态性内容可以比较容易进入翻译研究,但语用学这样的涉及动态性内容较多的成果就很难与翻译研究相结合。一旦把翻译研究放到传播学这样一个框架模式之中,它就会更具有开放性,除了原来对语义与句法的关注之外,语用学的许多成果也会成为翻译研究的一部分,对译者主体的研究与读者的接受研究都会成为翻译研究的内容,社会环境、文化差异、意识形态、价值取向等等都可以成为翻译研究的对象,即一切在翻译过程中所遇到的问题和存在的现象都保持着开放状态,使一切有关的学科理论与方法都可以在翻译研究中得到运用。

综合性特点是在开放的前提下形成的另一特征。翻译学是一个综合学科,它必须吸收与内化相关诸学科的理论、原则和方法,否则它是不可能得到发展的。原来的翻译研究采用单向度的研究模式,往往会产生自我封闭和排斥其他学科的原则或理论,这样就限制了翻译学的发展。因为不同单向度的学科知识未经吸收和内化整合,在翻译学中就会形成一些彼此不协调的观点,它们之间缺乏融贯,各行其是,甚至争论不休,互相诋毁。这是学科尚不成熟的表现,没有一致的结构模式和理论框架。成熟的学科中也是有争论的,但是这些争论是互相补充、彼此修正、逐步深入、共同促进的,最终使学科得到发展而不是受到破坏。传播学之所以在20世纪20年代诞生,经几十年的发展很快成为显学,是因为它善于吸收相关理论,有统一的结构模式和得当的理论模式。而翻译学之所以发展迟缓,也在于原来的研究中缺乏综合意识。

综合性原则是综合性学科或其他交叉性学科的共同特点。前面我们已经说过,综合并不是把众多学科的理论、原则和方法放到一起,成为一个大杂烩或大拼盘,而是作为一门独立的新学科,确立一个不同于原来单向学科的目的与对象的知识体系,所以所有相关学科的知识必须根据新的工作目标进行调整和改造,必须整合为协调一致的理论和原则。

最后一个特征是实用性特征。

翻译活动包括理论与实践性的活动。翻译研究是对翻译实践活动性质和规律的探讨。以往的语文学翻译理论缺乏系统性,也缺乏具体的指导作用,常常是感悟式的或启发式的,带有神秘色彩,所以缺乏实用性。语言学的翻译理论虽然有较强的实用性,但有较大的局限性,如果把翻译研究放到传播学的框架模式之中,实用性就会大大增强,不仅视野开阔了,而且有许多原来被忽视的领域可以被开掘出来,比如传播学的"把关理论"(gate-keeping theory)在翻译的文本选择方面,政治、经济、文化因素在把关中的干预,是原来翻译研究中完全被忽视的,通过传播学的学习,我们发现这是一个很重要的方面,它代表了一种文化、一种政治和一种意识形态对翻译的干涉,是一种权力话语的具体体现。这仅是其中一个例子。传播学还有许多理论对翻译研究都具有启发性和增强其实用性的作用。下面简单叙述一下这方面的问题。

1.3.3 传播学的丰富理论成果是翻译学的雄厚理论资源

传播学虽然是一门年轻的学科,但在几十年中已发展成熟,并建立起了相当雄厚的理论宝库,有了十分丰硕的成果。传播学的许多成果对翻译学都有十分直接的指导意义。这不仅体现在传播学对信息、符号等方面深刻而广泛的研究与翻译学研究有很大的重合面的问题上,更体现在信息传播的内在机制的研究对翻译研究提供理论资源上。在这一方面,翻译学还是很落后的,或者说尚未有过深入、系统的探讨。而传播学对人脑在信息加工中的复杂过程分析有很深的研究。传播学以认知心理学的理论为指导,认为信息加工理论就是认知研究的中心,它批判了行为主义心理学而着重对人的内部心理过程和状态进行研究,并吸收控制论、信息论等思想方法,引入人脑的计算机模拟,试图用程序和流程图来说明人的认知、思维的内部奥秘。这一模型主要有四个组成部分:感知系统、记忆系统、控制系统和反应系统。这几个系统之间互相联系,协调配套工作。感知系统接受环境输入后,进行变换整合,首先提取外界刺激的基本特征,使加以组合、编码后的物理刺激进入记忆系统,与记忆系统中的信息和模式进行比较与匹配。记忆系统并非一个静止的信息库,它又分为长时记忆和工作记忆两种。长时记忆中贮存着运动技能、语义信息、价值观念、加工程序等各种信息。

工作记忆又称短时记忆,它含有处于人类注意中心的信息和用来处理这种信息的特定操作技能,长时记忆中一部分信息也可以被激活而进入工作记忆之中,从而也参加到当前的加工中来。控制系统决定系统的操作过程,而反应系统则控制系统的全部输出,包括动作、语言、表情等。传播学家还对这四个系统做了许多深入细致的研究,在此不能尽述。我们只介绍一些最基本的情况来说明传播学对翻译学的启发作用。这也是翻译学应建立起来的心理学基础。以往的翻译研究只重外部特征的研究,而尚未深入到认知与心理的层面,这也是翻译学尚未发展成熟的原因之一。

此外,传播学的结构模式有助于翻译学方法论体系的形成。

方法论体系能否在一个学科中建立起来,是一个学科是否成熟的一个标志。以往的翻译研究仅以某单向学科作为依据,使许多应用于翻译活动的方法也会被排除在外,依照这样的模式是很难建立起翻译学的方法论体系的。作为方法论体系应包括哲学方法论、横向方法论、学科方法论和具体操作的方法等不同层次的方法系统。只有当我们把翻译研究纳入传播学结构模式之中,才有可能把这些方法论的体系建立起来。以横向方法论为例,传播学在20世纪中叶形成时正值信息论、系统论、控制论形成之时,它们两者之间关系密切,可以说横向方法的形成促进了传播学的成熟。有趣的是,信息论的诞生和广为流传又跟传播学的集大成者——美国著名学者施拉姆有密切关系。当申农发表他的信息论开山之作《通信的数学原理》时,仅发表在《贝尔工程技术杂志》上。由于论文观点新、专业性强,加之杂志又不是很权威的,所以发表后没有造成很大影响,但施拉姆独具慧眼,注意到这篇文章的重要价值,便请数学家韦弗对文章进行解释,使之通俗易懂,又借职务之便(他当时是伊利诺伊大学校长助理兼该校出版社社长)出版了这本书,使信息论一下子广为接受,信息模式就是在申农所提出的信息传递模式的基础上产生的。同样,控制论中的反馈机制对翻译学也有很具体的指导意义,翻译过程就是译者不断运用反馈进行译文的调整与总体控制的。系统论也同样是在传播学中广为运用的横向方法论,它对翻译学也具有同样的指导性。

总之,采用传播学的结构模式为翻译学建立方法论体系打开了方便之门。

1.4 翻译学的理论结构框架模式

一门独立的学科要有机体结构,这种结构框架关乎该学科的构成要素、要素之间的关系以及发展方向等。但只有机体结构框架还不够,它必须还要有理论结构框架。对一个单向度的学科来说,这一问题显得简单得多,因为它在概念系统的构建过程中,这两个结构是有机地联系在一起的。但对于如翻译学这类兼容多学科的综合学科来说,问题就复杂得多了。因为许多相关学科的理论、原则和方法都会在不同阶段、不同层次与不同要素结合而介入翻译学研究中来。那么,这么多的学科知识在这样的综合学科中应如何运作才能够既互相配合,彼此呼应,互补互惠,又能统一到为完成新的学科工作任务的共同方向上来呢?这显然是个复杂的问题。以往的翻译研究所采用的理论结构框架是各不一致的,所以它有着各自不同的研究范式,而当它们相遇时,又有许多不相融之处,因此就有许多争论。

1.4.1 以言语学作为主干理论框架的建构性研究

翻译活动是人类的交际活动,而交际活动是离不开语言的,正如《中国大百科全书辞典·语言文学卷》对语言的解释:"人类特有的一种符号系统。当用于人与人之间的关系的时候,它是表达相互反应的中介;当作用于人和客观世界的关系的时候,它是认知事物的工具;当作用于文化的时候,它是文化信息的载体。"这一解释很全面,它把语言在不同领域中的不同作用阐述得十分清楚,同时也阐明了语言与三个世界(外部实存世界、社会群体世界、个人精神主体世界)的关系,指出语言是联系这三个世界的媒介。

翻译活动也同样依靠语言来进行,一方面它体现了个人与个人之间的交往关系,而另一方面,在人与人的交际中(如在翻译中),又不可能不包含人对外部实存世界的认识关系,即一些客观知识的问题。同时它又必然会折射出翻译活动中所涉及的两个社会的两种文化。所以语言是贯穿整个交际过程的中介符号,又是联结三个世界的媒介,只有以有关语言的理论作为翻译活动的主干框架才能对翻译活动有更全面和更本质的认识。

但是有人会问,结构主义语言学范式的翻译研究不正是以语言学作为理论框架的吗,这与它有何不同呢?其不同在于结构主义语言学的翻译研究范式的理论是语言学的,而现在是言语学的(speechology)。现代语言学的奠基人索绪尔区分了语言和言语。他一方面指出这两者之间的联系,一方面又指出了它们的区别。他指出言语活动的研究包含着两部分:语言和言语。但索绪尔对前者倾注了更大的热情,他认为语言"是主要的,它以实质上是社会的、不依赖于个人的语言为研究对象,这种研究纯粹是心理的";而言语是次要的,"它以言语活动个人部分,即言语,其中包括发音,为研究对象,它是心理、物理的。"① 他同时指出两者紧密相连且互为前提的关系:"要言语为人理解、并产生它的一切效果,必须有语言;但是要使语言能够建立,也必须有言语。"② 所以"语言和言语是互相依存的;语言既是言语的工具,又是言语的产物。"③

索绪尔认为言语具有异质性,缺乏可认识性和可描绘性,没有规律可循,所以他认为:"我们研究的具体对象是储存在每个人脑子里的社会产物,即语言。"④ 并且认为"我们的关于语言的定义是要把一切跟语言的组织、语言的系统无关的东西,简言之,一切我们用'外部语言学'这个术语所指的东西排除出去的。"⑤ 索绪尔的意思是把言语性质的东西排除出去而只留下静态的关系系统作为对象进行研究。他对内部语言和外部语言学的区分原则是很简单的:"一切在任何程度上改变了系统的,都是内部的"⑥,言外之意,言语现象的种种变异是不能改变其系统的,所以是外部的。

但问题是,翻译活动所涉及的语言实际是使用中的语言,即言语。它有言说主体,而言说主体又是各不相同,有自己的语言习惯、风格特点的,是在不同场合与对不同人言说的具体话语,总之充满了动态性、开放性与不确定性,即"语言的外部要素"。这些内容已被语言系统排除在外了。所以仅以语言系统来研究翻译是行不通的,只能从言语的角度来对翻译进行研究才行得通。因为言语活动是动态的,带有开放性质,有主体介入的可能,有语境变化的空间,有言语对象的选择,所以是在这主干之外可以产生多元的土壤以及它们存在的空间。以它为主干性理论框架,多元理论也可以得到发展,而不是像被语言系统那样排除在外。

1.4.2　言语的语言学与语言的语言学

索绪尔认为言语是充满异质性的,所以"言语中没有任何东西是集体

---

① 费尔迪南·德·索绪尔,《普通语言学教程》,北京:商务印书馆,1996:第41页。
② 同上。
③ 同上。
④ 同上,第47页。
⑤ 同上,第43页。
⑥ 同上,第46页。

的;它的表现是个人的和暂时的"①。基于这一认识,他把重点放到了语言的语言学研究上,而放弃了言语的语言学,而且十分明确地指出:"如果必要,这两门学科都可以保留语言学这个名称,我们并且可以说有一种言语的语言学。但是不要把它和固有意义的语言学(即语言的语言学——笔者注)混为一谈,后者是以语言为唯一对象的。"②

索绪尔认为言语充满异质,是有道理的,但它是否就不可以存在规律性,或作为言语的语言学来研究呢?这当然不是。在结构主义语言学之后兴起的语用学和以韩礼德为代表的系统功能语法都是试图从这些纷繁复杂的异质性中寻找规律性,同时也有人专门从言语交际的角度试图建立言语交际学。近些年来有人以话语、语篇为研究对象,它们也都是实际使用中的语言,即应属于言语语言学的范畴。它们都不是静止与封闭自足的系统,都是开放、动态与不自足的领域,它们都需要语言系统外部的异质因素的补充、辅衬和制约。

例如,从交际主体入手对言语活动进行分析,美国语言学家格莱斯提出四条"合作原则",后来英国语言学家里奇等人又补充了六条"礼貌原则",这些原则都是从错综复杂的交际主体这一异质因素中提取出来的规律性。20世纪80年代末又有斯波伯和威尔逊提出关联理论,这也是从复杂的交际情景中提取出来的交际规律。国内学者刘焕辉从言语交际学的新学科角度提出以下四条更为抽象的原则:① 言语行为与交际主体的角色关系相协调的原则,即得体原则;② 交际目的对言语行为的支配原则,即目的性原则;③ 言语行为与交际环境相关联的原则,即关联性原则;④ 言语行为中言语与其辅助手段相协调的原则,即协调性原则。③

综上所述,我们可以得出这样的结论:言语交际是有规律可循的,这些规律是在社会实践中逐渐形成的,是约定俗成的,但是它们一旦形成就有一种契约性和制度性,使得人人都要遵守,否则就会导致言语交际失败。

既然翻译活动所涉及的是使用中的语言,即言语,而言语也同样

---

① 费尔迪南·德·索绪尔,《普通语言学教程》,北京:商务印书馆,1996:第42页。
② 同上。
③ 刘焕辉,《言语交际学》,南昌:江西教育出版社,1996:第35—38页。

是有规律的,可以成为一种理论体系,而且它又具有开放性和动态特征,是可以允许翻译中各种要素进入这一体系成为研究对象的。所以翻译理论主框架就应该是言语学,即言语的语言学,而不是语言的语言学。

以言语的语言学为主框架,利用它开放与动态的特征,发展多元研究,并把这些多元因素放置到由言语学主框架统领下的整体性研究中来,从而避免解构主义研究模式中混乱无序、各自为政的现象,真正做到"主干清晰,多元丰富"。

1.5 增强理论意识,促进翻译学的建设

1.5.1 在翻译研究中轻视理论的倾向

在任何一个学科中,理论都是其主要内容,它是该学科概念与原理的体系,是对该学科系统化了的理性认识。在任何一个学术领域,若要有人提出理论是否有用的问题都会令人感到不可思议。但是在翻译研究领域中,就不断有人提出这样的问题,有人在文章中明确提出这样的质疑,有人虽然未公开发表这样的观点,但也时时流露出翻译无理论或翻译理论无用之类的看法。持有这种观点的人认为翻译是一种纯实践性质的活动,就如同匠人制造器具,其技艺全凭禀赋与悟性,或经验的积累。一些大翻译家并没有受过什么翻译班的培训,或受过什么翻译理论的教育,仍然译出大量的翻译佳品,就如一些诗人因有诗歌天赋才作出不少好的诗歌一样,翻译家也是有这方面的天赋才使其然。显然,持这种观点的人是只把理论的功能与作用局限于对实践的指导与检验这一范围之内了,不知道理论还有其他功能与作用,从而过分地强调了直觉和感悟的作用。可以看出他们把翻译的实践活动等同于翻译学,混淆了直觉与理性的界限,他们所持有的直觉主义观念认为直觉是比抽象理智更为重要、更为根本和可靠的认识世界的方式,否定或忽视人类的理智活动,认为人类对世界的理智性认知方式带有受功利支配的特点,诉诸孤立、静止的分析方法,带有抽象的特点,因此无法把握流变的现实。实际上这些人忘记了人的理性本质的一面。正如黑格尔在《小逻辑》中所说:"理性是世界的灵

魂,理性居于世界中,理性构成世界的内在的、固有的、深邃的本性,或者说,理性是世界的共性。"[①] 后来马克思又对黑格尔的理性观点作了唯物主义的改造,认为理性是对感性认识材料的改造,它掌握了事物的本质与规律性,并认为这个过程是在实践中完成的。列宁也曾指出从感性认识到理性认识虽然是从具体到抽象,但不是远离了真理,而是更接近于真理。如果说文学创作,尤其是诗歌的创作,主要是凭感悟和天赋的话,倒是有一些道理的,因为它本身就不是一种重理性的活动,更是情感的抒发,但翻译就有本质的不同,它并不是如吟诗作赋那样由于受外部事物的某些特征的触发而产生灵感,以一种直觉的形式抒发出来,让读者去体味诗人当时的心境与诗歌的内涵。翻译者所接触的是已预先构制的文本,是原作者意图与想要表达的思想和情感以文句的形式表现出来的,它首先是一种理解性活动,是一种解释性活动,是一种与原作者对话与交流的活动,这其中理智性是必须的,而不是全凭灵感与悟性的。而至于这其中有关理解与解释规律的认识、认识方式的研究、对认识结果的讨论等都是需要理性的,因为这些活动已是理论活动了。那些持翻译无理论观点或认为翻译理论无用的人正是把翻译实践与翻译研究混为一谈了,甚至把翻译与创作也等量齐观了。

我们承认,一些翻译家根本没有学过任何翻译理论,也译出不少好的作品。但是如果让他们说出为什么这样译而为什么不可那样译时,他们可能说不清楚,因为他们是凭借直觉的,而翻译理论不仅可以说出其然,也能说出其所以然,或根据一些理论指出其译作的不足。所以,我们说如果这些翻译家有丰富的理论知识,他们肯定会译得更好。当然,我们也完全没有必要要求翻译实践家先去学些理论,也不必要去苛求翻译理论家先去译几百万字的作品,他们各自有各自的领域,有各自的社会功能。正如作家是专门从事创作的,文艺理论工作者是专门从事研究的。在文艺界中没有这种理论派与实践派的分歧与争论,这只是翻译界才有的怪现象。这实际上也是翻译界人士缺乏理论意识,不知道理论功能的表现。

那么,理论在一个学科中到底都有哪些功能呢?下面我们再谈一下理论的构成、性质与功能问题。

[①] 转引自冯契、徐孝通,《外国哲学大辞典》,上海:上海辞书出版社,2000:第743页。

1.5.2 理论的构成、性质与功能

理论是关于某一学科领域的概念、基本命题以及原则体系,是对该学科系统化了的理性认识。这种认识是通过主体的思想活动的充分展开而完成的。但理论又不是人们认识活动的目的地,而只是一个可能的出发点,它为人们解决问题提供一种可能性。因此,我们不应该把理论过分地神秘化,但也不应该把它简单化或程序化。理论可根据其特点分为两类:其一是与实践检验相联系的应用性理论,这类理论具有行动性、实践的直接性与具体性;其二是与形式结构相联系的纯理论,它是一个严密的逻辑体系,这类理论具有思辨性、实践的间接性、抽象性与潜在性等特点。这类纯理论下面又可以分为两个类别,即一般和具体的区分,如以语言学为例,索绪尔的《普通语言学教程》就属于纯理论下面的一般纯理论,它是对人类语言的共性和普遍规律的认识。汉语语言学、英语语言学就带有具体性特征了,它们是纯理论中的具体性纯理论。但是这种具体性是相对而言的,如果我们想研究英语的语义问题,我们是很难从这些理论中找到满意的答案的,因为语义学只是语言学的横向分支,其纵向的上层是普通语义学,其次是英语语义学这样的具体性语义研究,答案要从这里去寻找。由此我们不难看出理论的科层制体系。而在翻译研究中有些人正是认识不到这种理论的层次性,总想用一些纯理论的原则去解决某词或某句的翻译,结果行不通,于是就得出"理论无用"的结论,这是十分荒唐的,就像用普通语言学的理论去指导人们写作和说话一样可笑。因为不同层次的理论是有着不同作用与功能的。但总的来说,理论至少应有以下几种功能:① 认识功能;② 解释功能;③ 预测功能;④ 方法论功能;⑤ 批判功能;⑥ 实践功能。

首先,我们看它的认识功能。

理论具有认识功能,因为理论本身就是人类理性认识的成果。所以它本身就具有这一性质。认识功能是一种纯理论功能,所以它与实践具有间接性,即不能用来指导具体的实践活动,但它却是一门学科领域中最为主要的功能。它是对某一科学活动本质性的揭示,对其他几种功能有决定性作用,是它们的根基和依据。以索绪尔的结构主义语言学理论为例,它虽然不会帮助我们提高运用语言的能力,即缺乏实践性,但却帮助

我们认识了语言的本质特征和逻辑结构。因此,我们把索绪尔尊为现代语言学的奠基人。他的理论指导我们如何认识语言,从而打开了人们研究语言的大门,促进了语言学的发展。

翻译理论的认识功能也同样是揭示翻译活动的本质问题。而这一问题又集中体现在对这一活动的定义与学科定位上。如果我们对这一种活动性质的定义与定位不正确,即不能揭示其本质,那么,这种错误的或片面的认识就会直接影响到我们对它的深入研究,从而影响它的发展。所以说,认识功能是十分重要的。例如,以往的对翻译活动的语言学或文艺学的定义与定位都带有片面性,未能提示其本质特征,以致这两者之间都不能调和,而争论不休。以结构主义语言学为基础的翻译观把翻译活动囿于两种语言的系统与结构之中,企图通过语义—句法的转换规律寻求所传达意义的同一性,把作者与译者的主体因素、时间与空间的外部因素统统排除,因而产生了简约化、机械化和程式化的方法论体系。这样的定位同样也会影响翻译理论的解释功能,使它无法解释同一部原作在不同时期和不同译者的笔下会出现不同的译本这一现象。而艺术派的翻译观的"再创造说"虽然可以为这一现象提供解释,但又不能以这种定位给翻译活动提供较为可行的方法论体系,而且也把除文学以外的其他作品的翻译排除在外。这就说明这两种理论都不是对翻译活动本质的正确认识,但是它们却都是一个可能的出发点,开启了对某一方面的研究的可能性。

而交往理论的翻译观是把翻译活动视为一种跨文化与跨语际的信息交流与交际活动,从而更本质地揭示了翻译活动的性质。这种反映本质特征的理论帮助人们认识到该活动和各种因素及其互动性关系,从而不仅开拓了许多原来被忽视的领域,也极大地提高了理论的解释功能与预测功能。从这正反两个方面我们会更清楚地认识到理论的认识功能及其重要性。

理论的第二个功能是它的解释功能。

一个理论是否是一个好的理论,在很大程度上取决于该理论的解释功能的强弱。一个好的理论应能合乎逻辑地解释该领域的各种现象,解决该领域内的矛盾与冲突。因为理论是对该领域内现象的本质系统化的反映,其命题、原则、规律反映着该学科内部各要素之间的各种本质联系。解释就是对它们做全面分析,并在分析的基础上综合所反映、所解释的客体。所以,这一功能是基于认识功能的,但它又是一个认知的发展过程。最初所形成的理论并非就是十分严格的和十分严密的,而是有待于深化的。而解释的过程又会增进该理论的成熟化,同时逐渐成熟的理论又增强了该理论的解释功能。所以这些功能之间又是互相促进,相互生成的。

常见的解释方式有因果解释、结构解释、功能解释、目的解释、起源解释等等。

以因果解释为例。因果解释是试图发现制约某种现象发生或某种经验规律存在的原因,从而起到该理论对它的解释作用。如果该理论对这些现象或存在不能给予合理的解释,那么就可以反证这一理论的缺陷,这时就应对它进行修正补充或用新的理论代替旧的理论,从而促进理论的发展与更替。这类现象在翻译研究中也出现过。

例如,如果用结构主义语言学的翻译理论去解释同一部原著在不同的译者手中变成不尽相同的译本这一普遍现象,我们会发现这是十分困难的,因为这一现象与结构主义语言学的语义—句法规律确定意义的观点不相符合。但是如果用解释哲学的视域融合与意义的对话生成的理论去解释是十分合乎逻辑的,而且很容易理解和接受。因为既然意义并非被语符规律所预先确定,而是在对话中生成的,那么不同译者以不同的先有、先识、先在性知识结构,以不同的情感经历和价值取向去与作者对话,其生成的意义自然不会完全相同。这说明结构主义语言学的翻译理论是一种不完整的理性认识,是有严重缺陷的。所以它在风行几年之后就被以解释哲学为基础的解构主义翻译理论所取代,后者在20世纪90年代成了翻译研究的主流理论。

再如,目的解释的问题。由于结构主义语言学的翻译理论排除了主体因素,而只专注于客体的结构分析,所以也无法解释许多为适应一些社会需要而产生的变异性与变体性的翻译,更不能解释"伪译本"现象,也无法解释严复的翻译为何刻意追求"雅",不用晚清时期的时文而采用秦汉以前的文字与句法的问题,因此严复的"雅"自"五四"以来多受诟病,蒙不白之冤。但一旦我们用交际理论去解释,那就十分容易了。因为目的性是一切交际活动的显著特征,也是构成交际行为系统的一个重要因素。它是主体性的一种体现,每一个交际活动的参与者在从事交往前都对将进行的行动的结果有一种预设,这种预设是该行动的基本出发点和内在的动力,它在整个行动中都起一种支配作用。我们可以从严复采用的语言形式来反观他在翻译如《天演论》一类书时对拟选读者群的预设。而这种预设目的是否奏效还要看它是否与接受者的自身目的相吻合，这样才能使交际活动获得大的成功。所以目的解释在交往活动中是要从两个方面去看的，原作者有自己的目的性，译者也有自己的意图性。有这样的理解，翻译中的一些现象，如改写、编译、摘译、创造性翻译、伪译本等现象就都很好解释了。西方翻译的目的论派就此项内容做过专门讨论，这就比结构主义语言学的翻译理论更具有解释力。

理论的第三个功能是预测功能。

与解释功能并存的是理论的预测性功能。解释功能只能为我们提供认识的过去与现在，揭示已知事实的本质关系以及从理论上解释和领悟它们的可能性。这种解释功能建立在人们对已知事实的归纳上。但好的理论不仅能做到这一点，还能做到提供认识事物发展过程，预见在未来发展的可能前景。如果缺乏这种功能，理论就会失去一定的指导作用和导向作用，从而限制事物的发展。这种功能是利用已知推演未知的过程，主要利用演绎的方法。它帮助我们预见在理论刚刚提出时尚未出现的现象或尚未出现的矛盾，从而扩展我们的知识和理解。

例如，结构主义语言学的翻译理论由于其封闭性与静止性而使其预测性功能大大减弱。而解构主义的翻译理论模式的开放性特点为翻译研究开拓了一切可能领域，拓展了人们的思维空间，从而也提高了翻译理论的预测功能，凡是原来被结构主义语言学模式排除的因素，现在都可能成为一个新的增长点，开辟为一个新的领域。例如，译者主体因素的介入出现了目的论派，对话性开辟了诠释派，社会因素与文化传统开启了操控派，文化交流与整合形成了文化构建派等等。如果运用建构主义的理论同样可以预测到未来的翻译研究，必定要建立起针对解构主义过分放纵主体而产生交际失范的制约机制，从而引入交往伦理的研究，并建立起交往理性主导工具理性与审美理性的合理的翻译规范。这是任何一种好的理论所应具备的特质。

理论的第四个功能是方法论功能。

理论和方法是一对孪生姐妹，它们关系至关密切。但这里所说的方法论是理论方法论而非技术方法论。技术方法论是从某一学科理论特定的和专门的技术出发探讨的方法论，它与实践层面有更密切的关系。而我们这里所说的理论方法论是指这样的情况，即，由于任何一门学科理论都是由特定的概念和范畴按照一定逻辑方式建构起来,并区别于其他学科理论体系的,所以,任何一门学科理论的逻辑推演方式又都可以看成是具有特定学科的理论方法论。这种方法论的表现形式不像技术方法那样具体、明确、有直接可运用性,而是更具有潜在性和不确定性。它要靠主体创造性地运用。正如法国哲学家埃德加·莫兰所说:"一个理论只是随着主体的思想活动的充分展开而完成它的认识作用,而获得生命。正是这个主体的参与赋予'方法'一词不可或缺的作用。"[①] 他还说:"理论是潜在的样本,而方法为了实施它,需要尝试,主动性,创造性,艺术。"[②] 这说明一种理论的出现自然会孕育着实施它的相应方法,但是方法属于主观与实践的范畴,它需要实施者在实践中发挥其主动性与创造性。这种主观的努力又会使理论不断丰富与充实,不断发展和更新。如果实施者不发挥主观能动作用,缺乏创造精神也同样会使理论萎缩,出现简单化、机械化、程序化的现象。例如,结构主义语言学范式的翻译研究就产生过这种倾向,如等值论者把翻译的文本结构分成若干级别,然后再确定各个层级的等值转换公式,完全把人文与社科的精神活动置于自然科学的运算模式之中。

有时由于实施者的错误理解也会把这种潜在性或不明确的理论方法引向一种极端性。这种倾向在20世纪90年代我国解构主义翻译研究范式中有所体现,如有人极力宣扬"翻译即叛逆""翻译即解构"等便是例证。实际上解构主义的反思性、怀疑性和否定性帮助实施者反思结构主义,发现其理性中的缺陷,打破其静止与封闭,从而拆解它,使外部因素与内部因素结合形成多元的研究向度,极大地拓宽了翻译学的研究领地,这样才是实施者主观能动性与创造性的正确运用,是形成解构方法的正确途径。

理论的第五个功能是批判功能。

理论的批判功能是理论发现与发展的内在动力。任何一个理论的出现都可以看成是对过去理论的批评,即在对经验知识系统的批判中产生的。它对既成的和流行的理论进行诘难、反驳和否证,从而发展自身,使自己成为一种更为合理的理论。在趋于成熟的过程中,它必须对自身不断修正、补充与完善,这同样需要批判功能。所以说批判功能是一个理论

---

① 埃德加·莫兰,《复杂思想:自觉的科学》,北京大学出版社,2001:第271页。
② 同上。

发生与发展的内动力。

如果一个理论失去这种批判功能,就很容易萎缩和简化而变得失去活力,停滞不前,其缺点就容易被别的理论所批判、质疑或拆解,或被取代。结构主义被解构主义所批判是大家已十分清楚的事实,但如果解构主义不重视解构后的重建,仍如其发轫初期时以怀疑和否定为主,自然会受到新的理论的批判,或被建构的理论取代,实际上本书所进行的工作就是一种在批判基础上的重建,是一种批判功能的具体表现。

理论的最后一个功能是实践功能。

理论的实践功能是指理论对实践的指导、应用与检验等功能。在这方面技术方法是最为直接的,例如用语义分析的方法辨别词义,以便选择译词,用语篇的衔接与连贯原则检验译文是否通顺。实际上这些方法都是来自相关学科的理论、原则和方法,尤其是语言学方面的方法。翻译学融入了众多学科的成果,经过改造和整合后成为翻译学的原则与方法。由于这一方面在以往的讨论中涉及较多,在这里不多论述。

值得注意的是,我们以往强调理论与实践的关系时,更多的是指理论的实践功能,而很少考虑到前面的几种功能,因此而认为理论无用,或翻译不需要理论等等。我们对不同类型的理论应有不同的评价标准,对于纯理论,我们应采取逻辑分析的标准,看它自身内部逻辑结构是否完备,是否有现代理论的解释力、预测力和相容力等等,不可以仅以它与实践的关系是否密切、是否有直接性来评价和衡量。

1.5.3 在翻译研究中轻视理论的缘由

在翻译研究领域中重实践轻理论的倾向是比较严重的,它直接影响和制约了翻译学的建立和发展。这种倾向是有其历史根源与认识根源的。

其历史原因是长期以来在我国翻译研究领域是古典美学占有统治地位,这种美学思想有重灵感、重神思的传统,这种带有神秘主义色彩的美学思想不重视对客体的分析,难以形成系统的理论。虽然在20世纪80年代西方结构主义语言学的翻译理论在中国得到了译介和传播,也曾给人们带来一阵惊喜,认为这一下子可以超越神秘的不可知而进入理性的时代,可是好景不长,90年代解构主义大潮接踵而至,把结构主义拆解和破坏得七零八落,翻译(科)学的构想成了泡影。这使得原来打算相信理论的人,又产生了怀疑、动摇或走向了反面,这是不足为怪的,因为连一直提倡以现代语言学为理论基础建立翻译科学的尤金·奈达在解构主义大潮冲击之下也改变了初衷。所以,在我们之中有些人有一些想法也是完全可以理解的。

在认识方面的原因主要存在于两个方面:一是我国长期以来注意经验批判精神,缺乏或压抑先验批判精神;二是对形而上学的片面理解与批判。

在我国哲学和社会科学战线长期以来存在着一种实用主义和"左"的思想倾向,片面强调理论来源于实践,反对形而上学,批判先验论等观点,并把这种哲学上的讨论引申到我们科学的各个领域,使它们成为我们科学研究的主导思想,其结果是窒息了科学精神,压抑了人们的创造性,特别是原创精神。现在思想解放了,但这种错误认识的影响并不会很快消失。我们在强调向先进国家学习时,往往着眼于引进先进技术,甚至先进设备,但这些都没有超出经验与实物的形而下范畴。我们更需要的却是他们那种科学精神,即形上之思,这样才能增强我们的原创精神,从而超越西方先进国家。否则,我们就只能不断地引进别人不再使用的旧东西,把旧技术与旧设备当成先进的技术与设备引进,永远跑不到前面去,人的存在方式是经验性与超验性的统一,即,不仅是一种感性的物质存在,同时也是一种超感的非物质存在,不仅具有感觉的实在,同样具有思维的存在。早在康德那里所提出"知性"的概念中就已强调了人的思维的主动性问题。他指出知性与感性是有本质区别的,感性是接受性的,是被动性的,而知性则是主动的。知性的主动性表现于其根本性的先天综合作用,这种综合作用可以超越经验而形成科学知识,而不仅是在对经验的归纳总结的基础上形成的所谓理论。这在科学史上是有无数证明的,例如,门捷列夫的元素周期理论并非是在已发现的一百多种元素的基础上总结归纳出来的,而是由知性的先天形式的主动能力根据少数已有的元素所推演出来的。因此,并非一切理论都是实证的结果,也并非一切知识都来自人类事必躬亲的经验实践。如果只强调理论与实践的关系这片面性的一面,就会造成低水平的反复重复,不会有重大的理论突破和飞跃。许多重大理论都是来自人们所提出的一种"假说",它是人类特有的大脑的理性演绎与逻辑推理的成果,有了它之后人们才想办法对它进行证实或证伪,最后使之成为一种理论。

  我们的翻译研究也是如此,自改革开放以来,我们一直跟在西方后面跑,没等我们弄明白一个理论,又有一批新的理论涌了进来。结果,我们囫囵吞枣似的忙着译介、比较、结合……就是不去想一想为什么他们能不断有新的理论提出,而我们却只有学的份？难道这只是西方的专利吗？当然不是！其主要原因是我们太缺乏西方的那种创新精神,受经验主义的影响太深了。以致有人对理论的构成、功能等问题都认识不清,甚至认为理论无用。这应该说是我国学术界的一种悲哀！

第二章
对已有几种翻译研究范式的反思与批评

2.1 我国译学研究的几次范式演变

概括地说,我国的翻译研究已经经历了三种研究范式的变化,即,语文学范式的翻译研究、结构主义语言学范式的翻译研究和解构主义的翻译研究。虽然这三个阶段在时间上有大体界限,但在每一次模式变化后,以往的范式也是会同时参与其中的。从时间上看,20世纪80年代之前都可以算是语文学范式的翻译研究阶段,80年代到90年代中期是以结构主义语言学范式为主的翻译研究阶段,而自90年代中期以后是以解构主义多元化为特征的翻译研究阶段,这一阶段到目前仍在继续。虽然2001年以后,笔者开始了建构的翻译学的研究,但这仍然只能算作一种信号,而整个译论界尚未动起来,仍然在热衷于解构主义多元研究的探讨。

下面对这三种研究范式分别进行分析。

2.2 语文学范式的翻译研究及其批评

在结构主义语言学尚未进入翻译研究之前,我国以及西方的翻译研究主要是语文学范式的即传统的研究范式。这种研究范式虽然历时最为长久,但始终没有形成系统的翻译理论,即使是被人们称为翻译理论也多为翻译家在实践中的体会与感悟,多为只言片语的散论,不成体系。其研究的内容主要集中在字句的翻译方法(如直译与意译的讨论)、风格的传达(风格的可译性与不可译的讨论)、诗歌的可译性与翻译的标准(如信达雅、神似、化境)等问题上。其研究方法主要是一种直觉主义的,以内省或者主观体验和感悟为主,比较少地借用其他学科的理论和方法。在我国,这种翻译研究的方法是受中国古典美学影响极深的。中国古典美学历来崇尚"言简意繁",其评论方式虽是只言片语,但要语不繁,起到画龙点睛的作用,透彻传神,入木三分。例如,"我国最早的美学提供者主张'知者不言,言者不知'(老子),主张未封前的境界(庄子),要求'不着一字,尽得风流'(司空图),认为诗'不涉理路'(严羽)"①。这种古典美学又是以古典知识论哲学为理论依据的,这种哲学思想认为人是万物之灵,是衡量万物的尺度,强调人的灵感与悟性。中国古典文论有"才性"说,指的就是人的才能和禀赋决定一个人的写作与成就,而这种才能和禀赋是天生的,而非后天习得。我国清代诗人叶燮曾指出"才受于天"的主张。著名诗歌评论家严羽在《沧浪诗话·诗辩》中也说:"夫诗有别材,非关书也,诗有别趣,非关理也。"还说:"文章由学,能在天资。"这些观点都说明天资的重要。

在西方,这种传统也是十分悠久的,早在柏拉图时期就开始了。柏拉图认为要成为著名的修辞家必须具备三个条件,其中首要的是要具备"语文的天才",认为诗人写诗并不凭智慧,而是一种天赋和神助。在这种思想指导下,一切知识的成果与艺术的成就就会归于一种不可知的神秘主义,这是不利于系统知识形成的。这种思想对后世影响很大,甚至20世纪初的直觉主义美学都与之有渊源关系。其代表人物克罗奇就认为艺术是一种直觉的表现,是只能感悟而不能用概念去分析和理解的,其精髓在于有异于概念的"意象",如果对意象再进一步进行判断或思考,艺术就会随之消失。因此直觉主义美学只讲感悟而不讲分析。

克罗奇的这种直觉主义美学与柏拉图时代的古典知识论美学虽然有明显的联系,但也是有区别的。因为后来的直觉主义美学已经有了比较明确的哲学思想作为理论基础了。这种哲学就是以狄尔泰和柏格森为代表的生命哲学。这一哲学是以生命存在的价值作为理论中心的,它把生命体验作为一种直觉过程,把艺术创作作为这种直觉过程的范例,认为艺术作品是通过人的想象力的"复合"与"创生"作用赋予万物以生命意义的结果。因此,艺术作品是生命直觉过程产生出来的,是比理性更具有丰富创造性的。所以,无论是西方以修辞学为理论指导的翻译研究还是我国

---

① 叶维廉,《中国诗学》,北京:生活·读书·新知三联书店,1992:第3页。

以中国古典美学为指导的翻译研究都有重感性、轻理性、重感悟、轻分析的倾向,都对客观知识与理性持排斥态度。生命哲学把理性仅看作是艺术创造过程中作为生命体验中的一分子融入体验的绵延之流的,因此不占据主要位置,始终是第二性的。直觉主义美学与柏拉图的美学思想的共同之处是都把艺术创作归于神秘。直觉主义美学同样认为体验类似一种"神秘存在",它能打开万物并能通过想象赋予万物以神性,为无生命的万物赋予生命,为无感情的赋予感情,从而激活万物。因此,这种美学思想只重内容、精神,而轻形式,忽视对语言的研究。克罗奇就认为"语言活动并不是思维和逻辑表现,而是幻想,是形象的高度激情的表现,因此,它同诗的活动融为一体,彼此互为同义词。"[1] 从这里我们不难看出生命哲学的印记。生命哲学就认为文学是生命绵延和冲动的凝聚,而形式只是凝聚的展现。在中国古典文论与美学中,重内容轻形式也是有一定传统的,其中比较典型的就是"得意忘言"的说法。此语出自《庄子·外物》,"筌者所以在鱼,得鱼而忘筌,蹄者所以在兔,得兔而忘蹄,言者所以在意,得意而忘言。"这种观点发展到魏晋时期的王弼那里的"得象忘言"就与西方直觉主义美学更相近了。他在《周易略例·明象》一节中说:"意以象尽,象以言著,故言者所以明象,得象而忘言。"

由于最初多数翻译家和翻译评论家本人就是文学家或文学评论家,或诗人,所以古典知识论、古典文论、传统美学以及直觉主义美学思想就很容易被直接地借用到翻译研究中来,甚至直接地把它们的语言用作翻译评论的语言。在这些思想影响下,这种语文学范式的翻译研究形成了以下几个特点:

1. 把翻译定位于艺术学范畴,认为翻译是一种艺术的再创造。这就是人们平时所说的翻译研究的文艺学派。这些人基本上都是文学家或文学评论家,或诗人,他们所译的作品也都是文学性质的作品。

2. 认为翻译同文艺创作一样,是靠天资与禀赋的,好的译作是来自译者的灵感与悟性。他们认为从事文学翻译的应该是艺术家,译诗的应该具有诗人的气质。

3. 由于上述原因,这种研究范式有重主体而轻客体的倾向,不注重对客体构成规律的分析,重内在精神,轻语言形式;重感悟与直觉而轻理性;

---

[1] 贝内代托·克罗奇,《美学或艺术和语言哲学》,北京:中国社会科学出版社,1992:第41页。

重个性与差异性,轻共性特征与普遍性规律。

4. 以主体的天资禀赋的不可知性为逻辑起点,容易导致神秘主义,或导致"不可译"论的观点。

5. 以先验的主体哲学为基础,否认翻译研究可以成为一个专门的知识体系,即否认有翻译学的存在。

综上所述,我们可以看出,以语文学的观点指导的翻译研究是不可能建立起翻译学体系的。但这并不是说这种思想对翻译研究没有贡献,应该说,不仅有贡献,而且其中许多论述在任何时候都是不可多得的真知灼见,对我们是极富启发性的,也是翻译学建设不可或缺的内容。尤其是语文学范式的翻译研究在修辞炼字方面所取得的成就是不可磨灭的。以朱光潜先生 1944 年 12 月 25 日发表在《华声》半月刊上的代表他译学观点的《谈翻译》一文为例,他对字词的修炼十分关注,讨论得细致而微。他说:"有文学价值的作品必是完整的有机体,情感思想和语文风格必融为一体,声音和意义也必欣合无间。所以对原文的忠实,不仅是对字面的字义忠实,对情感、思想、风格、声音节奏等必同时忠实。"[①] 接着他就字的意义展开了详细论述,提示出六种不同方式的意义以求"信":

"1. 直指的或字典上的意义。这是最基本、最普遍的意义,因而也是最粗浅和没有个性的。

2. 在文学作品中,每个字都有其个性,有其'特殊使命',上下文不同,意义也就有所不同,如果没有文学修养而又粗心,对此很难懂得透彻。

3. 每个字都有长久的历史,和本国很多事物情境发生过联系,有一种'特殊的情感氛围',就会使人产生种种特有的心理反应和联想的意义。这是很难翻译的。

4. 字还有音,文字传神大半要靠声音节奏,这是情感风趣最直接的表现,而抓住声音节奏是一件极难的事。

5. 字有历史,即有生长变迁。意义也有沿革变化。如果只用现行字义去解,往往陷于误谬。

6. 字有生命,常有引申、隐喻、文字游戏、典故、习惯语等方面的意义,了解不易,翻译更难。"

因此,他指出"从事翻译者必须明了文字意义有以上几种分别,遇到

[①] 转引自陈福康,《中国译学理论史稿》,上海:上海外语教育出版社,1992:第350—351页。

一部作品,须揣摩那里所用的字是否有特殊时代、区域或阶级上的习惯,特殊的联想和情感氛围,上下文所烘托的特殊'阳影'(nuance),需要把它们所有的可能的意义都咀嚼出来,然后才算透懂那部作品,这不是易事,它需要很长久的文字训练和文学修养。"①

从以上一段文字我们可以看出,语文学范式的翻译研究十分关注字词所表达的各种意义、音律和情感氛围,这无论对何种范式的研究无疑都是十分重要的。但它强调直觉,崇尚灵感,轻视理性,对翻译学建立又是十分不利的。

2.3 结构主义语言学范式的翻译研究及其特点

由于语文学范式的翻译研究偏重于个性禀赋,排除对客体构成规律的认识,把翻译看成是展现译者天资禀赋的艺术再创造活动,所以尽管这种研究范式所持续的时间很久,但是始终没有形成可以成为体系的理论,许多有关翻译的论述都有很强的主体情愫,见仁见智,言人人殊。这一点正如德国翻译理论家沃尔弗拉姆·威尔斯所说,"It could be said that the many views expressed on translation in the past centuries amount to a mass of uncoordinated statements; some very significant contributions were made, but these never coalesced into coherent, agreed upon, intersubjectively valid theory of translation."②

但是,这种局面自结构主义语言学发展起来之后就逐渐改变了。结构主义思想一般被认为是始于索绪尔对语言的研究,他的《普通语言学教程》被认为是现代语言学的开山之作,其特点是重视系统性与整体性。他把语言看成是一个体系或系统,同时注重分析的方法。他把语言内部分成若干二元对立的因素,如能指与所指,秩序与序列,代码和信息,横向组合与纵向聚合,言语与语言等等。他利用这些二元对立项来对语言结构进行分析,从而找到语言内部结构的规律,并使分析的方法得到充分的运用。结构主义语言学的另一个特点是重视共性、齐一性,排斥个性与差异

---

① 转引自陈福康,《中国译学理论史稿》,上海:上海外语教育出版社,1992:第350—351页。
② Wolfram Wilss, *The Science of Translation Problems and Methods*, 上海:上海外语教育出版社, 2001:第11页。

性。索绪尔认为一般共时语言学的目的是要确立任何特异共时系统的基本原则、任何语言状态的构成因素。因此,他不重视言语的研究,而专注于语言,因为他认为言语是个人的意志和智能行为,有着较大的差异性。第三个特点是结构的自身调整性,它有自足的性质,因为任何事物结构内部各组织成分都互相制约,互为条件,在自身调整中可以不受外在的干预。这种自身调整性就是结构内部的自身原动力。这样一来,结构主义也同时为我们带来一种封闭性研究的方法,使我们努力在众多复杂的现象中去寻求共性和最基本的组成要素,即最本质性的东西。结构主义对事物的结构分析与规律的寻找,使人们对客体有了充分的认识,帮助我们走出了主观神秘的语文学研究范式。

结构主义思潮对文艺学发展起到了极大的促进作用,逐渐形成了俄国形式主义美学、布拉格学派结构主义美学和法国的结构主义符号学美学等文艺学派。如俄国形式主义美学代表性人物罗曼·雅可布逊认为对文学作品的理解,只要根据文本自足性结构,不需要外在于语言的知识,因此文学研究是一种科学性研究,研究的过程与目的被表述为发现其构造原则在作品中的功能。他们还把各种作品划分为不同的结构,如把故事内部事件依时间顺序和因果呈现的作品叫事序结构,把以语意材料去指特定作品范畴里的呈现方式叫叙述结构。不同文体中构造要素又有不同,如散文中,叙述结构是最重要的构造因素,而诗歌则以节奏作为主要构造因素等等。

布拉格学派把符号学、美学、语言学都用结构主义的理论贯穿起来,并对结构的功能问题有十分丰富的研究成果。例如在布拉格学派的纲领中,首先就指出艺术是一种符号学事实的观点,它把艺术研究纳入语言的结构之中进行研究。其次,突出功能主义思想中的主角作用,即不是以作家为本位的主角,而是以结构功能主义的解释为主角,即所谓"主体移心化"。这种观点是指作品中的"我"(以某种姿态出现在每部作品里的主体),它并不是任何具体的身心性个人,也与创作者并非同一,它是整个作品艺术结构的凝聚点,并用其对其他结构加以组织,从而使创作者和接受者的个性都投射其上。其三是指出美学功能属于语言学领域等等。

在法国,以罗兰·巴特为主要代表的符号学研究是结构主义的延续和拓展,他认为"文学与任何其他形式的社会和文化活动一样,都可以用符号学的原理来进行分析","语言是文学的生命,是文学生存的世界"[1],语言不仅是文学的传播媒介,语言还是文学的内容。这与以往的文学研究已大不相同了。以往的文学研究主要以归纳的方法进行经验和实证的研究,而结构主义则采用演绎的方法,即首先假设一个描述模式,然后从这个模式出发逐步深入到各个种类中去,这些种类既模式同一,又各有差别。只有从这种既一致又有差别的角度才能使我们拥有一个统一的描述方法的叙述分析,才会发现多种多样的叙事作品及它们的不同。这一点正如语言和言语的关系那样。

正是由于结构主义语言学以及结构主义美学在对客体方面研究取得如此大的成就,有如此丰富的成果,它很快就把人们的注意力从对主体天资禀赋的迷恋转移到对客体的分析上。在这种思想的影响与褒扬下,翻译研究也很快从语文学范式的翻译研究转移到了对文本的结构分析上。这一时期翻译界涌现出一大批翻译理论家,如尤金·奈达、彼得·纽马克、巴尔胡达罗夫、沃尔弗拉姆·威尔斯等,这些人大都是语言学家,所以他们运用结构主义语言学的方法来进行翻译研究可以说是如鱼得水,得心应手。他们都有一些代表性著作,并有各自的独到之处。如尤金·奈达对语言深层语义格和核心句的归纳为语言共性以及可译性问题提供了理论依据。巴尔胡达罗夫对翻译单位的研究对翻译的实际操作有具体的指导意义,而彼得·纽马克把语义成分分析的成果运用于语言转换的翻译之中,为选择译词的准确性提供了极为重要的方法。他们以及其他学者把结构主义语言学的成果移植到翻译领域,使得翻译研究取得很大的进展,尤其是语言的可分析性、可转换性以及可检验性为翻译研究提供了理论武器和方法论的工具,使人们对语际之间的符码转换规律的认识与把握成为可能。这些规律不仅有理论意义,也有实践意义,并使得人们萌发了以结构主义的语言学理论为基础建立起翻译学的思想。这种翻译学以语言分析为基本方法,对语际间语符转换规律进行研究,以寻找意义的对等作为目的。因为他们认为语言结构内部存在着可转换的规律和自我调整性规律,因此,用一种语言所表达的内容是完全可以用另一种语言表达出来的。这种翻译学的逻辑起点就是语言的普遍共性与共同的规律性和同质性。正如沃尔弗拉姆·威尔斯引用 Jäger 的话所说的那样,"Since

---

[1] 罗兰·巴特,《符号学美学》,沈阳:辽宁人民出版社,1987:第4页。

then, the science of translation has become so consolidated that it is possible to speak of a goal for the science 'which consists not merely in presenting the facts but rather aims at specific explanations concerning the field of linguistics'."① 他们把语言学作为翻译学的基础,并把后者作为语言学的一个分支领域。这种认识在我国影响很大,我国国家技术监督局(现已更名为国家质量监督检验检疫总局)关于学科的划分目前仍把翻译学看作是语言学之下的应用语言学的一个分支,就是受这种思想影响的结果。

这种翻译学是以语言学作为唯一的理论基础的,因为它把语言视为最理想的工具和一种理性的典范,是条理性、统一性、均衡性、明晰性、简洁性的典范,甚至把语言的构成规律等同于世界的构成规律,因此它是以一种自然科学的模式建立起来的,以认识论哲学为哲学基础,以工具理性为理性基础的译学范式。在自然科学研究中人们用语言来描述事实,记载观察外部世界的结果,所以对语言的要求是精确和透明,要求确定性和意义的单一性。因此,无论是怎样的主体,他们都应得到一种共同性的结论,有完全相同的结果,所以追求共同性、普遍性、同一性也就成了一种目标,而主体的个性与差异、环境的制约都变得无足轻重了,或尽量消弭这些异质特征。

这种研究方法所采用的思维范式自然是逻辑—数学的思维范式。这种思维方法的特点是从复杂纷纭的事物表面深入下去,寻找隐藏在深层中内在的、抽象的共同本质与内核或中心,找出其内部的构成规律。如奈达提出的五个深层语义格和各种语言中共有的几个核心句式可以说是最明显的代表。

因此,这种翻译观有如下几个特点:

1. 语言具有普遍的共性与自身调整性,所以语言之间有着可转换性,因此语言具有可译性。

2. 翻译是对另一种语言编码的解码以及重新编码的活动,只要按照符码转换的规律,由一种语言符码所设定的意义是可以用另一种语言表达出来的。

3. 意义具有确定性,它是由作者通过语言规律把他的意图设定下来的。因此,翻译中可以达到等值的效果。

---

① Wolfram Wilss, *The Science of Translation Problems and Methods*,上海:上海外语教育出版社,2001:第12页。

2.4 结构主义语言学范式的翻译研究中的盲点与误区

结构主义语言学范式的翻译研究取得了很大成就,使人们对翻译活动的客体有了比较清楚的认识,使人们从原来仅仅对于翻译主体的天资禀赋的执着转为对语言和文本的关注,而且对语言的规律性、系统性和文本的结构性有了较为清楚的认识,从而推动了翻译学的建设。但是由于结构主义的自身弱点和不足,也给翻译研究留下一些盲点与误区。

2.4.1 结构主义把翻译研究置于天真的假设基础上

由于结构主义语言学只关注语言内部结构与构成规律,缺少对语言系统外部的关注,即只重视内部语言学而不重视外部语言学,所以许多与翻译内部有关的因素或领域被忽视或被有意排斥了,因此使得我们前一时期的翻译研究陷入困境或走入误区。结构主义语言学的观点使得我们对翻译中的诸多因素予以排除,使翻译研究置于一种天真的假设前提之下。这种假设的前提是:翻译是在不受任何外界干扰与影响的真空条件下进行的;原语文化与译语文化是处于完全平等的地位上进行对话的;作者与译者是完全价值中立的;语言是透明的,意义是通过语言规律设定的,所以译文与原文是完全可以达到等值的。

正是因为人们从来不去质疑这些论题,认为这是理所当然的,所以久而久之,我们就在翻译研究中形成了一些盲点,也产生了一个误区。

这些盲点是研究者从来不注意在翻译活动中产生很大影响、甚至起制约作用的若干外部因素,如政治因素、意识形态、文化传统、道德伦理等因素。也没有考虑翻译活动发生的场所和文化语境,如:是从强势文化向弱势文化翻译,还是从弱势文化向强势文化翻译,译者是站在强势文化立场还是弱势文化立场,其翻译的目的又是什么,他是在文化转型期翻译还是在文化稳定期进行翻译等等。因为在以上种种不同情况下进行翻译,人们翻译的观念和对翻译的态度,乃至采用的手法都是不尽相同的。文化间的对话与交流并不是处于平等地位的,如原宗主国与原殖民地国家之间,中心文化与边缘文化之间,强势文化与弱势文化之间,远无平等可言。以往的研究者也从不去考虑作为社会成员的作者和译者是否可以保持价值中立,他们的思想是否清空,如果不是,对于翻译又会产生怎样的影响。同时也从未怀疑语言的透明性和确定性,以为真的是"用一种语言所能表达的思想完全可以用另一种语言表达出来"。也从未思索过意义到底是如何产生的,难道意义真的是作者通过语言规律预先设定好了,只是等待译者或读者去发现吗?正是由于这些问题始终都没有纳入过翻译研究者的视野,所以也必然使他们走入一个误区:矢志不渝地追求译文对原文的"忠实性"、译文与原文的"等值性"。尽管多年来这一目标一直在被追寻之中,可又总是那么虚无缥缈,使得翻译之中有许多现象难以解释,理论与事实不断发生激烈碰撞,甚至是冲突或矛盾,可人们却从不去思索我们所假定的前提是否正确,我们的逻辑起点是否错了,我们依据的理论基础是否有问题等等。而也有人因这些事实的被揭示而走向了另一个极端:否定翻译理论的作用,甚至认为翻译无理论,或者干脆否认翻译研究可以成为一门独立的学科。

那么,在翻译研究中我们那种"安心感"又是从何而来呢?首先是来自长期以来在语言学领域占据统治地位的结构主义语言学理论,也与后来在文学理论界所形成的结构主义美学有关,是这种思潮对我们的思想形成了制约和束缚。虽然结构主义为人们对语言系统和文本结构的认识和把握提供了重要的方法论武器,但是我们也必须认识到结构主义思想在翻译活动中并不是一种完整的理性思想,它是有缺陷的。这主要源于这样一个事实:翻译活动虽然要求我们必须去了解语言内部的结构性与规律性,但它所涉及的却是在一定语境下发生的言语活动,即话语活动。所以翻译研究也必须把后者作为主要研究对象,而不是前者。而我们以往的研究恰恰集中于前者,受语言规律的支配与制约,而不是把注意力放在后者上,即在一定语境下并有主体参与的言语活动的规律上。这说明我们的语言观出现了问题。说到底,结构主义语言学是一种抽象客观主义的语言哲学观,它把语言的本质看作是"具有同一性的语言形式系统,而个体的创造性折射与变异,只不过是语言生命——或者说是语言典范——的浮渣,是基本而固定的语言形式以外变幻不定的泛音。"[①] 这是沃

---

① 沃洛希诺夫,《马克思主义与语言哲学》,见许宝强、袁伟选编,《语言与翻译的政治》,北京:中央编译出版社,2001:第43—44页。

洛希诺夫指出的,他还把结构主义语言学的基本特征归纳如下:

1. 语言是一个由规范上具有同一性的语言形式构成的稳定而不可移易的系统,对个体意识而言是现成的,并且是无可置疑的。

2. 语言规律就是在一个封闭的语言系统中把语言符号联系起来的特定的语言规律。对于任何主观意识来说,这些规律都是客观的。

3. 特定的语言联系和意识形态含义无关。

4. 个体的说话行为,从语言的观点来看,仅仅是规范同一的语言形式偶然的折射和变异,或简单直接的扭曲。[①]

由此可见,结构主义语言学只关注一个封闭的符号系统中符号与符号之间的关系,而把"人""时间""空间"等概念完全排除在外,形成了语言逻各斯中心,即语言能够完备地再现和把握思想和存在。它是一种理性和规律,是人人都必须遵守的。在这样的语言观念中形成的翻译观就不可能是一种开放型的,因为它只把翻译活动视为一种文字符号之间的转换,而在不同的语言系统中是可以找到传达相同信息的对等机制的。这样一来,对等同性(sameness)和对等性(equivalence)的追求自然而然地成了必然的结果。

因此,要认清结构主义翻译研究中的这些盲点,走出这一误区,必须首先破除语言逻各斯中心主义的影响,剖析它的不合理之处,对翻译中的语言问题有一个更清楚和正确的认识。在这一方面,现象学、解构主义、阐释学已做了大量的理论工作,是值得我们认真学习的。

2.4.2 对结构主义意义观的解构

在20世纪后半叶,结构主义语言学受到了来自各种哲学思潮的挑战,如现象学、解释哲学、解构主义等等。它们都是从各自的立场出发提出对语言的看法,如胡塞尔的意向性理论(intentionality)、伽达默尔的视域融合(fusion of horizons)以及德里达关于意义延异(differance)和播撒(dissemination)的理论。它们都形成了对结构主义语言学的解构力量。

---

① 沃洛希诺夫,《马克思主义与语言哲学》,见许宝强、袁伟选编,《语言与翻译的政治》,北京:中央编译出版社,2001:第43—44页。

胡塞尔的意向性理论是他的现象学的核心概念。他认为世界本身是无序的、无意义的,正是通过意向性活动才使某物获得意义。同样,符号本身也并无意义,是人们通过意向性行为才使得符号产生意义,意义是在人们的意向活动中显示自身的。现象学认为现实世界当然是存在的,但在本质上只与先验主观性相关联,所以先验自我才是意向活动的基础,意向活动与意识对象之间的关系是一种构造关系,即"赋予意义"。也就是说意识具有在自身活动中构造出种种对象的能力,当意识指向某对象时,同时就赋予了该对象以意义。这样一来,胡塞尔就把"人"这一主体概念引入了意义形成,从而打破了索绪尔结构主义语言学那个封闭的符号系统。为了有别于索绪尔使用的"符号"一词,胡塞尔还使用了"表达式"这一概念,他认为"表达式"(即符号或语音)的意义来自意识的意向性,它之所以有意义是由于它明确地具有某种思想意向。当一个人使用某个表达式的时候,这个表达式就意指某物并同时传达给别人。人们只有通过意指才能达到传达,而且只有在传达之中才有意义存在。这样一来,意义实质上就是交流中的"中介"。很明显,胡塞尔的意向性理论实际上已不仅包括了主体性的问题,还包括了主体间性的问题,从而导致了人们由原来对客观性的探寻转向了对主体间性的研究,人们不再是在认识中去寻找意义,而是从交流与交往中去寻找意义。从而也导致了我们由原来对符号所指的关注转向了对能指(表达式)的关注,因为人们在通过意义的中介把意向性意图让别人了解时,他更关心的是用怎样的表达式以及如何使用这些表达式。

胡塞尔的这一理论为文艺学研究提供了理论武器,对英伽登、杜夫海纳等人都有很大影响。如英伽登用意向性理论构建了他的艺术作品理论和关于艺术作品的认识论,他把文艺作品看成是"纯粹的意向性构成",认为创作活动是作家意识的意向性向外部世界的投射与建构过程,而把对作品的认识看作是"意向性重构",即审美活动是读者的意识的意向性投射和对审美对象的重构过程。杜夫海纳的《审美经验现象学》也是以胡塞尔的这一意向性理论为依据的,他对意向性的原始形式(即"审美知觉")做了具体的分析。

总之,胡塞尔的这一理论对我们有很大的启示作用,成了我们今天理解实在与把握存在的一种方式,使我们从客体和对象中抽身而出,并转向代表客体的中介或把握客体的方式,这就形成了对结构主义语言学理论的一种颠覆性力量。

对结构主义语言学造成强烈冲击的另外一种理论是解释哲学的代表人物伽达默尔的"视域融合"理论,因为这一理论认为真正的理解是新的意义的生成。这就对结构主义语言学关于语言规则设定意义的原则形成否定。伽达默尔把"视域融合"视作文本与解释者之间的中介。因为理解就是通过视域融合把两个原来分离的视域联系起来的。而由视域融合所形成的理解既不再是解释者原有的成见,也不完全是作品与历史原有的内容,人们是通过这种既在历史中接受,又在历史中更新的理解形式给人生和世界开辟出新的可能。视域融合后产生的新视域一方面包括了现在视域的扩大,另一方面也包括了历史视域的注入与更新。所以,伽达默尔认为视域融合是"对话的充分实现",在这种对话中表达出来的东西不仅是属于解释者的,也不仅是属于被解释的对象的,而是一种共有。只有这样,才是真正的理解,这种理解才有真正的意义,而这种意义是一种生成性的意义。

我们可以十分清楚地注意到,伽达默尔的这一思想不仅强调了主体间的对话性,还把"时间"(历史)的概念引入意义的形成之中。他认为人置身于历史之中,这本身就包括了对历史的理解,理解是离不开历史的,正当的解释学必须在理解本身中显示出历史的有效性来。伽达默尔把这种历史叫做"效果史"。后来接受美学也把"效果史"这一概念引入到他们的研究领域。这样的思想不仅使结构主义原来那种意义预先设定的原则受到冲击,也使其仅关注共时性,而悬置历时性的倾向受到挑战。

而德里达这位解构主义的代表性人物更是对结构主义充满不满,他直接否定了意义的确定性,否认了结构的存在。他的主张就是"解构",就是要突破原有的系统,打开封闭的结构,排除中心和本原,消解二元对立,并让瓦解后的系统内各要素暴露出来,看看它们都隐含了什么,排除了什么,然后让这些原有因素与外在因素自由结合,使它们交叉重叠从而产生无限可能的意义网络。德里达使用了一个自撰的词 differance,改变了原来表示"差异"的 difference 一词,他这样做本身就有一种对结构主义语言学以语音为中心的理论的嘲讽。因为改写后的词与原词读音仍然相同,但其书写形式已有改变,从而说明文字书写形式更富有区别意义的能力。这与他在《文字学》一书中所表达的思想是一致的,他把 differance 作为一种语言活动原理,一方面是指意义的确证性之不可能,同时也指在一个意指系统中,意义无一不是在它同无数可供选择的意义的差异中产生,因此,它也不可能是拥有自明状态的绝对呈现。其确定指向必将向四处扩散开去,并一环一环地延宕下来,结果使释义活动变成是一种解释去替代另一种解释的过程,而永无达到本真世界的可能。

"播撒"(或"撒播""散播")则是德里达用来指文本中的意义连续不断地隐现、流溢、扩散,就如同撒下一把种子一样,所以他认为语言就其实质而言,只是一种差异与延宕的永无止境的游戏。文本只是这场游戏中的一个系统,没有任何本原和中心,无所谓原生与衍生,它本身就是一种衍生物,它又再向下继续衍生。世间没有完全独立的文本,互文性是一切文本的特征。意义既是此文本与彼文本之间空间上的共时联系,又是此文本与彼文本之间时间上的历时联系。随着各种文本与各种符号系统间的互通互变,意义的外延和解释也会不断更新,漫无边际地延伸下去,而最终消失在意指符号盘根错节、难解难分的互文过程之中。德里达曾用一个比喻说明这个问题。他说文本的写作就是一个制造"踪迹"(trace)的活动。就如在沙漠中的一位旅行者,在那里可以说到处都有路,也可以说到处都没有路。他只是在行走时留下了足迹。读者可以追溯作者在沙漠之中构筑的意义之城,但作者这时已消失,并不在场,只让足迹去引导你,是它在说话,因为它们自身就具有自主的生成能力,即能指词之间的无限的转换,既无开端又无终结。

德里达的延异与播撒的理论是对结构主义那种意义的封闭、静止、自足、确定等基本原则的否定。而翻译,这种跨越文化与语言的足迹追寻活动就更为不易。因为,任何一种符号系统都有着在自己文化中的时间上的层积性,与其他许多本文化文本的符号纠缠着、交织着、重叠着。而且每个符号都包含着它所经历的一切时刻,从它第一次出现的那一时刻起,它就随着不同民族、不同时代和不同语境而变得具有丰富多彩的差异性,成为一种历史层积的意识形态信息的转义结构。但那些过去的信息并没有完全消失,只是被当下的用法所压抑着,进入了无意识的深层,但是它们却无时无刻不在左右着、甚至支配着我们对它们的释义。所以语言的意义绝不是如结构主义语言学天真地认为的那样确定、透明和固定不变。

2.5 解构主义范式的翻译研究与批评

2.5.1 解构主义范式的翻译研究对翻译学的贡献

结构主义语言学派的学者把翻译研究囿于语言学领域之中,并把语言看作是一个封闭自足的体系,把意义看成是语义—句法规律设定的一成不变的东西。这样就排除了在翻译活动中所包括的主体(作者、译者)因素、语境因素、受体(读者)因素和传播渠道等因素,把翻译活动大大地简化了,使它成为一种编码—解码的程序化和机械化的简单操作。这种天真的想法受到了 20 世纪 80 年代末兴起的解构主义思潮的冲击和批判,使得一些人企图以结构主义语言学为基础建立翻译科学的理想破灭,成了一场迷梦。

解构主义运动一般认为是始于德里达、福柯和德·曼,他们分别在这场运动中起到主要作用。解构主义是对结构消解式的批评,是一种反传统、反理性、反权威的怀疑主义思想,它以解释学作为哲学基础,以拆解结构、消袪中心、否定本质为特征。它从结构内部寻找缺口,发现不合逻辑的因素,找出其不合理性从而打破它的封闭性,让它朝着一切可能性开放,并使外部因素与其内部因素达到自由结合。所以它反对二项对立的分析方法而主张多元性看问题的方式。

在这种思潮的有力冲击下,结构主义语言学范式的翻译研究也被质疑了。原来一切被结构排斥在外的若干要素都进入了翻译研究的领域,从而形成了多元、多向度的翻译研究的局面。例如,以功能理论为依据的目的论派(skopos theory school)从翻译过程的行为、参与者的角色、翻译活动发生环境等三个方面来考察翻译活动,指出仅从语言的角度来探讨翻译是不行的,因为它是人类一种有目的的行为活动。译者是根据翻译的赞助人要求、译文读者的情况等从原作的多源信息中进行选择性翻译的。而文化建构派则是在更大的文化背景下考察翻译活动的,把翻译研究与文化研究结合起来,探讨在不同文化之间文化互动关系与规律。这在目前后殖民和后冷战时期尤为重要,因为民族之间表面上的平等关系下面掩盖着在文化和意识形态等方面的不平等关系。在翻译研究中如果认识不到这一点,同样也会把翻译活动置于真空中进行。操控学派的翻译研究着重破除结构主义语言学模式把翻译研究视作纯净的语言规律的转换,并把作者与译者都看成是价值中立的幻梦,揭示出他们潜意识中社会基础、意识形态、文化传统留下的深刻的印迹,而这些印迹无时无刻不左右与控制着他们的思想并表现在他们的显意识中,从而使他们的价值判断也打上了相同的烙印。而诠释学派则彻底批判了结构主义语言学那种语言规律决定意义的意义确定论观点,而主张意义是在对话中生成的意义观,从而破除了语言逻各斯中心主义的原作独白式话语。

解构主义以多元的视角展开对翻译的研究,逐渐形成了多元的理论体系。目前西方翻译研究学派(translation studies school),如巴斯奈特、勒菲弗尔、韦努蒂、图瑞等人所说的"翻译学作为一门独立的学科已经牢固地建立起来了",正是就这种多元建构而言的。这种翻译学的哲学基础是哲学解释学,其逻辑起点为意义是在对话中生成的,而不是语言规律设定的,它把翻译学定位于解释学之内,认为凡是理解都是一种解释,翻译更不例外,而且是更富哲学意义的解释。

解构主义的翻译研究范式打破了以科学主义精神为指导的结构主义语言学对翻译研究的垄断,打开了与翻译相关的一切可能领域,这无疑扩大了翻译研究的视野,推动了翻译研究的进步。但是更深层的问题是它体现了哲学的一个新的转向,即哲学的语言论转向,转变了我们的翻译观,带来了一种新的认知范式。

2.5.2 哲学的语言论转向:一种认知范式的转变

20世纪的西方哲学发生了令人瞩目的"转向",即从认识论的主体哲学转向了语言论的解释哲学。这是继哲学的本体论转向认识论之后的又一次重大转折。它不仅仅是指人们开始对语言给予普遍性的关注和重新审视,而且是人们认知范式的变化。它颠覆了许多传统的理论和观念,改变了人们看问题的方式,尤其对人文科学的影响是巨大的。它把人文科学的研究从科学主义的桎梏下解放了出来,使之成为哲学研究的对象,这不仅扩大了哲学研究的领域,也使人文科学获得了新生。

自笛卡尔以来,认识论的科学主义占据了霸权地位。在这种哲学看来,只有数学、物理学等自然科学才算得上是真正的知识,而人文科学(在他们看来只能称为学科,而非科学)是完全处于从属和附庸地位的。整个人文科学的研究是处在认识论哲学的观照之下进行的。笛卡尔确立了一个所谓"思维主体"的哲学概念,即把思想作为主体,而把思想之外视为对象。也就是说从主观方面去理解思想而从客观方面去理解存在。这就形成了主、客观的断裂和二元对立。在人们的认识过程中,人所面对的是一个客观物质世界,只有当这个客观物质世界以某种形式转移到人这一思维主体中时,人才可能进行思维活动。这种思维活动是一种以某种形式实现的"再现活动",正是这种再现活动才使获得知识成为可能。所谓"获得知识"就是确切地再现大脑以外的世界;所谓"以某种形式",主要是指通过语言符号,通过语言的所谓"表征功能"。这样就要求语言必须是有着十分精确的表征功能和再现功能的,要求语言符号和存在之间有一种自然的、一一对应的关系。符号是意义的载体,人可以透过语言的意义而对客观世界一目了然,即语言应是"透明的"。在这种思想指导下,人们追求的是语言与客观世界的一致性和语言表达的确定性、唯一性与精确性。从而在人文科学中,其研究对象——精神产品也都变成了与客观物质世界一样纯粹的客体,在人们的阅读活动中,读者也成了当然的主体,文本则是被认识的对象,语言则成了工具,只要方法得当,任何人都可以得到作者所要表达的"唯一正确"的意义。在翻译中也就随之出现了所谓"忠实"性的原则和追求,也就出现了所谓"忠实再现"之类的评判译文的标准。这样一来,人文科学的研究受到扭曲,其学科自身特点遭到抹杀,整个人文科学的活动被科学主义的迷雾所笼罩。

随着人们人文意识的觉醒,冲破科学主义对人文科学统治的愿望越来越强烈,人们开始了对科学主义的批判。这种批判是以"语言"作为突破口的。在这方面首当其冲的是对语言表征功能的怀疑。语言真的是忠实地再现了客观世界吗?人类真的通过语言这一中介把握了真实世界吗?人的认识活动远不是那么简单,语言也绝非那么透明,其承载的意义也不是那么确定和精确。人们对事物的认识是通过符号、意义和本体这三者之间互相作用才逐渐形成并得以扩大和加深的。所谓符号,如海德格尔所说:"语言凭借给存在物的初次命名,把存在物导向词语和显现。"[①]也就是说,这些词语的声音或书写形式就是符号,它本身是抽象的,是空

---

① M. 海德格尔,《诗·语言·思》,北京:文化艺术出版社,1991:第69页。

洞无物的,它与本体没有什么联系。它本身并没有什么价值。所谓"意义"是人们对符号的解释和说明,其功用是把符号与本体联系起来,即通过意义使符号指向本体。而"本体"是最难界说的概念,因为凡是可以界定的就不再是本体。这里我们笼统地把存在物称为本体。在符号指向本体之后,存在物就可以在我们头脑中得以显现,从而构成了我们全部世界的可见部分。所以西方解释哲学认为我们只是在语言中与存在相遇,我们领会到的存在只是语言中的存在。也正是在这一意义上海德格尔说语言是存在的家园,也是人类存在的家园。在意义把语言符号导向本体并使它在我们头脑中得以显现的过程中,意义是不能穷尽本体的,它更不等同于本体,它只是表征媒介,它在人们心目中树立起某个"意象",这种意象是在表征层面上再现的一种"幻象"。说它是"幻象"是因为它仅仅作用于人的思维器官,即大脑的一个"心象"。它绝不等同于本体。它们之间存在着永久性的鸿沟。而且语言符号总是有限的,而客观世界是无限的,又是千差万别和千变万化的,我们也无法用有限去组织这种无限。所以,语言符号与存在物之间也不是一一对应的关系,我们所使用的语言符号都指的是某种存在物抽象概括的总体,而绝非某具体存在物本身。而且符号、意义和本体这三者关系是相当复杂的,它们之间互相作用,既相互吸引又相互排斥,在不同的事物中又表现为不同程度的分离倾向,它们不可能存在完美的融合,也不存在语言对存在的精确反映和再现,语言的透明性、一一对应性等等也都只是一种理想,是根本不存在的。

如果说日常语言如此,那文学语言则有很多不同于它的特点,这些特点又对认识论哲学提出了更严峻的挑战。文学语言从符号学角度来看不同于日常语言。日常语言的能指指向所指,而文学语言符号具有返回能指性,因此就更不具"透明性",而更有多义性、多重阐释性、无限衍义性等特点,所以也更重视语言的形式,而不像日常语言那样可以"得意忘言",因为日常语言把我们导向一个物质世界,而文学语言把我们引向一个虚构世界。

通过解释哲学的学习我们会改变原来的认知方式,改变我们传统的观念,也由此导致人文科学一系列新的理论的涌现。从上面的简单叙述,我们起码有三个方面的传统观念被颠覆。首先是语言不再是一种外在的工具,而是我们存在的家园,我们所说的存在实际上是一种语言中的存在,在我们有关自我的知识和有关外界的知识中,我们总是早已被我们自己的语言所包围着。甚至对语言自身进行思考时,我们都不得不再一次落入语言的窠臼。也就是说我们用语言表达事物的同时又存在于语言之中,语言不仅承载文化,它自身也是文化。这样一来,语言已从工具进入了本体。其次,语言系统不是一个自足的系统,它的能指与所指的关系不是那么简单明了、单一确定,更不具透明性。与之相反,具有多义性、不确定性、模糊性、含混性、隐喻性甚至离散性。第三,文学语言与科学语言在符号特征上和语言功能上都有较大区别。我们在人文科学的研究中应在理论上和方法上有别于科学活动,要找到人文科学自身发展的规律和特征,摆脱科学主义的束缚。

上述这些观念的变化势必影响到翻译研究,需要我们重新去考虑关于翻译研究的几个关键性问题。例如在哲学的语言论转向之后,翻译观念应有怎样的变化,如何看待翻译的实践问题,又应如何进行翻译批评等。

目前人文科学的其他领域,尤其是文艺学和美学领域,在这一新的转向影响下已发生了翻天覆地的变化,而翻译界这方面的变化可以说是来得迟些。

2.5.3 翻译观念:从独白走向对话

解释哲学的出现宣告了主体性的落幕和主体间性的出场,即独白话语时代的结束和对话时代的开始。在翻译研究方面也应从独白走向对话。长期以来,人们在认识论哲学的影响下,把语言看作是反映客观世界、表达思想的镜像工具,这使得作者获得了绝对的权力。在阅读中,人们努力寻找作者的原意。似乎谁发现了作者的写作意图,谁就获得成功。这时原作者对他的作品有着最权威的解释权。任何读者的看法与作者不一致时,只要作者站出来否认,无论是一般读者还是批评家都会变得哑口无言。这实际就是作者的独白话语,读者、译者都是些被动的接受者。由于人们对语言的关注而发现语言并不具有透明性和确定性,作者所写出来的东西未必就是他所要表达的东西,作品的意义与作者意图虽然有着密切的关系,但它们并不就是一回事,作者想要表达某种意图,而作品却体现了另一种含义的情况是时有发生的。正是基于这一点,英美新批评派把这种追求作者原意的做法称为"意图的迷误",他们开始关注文本本身,并把文本视为一个独立的自足体,让人们注意文本的结构肌理、层次性与语言的多义性,认为人们只要通过向心式细读便能发现文本的潜在含义。这一点对翻译研究来说是很有意义的,尤其是对翻译实践指导很具体,也有可操作性,具有一定的合理性。但是由于这一批评模式在切断与作者联系的同时,也切断了与读者的联系,把文本看成了独立自足的封闭系统。这样翻译和阅读又从作者的独白话语变成了文本的独白话语。我们知道文学活动应由三方面要素构成,即作者—文本—读者。没有读者的审美参与,作品不可能成为审美对象。所以,读者在文学活动中起着十分重要的作用。但读者的作用在早期的接受理论和读者反应批评那里得到了过分的强调,读者成了文本意义的决定者,这种否定文本本身也存在意义的看法必然会导致强调个人印象的主观主义和意义的相对主义,使意义成为一种因人而异的东西。也就是说,由文本的独白话语又变成了读者的独白话语。这种观点影响到翻译,也会导致胡译和乱译。那么,意义既不在作者,又不在作品,也不在读者,到底存在在哪里? 解释哲学认为意义是一种动态生成物,不是静止的,也不是一种绝对客观的东西。它是在从主体的对象化(由作者写文本)再到对象的主体化(读者对文本的解读)过程中形成的。简言之是读者通过文本的中介在与作者的对话过程中生成的。这是因为解释哲学已不认为语言是一种外在的工具,它不可能脱离主体而存在,就是说,只有当人们使用它时才显现了它的存在,它是具有主体性的。作者写下作品,然后隐退了,不在场了,但人们仍可以看得到这隐含的作者。所以我们说一部作品同样可以看作一个主体,是客体化了的主体。而作品写出来是给人们去解读的,按海德格尔的话来说,这是一种听—说的关系,说是以听为前提条件的,没有听,就没有说的存在,作品也一样,是为了读者而写的,那么,在作者写作品的时候,他的心目中也有隐含读者,有所谓的"理想读者"。成功的儿童作家所写出来的作品一定符合儿童的接受能力和文化程度,科普作者的理想读者也应是有一定文化程度但又不会是这方面专家的读者。在读者进行阅读时是以另一个主体的身份去参与与作者的对话和交流,体现了一种主体间性的活动。因为接受美学已把读者从完全被动的接受者的地位中解放了出来,成了作品意义的构建者。

翻译活动不是独白式的,而是对话式的。译者面对的不是无生命的文字符号,而是作者的心声,作者的言说和感情表达,是有主体性参与的语言,即话语,不论作者活着还是死去,在场与不在场,翻译活动都是译者与作者在以各自独立自主的精神关心着同一个对象(即文本内容),双方的呼应问答就组成了一个生动的对话和交流,这才体现文学作品的本质。无论双方是否达成一致性的见解,或持有相同的情感,作品的意义总是在对话的关系中不断被理解,被商讨,被深化。也正是这种对话的展开和深入,文本的潜能才有可能从作者的意图背后穿越而出,使作品实际所包含的种种内在意蕴从各个侧面得以充分展示,使一部作品的意义由一个人创作后又经千万人的传承接递而得到逐渐扩大和不断深化。这种扩大和深化的结果常常是原作者也始料不及的。所以,对话中所生成的意义常常是超出作者赋予作品的意义的,而这也正是我们说翻译即再创造的根本性原因。不同的译者在翻译同一部作品时会产生不同的译文,这也很容易解释了。这是因为不同的译者在同作品的隐含作者对话时所生成的意义是不会完全相同的。只有这样,作品的意义与价值才能随着与同一时代或不同时代的不同译者和读者的不断对话而不断延伸和显扬。在这一点,越是文学性强的作品就越是如此。因为这样的作品往往有着更强的开放性和更大的阐释空间。而科学的文本之所以不能如此,是因为它的意义是封闭的,拒绝多种阐释。这正是文学文本与科学文本的根本区别。

学习了解释哲学的原理,就不再把一己之见的主观看法视为客观真理,无视其他主体的存在,而且也不再把文本视为无生命的文字符号,而是把它看成是作者主体性的对象化和语符化的东西,是作者情感之所系,创造潜能之所在。读者和译者也不再是被动地接受文本,而是以一种创造精神与之对话,努力发掘新的意义,把文本看成与你对话的对象,你不能主观地对它作机械化的文字处理,而是把它视为生命的主体,是你对话交流的对象,你们之间商讨、争论、协调,最后达到一种视域的融合。而在这一过程中作家在话语中发送的意义、文本构成中话语的潜在意义和译者或读者在解读时所发现的意义形成一种新的意义。

2.5.4 翻译的过程:一种对话的参与

既然包括文学翻译在内的文学活动是一种对话,那么译者在翻译过程中实质上是一种对话的参与。这种对话是如何发生的呢?这是在文本的召唤结构和译者的审美经验的期待视野互相作用下发生的。

我们知道,文学的本体范畴由三个方面内容构成,即创作主体(即作者)、作品(即文本)和接受主体(即读者,译者当然也必须首先是读者,而且是更细心的读者)。这三者缺一不可,否则就不能构成整个文学活动。译者面对的并不是作者本人,而是文本。但这绝不意味着他面对一些无生命的文字,因为文本是创作家艺术活动的成果,是他审美创造主体性的对象性和语符化,是他的灵感、想象、构思等创造性和内在生命的外射和移注,文本语符一旦被作者审美创造的生气所灌注,便获得了文学性的特质,但这种特质在未经审美接受之前只是潜在性的,只是一种审美的可能性,它潜藏在文本结构的各个层次之中,形成一个具有开放性和召唤性的结构,等待读者的审美参与,即解读,也即对话。这样,文本就成了联结作者和读者的纽带,读者解读文本,就是在同隐含的作者进行对话和交流。

对于文本内在结构的召唤性,接受美学曾提出过十分精辟的见解。接受美学认为文学作品存在着意义的"空白"和"不确定性",各语义单位之间也存在着连接的"空缺",同时也存在着对读者习惯视野的否定,这种否定会引起读者心理上的"空白"。所有这些性质都会激发和诱导读者进行创造性的填补和想象性的连接。而这一过程也正是读者不断地与作者对话、商榷、争论、调和的过程,他们或达成一致性的见解,或各执己见,但总有新的意义生成。这个过程在从语言学到心理学的各个层面上发生,也在文本从语音语调,到意义建构、修辞、意象、形而上质等各个层次上发生。越是文学性强的作品就越具开放性和召唤性,也就是为对话提供更多的契机和空间。

在读者方面引起对话的动因主要在于每个读者都不是带着一片空白进入一个新的文本的,如果是那样,他也不可能进入一个文本。他有着先有和先在的知识结构,就是有着海德格尔所说的"前结构"或"前理解",伽达默尔干脆把这种前结构称作"偏见"。他在《哲学解释学》一书中指出:"偏见并非是不正确的或错误的,并非不可避免地会歪曲真理。事实上,我们存在的历史性包含着从词义上所说的偏见,为我们整个经验的能力构造了最初的方向性。偏见就是我们对世界开放的倾向性。它只是我们经验任何事物的条件——我们遇到的东西通过它们而向我们说些什么。"[1]

---

[1] 汉斯·格奥尔格·加达默尔,《哲学解释学》,上海:上海译文出版社,1994:第9页。

接受美学的奠基人尧斯把这种"前结构"的概念发展为"审美经验的期待视野"的概念,他把我们的世界观、人生观、一般文化视野、艺术文化素养和文学能力都归纳到这种前结构和心理图式之中,并将其分为定向期待和创新期待两种类型。定向期待表现为一种习惯倾向,是读者世界观、文化素养、审美情趣和鉴赏能力等期待视界的构成要素交汇成的惯性心理力量,一种内化为心理机制的文化习惯,是他这个主体的自我显示,是一种主体本质的对象化,因此可以形成一种同化作品世界为自我世界的动力和需要,在阅读中起着选择、求同和定向的功能。但是真正的读者往往不满意于被动地接受作品信息的灌输,而总是有一种打破习惯方式、调整自身视界结构、扩大视域范围、以开放的姿态接受作品中与原有视野不一的、没有的甚至相反的东西的倾向。这就是一种创新期待。这种期待是一种动力,它在人类的一切活动中都起创新作用。阅读文本时也不例外,读者不会满足于那些程式化的陈词滥调,或与自身视域完全吻合的东西,而是寻找与自己不同的、相矛盾的或从未接触过的东西,即新奇、陌生的东西。这就会引起视界的变化和视域的扩大,导致自己的视域与作品视域的冲突和矛盾,从而增加对话的机会,扩大对话的领域,从中领悟新的意义,促使阅读活动更为活跃积极,也使翻译更具创造性。

实际上,翻译活动就是译者的这种期待视域与作品召唤结构互相作用下形成的创作主体与接受主体间的对话,说到底,翻译的整个过程都是译者通过文本中介与隐含的作者的对话,译者的活动就是一种对话的参与。

但译者的对话活动与阅读者的对话活动又不都是完全随意的,因为原文本虽然留下许多的不确定点、空白与空缺,但仍然是一个已提供的"图式结构"。你可以在不确定点、空白与空缺之处发挥再创造的能力,使之具体化,但仍不可能忽视图式结构框架的定向功能和限制作用,否则你就违背了对话的原则。

此外,阅读与翻译的对话活动又有很大区别,因为阅读者的对话可以生成他认为有意义的新的东西,不必考虑留有什么余地,而译者则不然,因为他并不把他阐释中的所有联想、所有意义都如实写下来成为译文文本的内容,他必须留给他的译文读者以充分的阐释空间,让他的译文读者与译文文本对话。如果一位译者不注意这样的区别,而将自己的诠释一股脑儿表现在译文文本上,他就实际上是封闭了原文广阔的阐释空间,变原来的开放文本为封闭性文本,变原来的对话为独白,变成了译者的独白。从这一意义上讲,我们可以说原文文本既有决定了的性质,又有自由开放的性质,而译者则既有诠释文本的权力,也有受文本制约的一面。

2.5.5 理解中的偏见与翻译的再创造

每个读者都不是带着一片空白走进一个文本的,如果一个读者头脑是完全空白的,他也根本无法成为一个读者,更谈不上进入任何一个文本。也就是说,每个读者都是带着先有、先在、先识所构成的前理解走进一个文本的。这种前理解是由一个人的语言、经验、记忆、动机、意向、情感、直觉,甚至潜意识这些主体性十分强的因素构成的。也就是说,前理解带有许多我们认为的主观性特点,或者说是"偏见"。在认识论哲学中,这种偏见是应除之务去的,认为这样才能使作者寓于作品中的原意得以完整而不走样地再现,让它成为一个完全客观中立的镜像一样的复制品。实际上这是绝对不可能的。所以,解释哲学不但不视这种偏见为敌,而恰恰相反,认为正是这种偏见使得文学作品的理解可以进行,文学的意义可以生成。解释哲学认为偏见在所有理解活动中具有创造性力量。伽达默尔在他的晚期著作《哲学解释学》中指出:"在构成我们的存在的过程中,偏见的作用要比判断的作用大。这是一种带有挑战性的阐述。因为我用这种阐述使一种积极的偏见概念恢复了它的合法地位。……偏见并非必然是不正确的或错误的,并非不可避免地会歪曲真理。事实上,我们存在的历史性包含着从词义上所说的偏见,为我们整个经验的能力构造了最初的方向性,偏见就是我们对世界开放的倾向性。"[①]

我们每个人在刚刚生下来的时候,对自己和对世界都是一无所知的,我们都是凭借语言这一媒介进入世界的,但语言的普遍性并不是它的唯一性质,每一种语言都承载着各自的历史传统,每个人的经验也都在他的语言中打上不同的印记。可以说读者的前理解就是读者由语言中接受的全部历史文化与他个人的经验。他在进入一个新文本时,这些因素是不可能离他而去的,而是同他的理解活动一起进行的,跟随他去开拓一个新视野。当原有的因素与新视野中的因素相遇时,或融合,或排斥,或调解,

---

① 汉斯·格奥尔格·加达默尔,《哲学解释学》,上海:上海译文出版社,1994:第 8 页。

有的或许尚无法融合,即无法理解。这在翻译中是时常见到的。以历史文化传统为例,试看老子的《道德经》英译。"道可道,非常道;名可名,非常名。"西方诸多译本将其中的"道"译为 way,如,R.B. Blackney 译为: There are ways but the way is uncharted; There are names but not nature in words; D.C. Lau 的译文: The way that can be spoken of is not the constant way; The name that can be named is not the constant name; Victor H. Mair 的译文是: The ways that can be walked are not the eternal way; The names that can be named are not the eternal name.

以上仅是若干西方译者的英语译文中的几例。从中我们可以看出,无论他们对这两句话的理解有何不同,但对"道"的译法是相同的,这自然是有他们的历史文化传统在起作用,因为《圣经》中有着这样的话,其中 way 是个核心词:

耶稣:You know the way to the place where I am going.

门徒:Lord, we don't know where you are going, so how can we know the way?

耶稣:I am the way and the truth and the life. No one comes to the Father except through me.

——(《新约·约翰福音书》14 章,4—6 句)

汉语中"道"与"道路"的"道"又有意义上的重合并且同字同音,英语中 way 也将"道路"与"方式、方法"融于一词,所以依据他们的文化历史,加之语言上的便利,将"道"译成 way 是顺理成章的事。可是中国学者的译文都与此不同,如汪榕培译为:Tao can be defined as "Tao", but it is not the eternal Tao;而辜正坤译为:Tao that is utterable is not the eternal Tao。他们为什么不译成 way 而采用音译词 Tao 呢? 原因是他们立足于中国哲学,认为"道"字内涵十分丰富,可指万物的本体本原;或为世界或事物的本质;或是事物之规律;或运动变化之过程;或政治原则、道德规范等等,故不是 way 这个词可以概括的,而采用西方已接受的音译词 Tao 则更符合老子的原意。

同样,个人的生活经验与审美情趣也会随之进入一个文本,从而得到对文本的不同理解和解释。例如,有些外国译者缺少在中国生活的经验,在他们译中文为英文时,难免以自己的想象为基础,译出一些笑话来,也就是说没有做到真正的理解,反而产生了误解,这种情况对中国译者来说就可以避免。例如,老舍的名著《骆驼祥子》中有这么一句话:"拉车的方法,以他干过的推、拉、扛、挑的经验来领会,也不算难。"① 由 Reynal & Hitchcock 公司出版,题名为 *Rickshaw Boy* 的 Even King 的译文是:

> Nor did he find it difficult to pick up from his own experience the various methods of handling his rickshaw — of pushing it back, pulling it, lifting it up, and using his shoulders.

显然,"推、拉、扛、挑"是指祥子曾干过不少种活儿,很有干活的经验,所以,拉黄包车也不会感到太难。但在 King 的译文中,他把这一切都用到黄包车上了,给人的印象是祥子在用黄包车耍杂技:一会儿扛起,一会儿举起。而中国译者就不会出现类似的情况。如施小菁在外文出版社出版的译本就译得很好。试对比一下这个译文:

> When it came to learning how to pull that was not difficult either, with all his experience of pushing, pulling and carrying loads.

这个例子说明作为一名译者,如果缺乏必要的前理解,他是很难进入真正的理解的,个人的经验正是前理解的一个重要构成因素。至于个人审美情趣的差异在翻译中的差别表现就更为明显了。以《文字·文学·文化》这本由许钧编写的《红与黑》汉译研究中的现成例子为例,可以看得很清楚:

> Le ciel chargé de gros nuages, promenés par un vent très chaud, semblait annoncer une tempête.
>
> 译文 A:天空布满大块大块的云彩,被热烘烘的风吹送着,预示着一场暴雨将要来临。
>
> 译文 B:天空浓云密布,热风吹过,乱云飞渡,似乎预示有场大暴雨。

译文 A 与原文词句的结构和风格相同,译文 B 气势连贯,结构句式与汉语风格相同,有简约之特点,若从意义上看则无大区别。这可以看出不同译者的不同审美情趣与倾向性在其译文中有不同呈现。

所以,我们说认识论哲学中那种把理解看成是一种语言符号和程式化的解码是不正确的,真正的理解必然是一种解释,而解释活动是以前理解,或所谓的偏见为基础的。

---

① 老舍,《骆驼祥子》,北京:人民文学出版社,1994:第 8 页。

当然,我们也不能认为一切偏见就都是正确的,那种帮助我们进入文本的,并在阅读中有建设性的"先见"或偏见,是合法性的和生产性的,也是积极性的偏见。这种所谓偏见由人的存在状态而生,是阅读前读者心灵的一种认知状态,是人类无法克服的先见。而另一种则是不合法或不合理的先见,是由于人们错误的知识或认识而造成的成见。它是一种阻碍理解或导致错误理解的盲目的先见。这种偏见在读者进行阅读的理解过程中,在与文本的对话、交流过程中往往可以发现并加以修正。这后一种就是一种消极的偏见,我们所讲的理解中的偏见是指积极性的偏见,而不是指消极性的偏见。在这方面,伽达默尔也曾为我们做过区分。

理解中的偏见,即前理解,不仅是我们进入文本的前提,也是翻译中再创造的基础。

人们都说文学翻译是一种再创造,但究竟什么是再创造?再创造是何时又如何发生的?这些问题都没有人去探讨。也可以说,如以认识论的哲学来解释,也是难以解释得清楚的,甚至会得到完全相反的看法。因为认识论哲学认为翻译是一种复制,即所谓的"忠实再现",如奈达就强调语言具有普遍的表达力,凡是用一种语言表达出来的东西,都可以用另一种语言表达出来,如"白如雪"可以用"白如白鹭的羽毛"来表示。那么,这是否就是再创造了呢?恐怕在认识论的哲学中,这种形象的更换,甚至词序的改变,也就是一种再创造了。而解释哲学则不以为然,它认为再创造是读者与文本这两个主体间进行对话所生成的新的东西。它并不在表达层面发生,而是在真正的理解,即解释,即对话的过程中发生。伽达默尔认为"理解并不是一种复制过程,而总是一种创造过程,……完全可以说,只要人在理解,那么总会产生不同的理解。"[①] 在解释哲学看来并不存在对一件文本或艺术作品的规范性解释。首先这是因为每个解释者都有自己的先有、先在和先识的先行结构,即有一定的前理解。其次是因为文本本身也是具有未定性、多元性和开放性的,它是一种召唤性的结构,它存在许多意义的空白和不定点。而这些未定点和空白正是一部作品连接创作意识和接受意识的桥梁,也是翻译中再创造性的契机,故此德国接受理论的创始人之一沃尔夫冈·伊瑟尔把这种结构称为"召唤结构"。正是这种结构把作品与读者自身的经验以及对世界的想象联系起

---

① 汉斯·格奥尔格·加达默尔,《哲学解释学》,上海:上海译文出版社,1994:第16页。

来,产生意义的反思,即给读者与文本之间的对话提供更大的空间和可能性,让不同的读者在阅读中利用他们的前知识结构与之碰撞、交流、调解、融合,在两者的相互作用中产生不同的解释,乃至生成不同的译本。这才是所谓的"再创造"。这也是一部文学作品的各种真正的译本(在此指非抄袭性的译作)会各有千秋而绝不雷同的原因,也是使一切"回译"(back translation)都不可能返回原样的原文的原因。这种现象在文学翻译中是人所共知的,而且文学性越强的文本就越是如此。因为这样的文本开放性更强,其阐释就会更具多元性,其未定点与空白就更大更多,可以让译者与文本有更大的对话自由度,其译文也会更丰富多彩。以莎剧《哈姆雷特》中那段著名独白为例,就有各种不同的译文,而每个译文又都是译者与文本对话中生成的不同的新的东西。试看"To be or not to be, that is the question"的译文,朱生豪先生译为:"生存还是毁灭,这是一个值得思考的问题";卞之琳先生译为:"活下去还是不活,这是个问题";黄北杰译为:"应活吗?应死吗?——问题还是……";梁实秋译为:"死后是存在,还是不存在,——这是一个问题"等等。

显然,他们的译文都是他们对文本进行阐释的结果,但这些结果却不一样,梁实秋认为 to be or not to be 是指哈姆雷特怀疑死后是否仍有灵魂的思考。余者均是把生命作为当下的一种考虑;而 that is the question 的问题是指 to be or not to be 还是指下文的内容,黄北杰的看法又与其余诸家看法不一;to be or not to be 是指"生存和毁灭",与"应活吗?应死吗?"显然不同。如此等等,可以说是众声喧哗,难以定论,因为真正的文学文本从来就不存在一种规范性的解释。每种真正的翻译都具有"再创造"的性质。

再如莎剧《罗密欧与朱丽叶》第 1 幕第 5 场中朱丽叶的一段独白诗:

My only love sprung from my only hate!
Too early seen unknown, and known too late!
Prodigious birth of love it is to me,
That I must love a loathed enemy.

这首诗根据上下文和当时朱丽叶矛盾心理的分析,其意义应是很简单的,但其中 prodigious 一词应如何理解,诸译家也是乐山乐水,见仁见智。

梁实秋译为:

> 我竟为了我唯一嫉恨的人而倾倒!
> 当初不该遇到他,现在又嫌太晚了!
> 我这段爱情,结果怕不吉利,我爱的是一个可恨的仇敌。

朱生豪译为:

> 恨灰中燃起了爱火融融,
> 要是不应相识何必相逢。
> 昨天的仇敌,今日的情人,
> 这场恋爱怕要种下祸根。

曹未风译为:

> 我唯一的情人竟生在我唯一的仇人家里!
> 未识之前相逢太早,已识之后却已太迟了!
> 在我心里茁生的爱恋真是无法衡量,
> 我竟不得不爱一个慊恶的仇人。

Prodigious 是个多义词,既有"大"的意思,又有"预兆不祥"之意,可以推测,莎翁用此词时是一语双关的,但在翻译中的阐释很显然就不同了。曹译采用了"大"的意思,这样从逻辑上也是讲得通的,但缺乏了预兆悲剧结局的效果,而梁译与朱译均采用"预兆不祥"之意,有预示悲剧的作用,但缺少了另一层含义,也留有一定的缺憾。在其他方面我们也可以看出三位译者不同的风格特征和审美取向。曹译对原文字句几乎毫无变动,可以说是直译的典型;而梁译则直中有变,如第 1 句,但不比曹译更好。朱译虽意译却重用韵(注意,原文有韵),而另外两人却较之逊色。这些不能说是与他们各位的语言、经验、动机、意向、情感、直觉等构成前理解的各要素是没有关系的,而且可以说,正是他们不同的前理解,或者说是"偏见",才有这些各不相同的再创造。

2.6 解构主义范式的翻译研究——缺少主体框架的研究范式

上面我们讲了解构主义范式的翻译研究给翻译学带来的变化与贡

献,但我们又不能说它没有缺陷,首先是它主体框架的缺乏。

2.6.1 翻译学的框架结构问题

在承认翻译学应该成为一门独立的学科的前提下,仍有一个问题在争论着,那就是翻译学是否已建立起来了?对此,有人说是,有人说否。肯定派认为翻译研究已历时长久,积累了丰富的理论,如语言学的、文艺学的、符号学的、文化学的……在解构主义之后又出现了诸如目的论派、诠释学派、操控学派、文化建构派等诸多学派。难道说把这么多理论都加起来,还不够成为一门独立的学科吗?更何况西方的苏珊·巴斯奈特、勒菲弗尔等人在20世纪80年代就在他们书中宣称"翻译学作为一门独立的学科已经牢固地建立起来了"。难道这还有什么疑问吗?但否定派也不甘示弱,尖锐地指出:虽说有众多学科理论介入了翻译研究,20世纪八九十年代又有不少翻译学派的形成,但它们就如"装进一个麻袋里的马铃薯,笼而不统",各种理论、不同流派互相争论,既不协调,更不一致,又怎么能说翻译学已经建立起来了呢?

看来,这一问题是应该认真地讨论一下的。正如英国著名哲学家卡尔·波普尔所说,这类科学划界问题是"认识论基本问题",这一问题的意义"并不是因为它对理论具有内在价值,而是由于科学逻辑的所有重要问题都与之相关"。波普尔的话可以说一语破的。即,不是说翻译学建立起来了或尚未建立起来这一问题本身有多少理论价值,但它涉及这一学科的理论发展和如何构建的许多重大问题。

我们认为这一问题的争论是和翻译学主体框架的确立与否有很大关系的。在结构主义语言学框架被解构之后并没有一个更有效的机体框架形成,而解构主义的多元范式又缺乏主干,是互不相关的分散研究。翻译学也同其他许多综合性学科一样,其理论框架应是"多支共干"的,并体现为"主干清晰,多元丰富"。其本体理论框架应是主干框架,它必须是反映翻译这种活动的本质性特征的。它对其他分支性理论有调整、协调,即笼而统之的作用,是这些分支理论的中心和参照系。没有它,其余的分支理论就会如三军失帅,成为一盘散沙。因为作为一门独立学科,它有着不同于其他学科的特殊的工作任务与工作对象,那么它的主框架理论,即本体理论就应针对其工作对象与任务来确定,这是其他任何一门学科的理论所代替不了的,否则它就没有必要另立门户成为独立的学科。但作为一门独立的综合性学科,它又不可能不借用其他学科的理论与方法,而这些理论和方法又会不同于它们在原学科中使用的情况,因为它被借用到翻译学中完成翻译学所提出的任务,这时这些理论和方法就须根据翻译学的本体理论来调整,由它来选择,受它支配与统领。这些理论是对翻译学本体理论的补充和完善。所以这些理论和流派的不同观点都只能是在本体理论框架确立之后,才能更好地发挥作用。如果没有本体理论的制约与统领,这些理论会失去正常的方向,并由于过分强调翻译活动的某一方面因素而破坏基本甚至消解翻译活动。

解构主义范式的研究就有这种趋势和危险。

2.6.2 为什么解构主义的翻译理论不能成为本体理论框架

目前,国外翻译理论出现了多元发展的趋势,并形成了如目的论派、操控学派、诠释学派、文化建构派等不同派别。我们应该看到,这正是20世纪六七十年代盛行于西方的解构主义思潮所带来的积极性成果。解构主义是一种怀疑主义思潮,是非理性的,它不具备建构性特征,但给人们提供另类的视野和不同的思维方式。它打破了原来的结构和系统,让人们看到在原来旧的理性的内部存在的非理性因素,并使得结构内部的因素与外部因素自由结合。这样一来,结构主义语义—句法的翻译模式就被打破了。原来占据统治与中心地位的结构主义语言学范式的翻译研究只关注语言内部的语义—句法层面的静态关系,而忽视了语言的主体性与主体间性,忽视了语言外部情境性的影响以及文化传统与意识形态等长期积淀在人们思想深处留下的潜意识的作用,更忽视了在实施翻译活动时一些社会"把关人"的制约。由于解构主义思潮的冲击,这种天真、理想的翻译模式被冲垮了,人们认识到翻译活动远不是一种不受外部因素干扰的、完全在真空条件下进行的工作,而是在不同文化的双重权力话语制约下、在不同文化传统的冲撞中、在人为目的性参与下进行的。原来的编码与解码的纯技术性操作由于诸多外部因素的参与和介入变得更为复杂,翻译研究的疆域与视野也极大地拓展开了。这样,西方译界的诸多学派便应运而生。那么这些理论又为什么不可以挑起本体理论主干框架的重任呢?让我们分析一下它们的性质便可清楚了。

先以目的论派为例。很明显,目的论派是把译者的主体因素作为一个重要因素考虑了进去,把翻译活动视为一种目的性行为,这显然是功能学派的观点。这一理论的提出旨在把翻译活动从原来被奴役的关系中解放出来,强调了译者行为的主动性,这无疑是一种革命。它所揭示的正是原来结构主义翻译观所忽视而在现实翻译活动中又真实存在的现象。正如目的派代表人物之一的汉斯·弗米尔所说,在翻译活动中,译者有时根据客户或委托人的要求,结合翻译的目的和译文读者的特殊情况,需要从原作所提供的多源信息中进行选择性翻译。在我国翻译史上,也有过严复翻译《天演论》的例子。译者有明确的目的性,他欲借翻译这一活动译介国外的先进思想,促进变革,所以从对原文所进行的内容选择到采用的语言形式选择,都不再是原著"忠实的"摹本,而是一种有目的性的改写。但这只是对翻译活动中某一些特殊情况下译者主体因素的思考,并不是翻译活动的普遍目的性。翻译活动的正常情况应是文化之间的交流与沟通,是信息资源的传递与共享,是国际间合作的桥梁和纽带,是不同民族间人们交往的手段。如果在这一过程中,原作者的个人意志可以被随意歪曲甚至剥夺,原文信息可以任意篡改,允许译者的个人意志无限度地放纵或张扬,其结果必然会影响,甚至破坏文化交流。所以,目的论派从某一个向度上丰富了传统翻译研究的内容,而其理论(如果也可能形成理论的话)并不能成为翻译学建构中的主干框架,它只可以是多元中的一支。

再来看一看诠释学派的翻译理论。很显然,这一派的观点是以解释学为哲学基础的。这一观点认为任何翻译都只能是一种"创造性的重新阐释",不是原文文本的"忠实再现"。因为每个译者都生活在与原文作者不同的文化传统之中,而每个译者也不是有着相同的知识视域、生活经验和情感经历,即,有着各不相同的先有、先见、先识的前理解,因此,当他们各自的视域与原作者视域相遇时,所产生的意义会有所不同。因为意义不再如传统翻译观和语言观中所认为的那样是由语言规则所设定下来的,而是在视域融合过程中通过对话生成的。所以可以说,这一学派是以译者个人为中心的。它揭示了人们的个性差异性,强调了译者前理解在翻译活动中的作用,不同视域的融合会产生不同的意义。也正是从这一意义上说,翻译在某种程度上是一种改写。但是这种理论所揭示的所谓"改写"只是人们一种潜意识性的行为特征,而绝不是译者有意识的行为本质。因为每个人所持有的前理解都带有潜意识性,总是以为人人都有着与他完全相同的视域,只有当他与别人的理解有所不同时,他才意识到他的理解并不是唯一合理的。而现在有些译论者没有认识到这一本质性区别,以"翻译即改写"或"翻译即叛逆"等为题而大论特论,使得翻译活动不再是求同性活动而变成了故意求异活动。这样的结果必然会歪曲翻译本质,甚至消解翻译。因为他们这样做的结果是把本应受到抑制的潜意识中非理性的东西当成一种有意识的意志行为并大力强调了。应该说这不可以作为翻译活动主导性的理论。它只是揭示人们理解活动中潜意识所起到的作用以及每个人前理解有所不同的事实,但绝不是理解活动的主要目的。人们理解活动中共同性的东西远比其差异性多得多,否则,人们的交往与交流就无法进行了,社会不但不会进步,而且只能处于永久性误解的混乱之中。这也正是解释哲学本身对非理性一面过分强调给翻译学带来的问题。它一方面帮助翻译学解决了原来解释不清的一些问题,如,为什么不同译者翻译同一著作,都称自己是忠实地进行翻译的,可结果译文却彼此不同。而另一方面,又对个体主体与其他个体主体之间的差异性给予了过分强调,使得个体的主体性过分张扬了。这与翻译活动的宗旨是相悖的。这样一来,必然会导致"怎么都行"的无政府主义或相对主义倾向,对翻译学的建立是不利的。

　　文化学派的情况也与此类似。当我们意识到在文化间的交流中存在着表面上平等而实际上不平等的现象(如中心文化对边缘文化、强势文化对弱势文化的压制)时,我们的目的是否就是如此呢? 这种交流中潜在性的背离是应受到遏止从而促进平等交流呢,还是将它推向极致任其发展而形成文化霸权主义呢? 我们认识到这一问题是件好事,这样可以避免弱势文化被忽视、被恣意践踏和阉割、被施以暴力或被歪曲利用,从而更好地促进民族间的交流,使国际间的各种交流活动在一种平等的原则下进行,而绝不是相反。翻译学的本体理论应以平等交流的原则为基础,建立交往伦理规范,以约束对这一规范有所违反的各种做法,而不是只揭示某种现象的存在后就置之不理或有意听任其发展。

　　上述几种理论都是由解构主义思潮带来的,是使翻译研究由单一的语言学研究或文艺学研究走向多元的表现,使得翻译研究形成多元丰富的局面。但是也正如上面所分析的,它们又都不会成为翻译活动的本体理论,成为翻译学的主体框架理论。原因是它们都只是一种向度性研究,所反映的并非翻译活动的本质。另一方面,它们所依据的理论本身也不是建构性的和理性的,而是怀疑主义的和非理性的解构主义。解构主义思潮只帮助我们认识到旧理性中存在的非理性因素,指出原来系统内的因素有与外部因素自由结合的可能,提示了我们在原来的研究中所忽视的侧面。但解构主义并未给我们带来任何新的真理理论,它本身也没有一个整体性理论框架,没有统一的纲领。可以说它只是一种精神,一种反思性精神,一种怀疑主义和破坏精神,一种否定性思维方式。所以,在它之后,人们会茫然,会困惑,原来的理性被破坏了,原来的结构被解构了,而它又没有为我们带来一个新的理性。这使得走到今天的翻译学面临着空前的困惑。但我们必须继续前行,去寻找新的理性,因为若不如此,人们往往会惯性或惰性地回到旧的理性上去,正如卡西尔所说的,"人是理性的动物这个定义并没有失去它的力量。"①

2.6.3 翻译学主体理论框架的性质与特点

作为翻译学的主体理论必须兼顾两个方面的特征,一方面是它的动态性、开放性与兼容性,另一方面是理性与规范性。

因为翻译活动是一种跨越不同文化的对话性活动,是跨语际的信息交流,是由多种异质因素构成的复杂的社会现象,所以它必须具有兼容性与开放性的特点,但是因为这是一种交流与对话性活动,它又必须遵循交往理性,受社会规范的制约,否则任何交流都不可能正常进行。这在目前国际交流中是有重大意义的,因为,虽然我们一方面强调全球化,而另一方面,我们也会看到影响不同文化之间交往的不平等和不平衡因素。例如,殖民主义虽然在第二次世界大战之后逐渐结束了,原来的殖民地国家获得了政治与经济方面的独立,但在意识形态、价值观等文化领域仍未摆脱殖民统治,受着强势文化的影响和压制,没有完全掌握话语权,仍然处于边缘地位,没有取得与强势文化平等对话的权利。因此,翻译学的主体理论框架应该遵循以理性为基础的原则,它应是一种对普遍性规律的追求。如果说前面的动态性、开放性、兼容性是对结构主义语言学范式的反拨,而这后一方面则可以视为对解构主义翻译学研究范式的反拨。因为翻译活动从来就不是一种私人间的事务,也不是个人性质的活动,而是一

---

① 恩斯特·卡西尔,《人论》,上海:上海译文出版社,1985:第34页。

种社会性的活动。它必须遵守交往理性的原则,这是一种以互相理解为导向的行为模式,正如哈贝马斯所指出的:"相互理解的范式的根本是参与相互作用者的述行态度,他们通过对世界上的事物达到一种理解而协调行动计划。"[①] 这说明这种活动不是如结构主义语言学的理论范式所描绘的,只是一个行为主体以语言作为工具去解读文本中已预设的并有确定意义的活动,而是一种双向的构建性对话活动。交往主体和客体在交往中不断交换位置,因为交往客体同样是人,他们互为主体也互为客体。在运作过程中互相影响对方,因此这种活动不会是静止的,也不应是一方左右另一方,或压抑另一方的,是平等的对话关系。而解构主义的翻译研究范式又把这种主体间对话置放在语言的虚构世界之中,与外部世界切断联系,让翻译活动成为一种语言的互相解释以及意义任意生成的游戏,从而导致翻译研究的混乱以及无政府状态。

实际上,在交往活动中,作为主体的双方是互为主客,相互理解,相互影响的,因此,也必然是相互制约并相互改造的,只有这样他们之间的关系才能得到调整、控制和优化。如果将交往时间、交往空间、交往模式、交往手段以及交往特征等其他因素考虑进去又会产生许多新的制约性和规范性内容,因为在新的情况下参与交往的诸因素就必然会为达到交际目的而进行新的调整,以达到协调。相比之下,解构主义所犯的一个明显的错误是在强调对话的过程中,过分地强调了个体和主体的差异性,并使之合理化,从而压抑了主体间的协调与相互制约的一面,更没有去考虑其他交往因素的介入会给交往带来的限制性。除此以外,解构主义所犯的错误就是把对话与外部实存世界隔离,完全置对话于语言之中。实际上,人们认识世界,改造世界,以及人与人之间关系的彼此协调都是以主—客体的认识关系作为背景的,即,认识论主体哲学中主—客观二元关系仍然是对话活动的宏大背景与基本参照。离开它我们就会缺乏知识的客观性,从而缺乏客观依据,使得主体间对话所生成的意义失去判据。

我们这里强调交往理性的目的首先是强调主体间的相互制约性,它体现了一种为社会所普遍接受,并按契约和制度般地遵循的规范,从而遏制主体个性过分张扬以保证交往的顺利进行。其次指出人们在进行交往

---

① 哈贝马斯,《走出主体哲学的另一途径:交往理性与主体中心理性的对抗》,见汪民安、陈永国、马海良主编,《后现代性的哲学话语——从福柯到赛义德》,杭州:浙江人民出版社,2000。

中实际上既包括主—主关系,同时也包括主—客关系,诠释哲学在强调主体间性的对话时,忽视了这种主—主对话在许多方面都与人类认识世界的主—客关系有着密切联系,并以它为宏大的背景,这可以从客观性上为主—主对话提供保障。

我们说作为一门独立的学科当然不能建立在非理性上,它只能建立在理性基础之上,即建立在普遍的规律性的追求上,在其本体理论上尤应如此,还因为任何一门系统的知识都是理性的体现,翻译学当然不会例外。我们可以从以下几个方面看这一问题。

首先,翻译活动从来就不是一种私人间的事务,也不是个人性质的活动。解构主义的翻译学观只强调了翻译活动中的译者与作者之间的主—主对话性,意义就是在他们之间的对话中生成的。如果没有任何的制约与约束,其意义的可靠性就成了问题,因为它可以是任意生成物。实际上这种对话所生成的意义至少受到来自两个方面的制约。其一是来自客观世界的制约。任何一部文学作品(更遑论科学著作),虽然只是一个符号所预构的世界,但又无不以外部客观存在的世界为依据和依托,没有这一基础,任何作品都是不可思议的,即,它必须是与外部实存世界相联结的,是以作品以外的自然世界和社会世界为摹本的。如果在翻译活动中、在译者和作者对话中生成一些莫名其妙的东西,或有违知识的客观性的意义,人们就有权认为是无稽之谈而拒绝接受。

同时它还应受社会的理解与接受作为验证和检查的依据,即受社会的制约。任何译者的译作不是译完后就束之高阁,而是要投放到社会与广大读者见面,受他们的批评与检验,并得到他们的认可。一般说来,我们的知识都具有间接性,不是个人直接从自然实存世界获得的,而是一种经过社会理解之后的知识,并由社会经过归纳总结、过滤提纯和梳理整合之后才传输给他的,所以在每个人的前理解中,共性始终占据统治地位。反过来,任何个人知识的易谬性与可错性也是由社会理解与接受过程给予鉴别与纠正的。因为任何个人的经验都可能存在一些难以重复、不稳定的心理体验或不可言传的部分,或有明显个人偏好的经验解释、不完备的个人体验,这些经验与体验也只有在与社会其他人的交往中才能得到诘难、反驳、修正与完善,即得到证实或证伪,也就是受社会群体主体的制约。

翻译还有所不同于上述情况,它是一种社会背景与文化传统很不相同的两种文化间的交往与交流。根据著名哲学家罗蒂的划分,跨文化的交往活动是一种"非常对话"活动,在同一文化与社会背景下的交往属于"常规对话"活动。这种常规对话是具有共同基础、前提和规范的对话与交往。而非常规对话是指缺乏这种共同基础前提和规范的对话与交往,即跨文化性的交往与对话。罗蒂认为这种对话才是真正的对话,或曰哲学对话,因为它更能突显对话的本质性。在这种对话交往中对话双方的主体性并不是由同一传统文化与认知模式凝结而成,他们积淀着不同的文化场精神,有着观察事物的可能不同的视角,这就使交往活动更为复杂。每个交往个体不仅要对他所处的社会有较深的理解,而且还要使两种社会理解通过他们(尤其是译者)的努力而达成相互理解。所以在这种交往中,除第一种情况的社会规范与准则的问题以外,还必须建立不同文化交往中的契约与准则,因此更要有理性的参与,更应有一定规则与规范制约。

翻译学的本体框架理论必须是言语学(speechology)性质的。这一点是不言而喻的,因为只有语言是连接个体主体的精神世界、外部实存世界和被规范所调整的社会世界(波普尔意义上的三个世界)这三者的中介。翻译活动是与这三个世界密切相关的。尤其是在人文和社会科学中它的工作起始点就是语言。在自然科学中,主体面对的是自然实存世界,而在人文科学中,人们面对的就是由符号预先构成的世界,是一个已预先赋予了意义的世界,即一个语言的世界。所以翻译学的主体理论框架不可能脱离语言而另辟蹊径。

有人会问:"以言语学为主干框架,那么与结构主义语言学的翻译研究模式又有何两样呢?"我们知道,正如解构主义所批评的那样,结构主义语言学的封闭性、自足性、静止性把许多以语言为中介的交往活动必然涉及的因素排除在外,从而让人们仅仅关注了语言本身,认为只要按语言规律去解读文本,人人都可以得到完全相同的意义,而没有考虑到交际的情境与交往主体因素。因此它只涉及人们的语言资质,没有考虑到人们的交往资质。而任何对语言的实际使用都是言语问题而不是语言问题,同样人们的交往活动也是言语学的而不是语言学的。翻译活动是一种跨文化的交往活动,当然不仅涉及两种语言的转换规律,同样也必须遵守各个不同社会准则所规范的交往伦理原则。也就是说,结构主义语言学只关注静态的语言结构规律,没有注意到在实际交际中(如翻译中)人们对语言的具体运用,即言语,而不是语言。所以,只研究语言规律而不注意言语规律,是不完整的理性。我们建立翻译学的目的是要探讨文化之间的合理交往模式和理论框架。在这方面德国哲学家哈贝马斯给我们很大启示。

哈贝马斯是当代世界最著名的哲学家和思想家之一。他的主要代表思想是交往行动理论,他的理论是以普遍语用学为基础的。他对结构主义语言学模式的看问题方式感到不满,因为它是封闭与静止的,同时它把人类交际只局限在语言资质方面。但他同时也对解构主义对个体性的过分张扬和对语言的不确定性过分强调十分不满。他认为人类的交际与交往是因为人类有两种资质,其一是如乔姆斯基所说的语言资质,即一个成年人有说出各种符合语法的句子来表达自己思想的能力;其二是哈贝马斯所说的交往资质,即在不同场合与情境下人们能知道如何适当地运用语言进行交往的能力。这是一种普遍语用学。正如乔姆斯基的普遍语法能生成各种各样表面完全不同的合理的句子一样,普通语用学强调了人类所具有的一种潜在的就不同交际内容与领域在不同交际场合中与不同交际对象进行合理地交往的能力。普通语用学就是揭示这种潜在性能力的规律性的。所以原来翻译研究只关注句法—语义层面的规律是不够的,人们还需要对普遍语用学的规律进行研究。句法—语义层只是人们 know-that 的问题,它的下面隐藏着 know-how 的问题要解决。know-how 是支配 know-that 层面的,正如乔姆斯基的表层结构与深层结构一样,实际交往中 know-that 是已说出来的语言表层,它下面受着 know-how 的支配,即人们为什么这么说,他是如何选择这种说法而非他种说法的。所以 know-how 是施行层面,是深层规律,是底层结构,它支配着人们的语言表达。

所以,翻译学的主体框架应该是包括人们语言资质与交往资质在内的理论框架,只有确立了主体理论框架之后,才能更好地调解多元理论的关系,并形成主干明晰、多元丰富的总体理论模式。

解构主义为翻译研究带来了丰富的多元性,但终因其非理性本质而不可能成为翻译研究的本体性理论。作为独立学科的翻译学必须以理性作为主干理论框架,同时它又必须是言语学性质的。由于结构主义语言学的封闭性与静止性是一种不完整的理性,作为翻译活动的本体理论尚有缺陷,所以必须把人们的语言资质与交往资质同时考虑进去,树立普遍语用学的翻译观,才能建立起翻译的本体理论框架。因为翻译活动毕竟是人们用语言进行交际的活动。翻译学的理论框架应是主干清晰、多元丰富的。

2.7 如何看待解构主义的研究范式

2.7.1 我们应从解构主义那里学些什么

学习解构主义首先要抓住它的创造性,或者说"重构性"的实质,而不是否定、破坏、拆解等表面特征。西方翻译学者正是注意到这一点,他们在把结构拆解之后努力使结构外部的因素与原来结构内部的因素相结合,从而促进多元的重构,并不是仅仅止于拆解和破坏。我国前一阶段的翻译研究正是忽略了解构主义的这种创造性,即重构性,而只注意了破坏性、消解性和否定性。这在一定程度上起到了一种误导作用。美国著名哲学家大卫·雷·格里芬在其近著《超越解构——建设性后现代哲学的奠基者》一书中就指出,建设性的解构主义才真正代表着后现代运动,并指出如皮尔士、詹姆士、柏格森、怀特海和哈茨霍恩等人都是这方面的代表。他们的主要任务并不仅在于指出"解构对现代世界观来说至关重要的概念,而在于建构一种新的宇宙论(它可能成为未来几代人的世界观)的必要性和可能性"[①]。它们的重点在于"重构性"(reconstruction),因为这个词本身就已预设了一种解构的要素在内。他们的特点是利用怀疑、解构与否定的精神去破坏旧的理性,发现其中的非逻辑因素,找出其理论上的缺陷,并从此入手去打开结构或系统,让其内部因素与原被排除在结构外的因素有尽可能多的结合可能,从此展现多种可能性和产生多元的研究视角,最后重新建构。西方翻译学正是沿着这种思路才形成了今天的文化建构派、目的论派、操控论派和诠释学派的。

而我国的译学研究者学习后现代理论和解释学是浮于表面、流于肤浅的。例如,对一些后现代哲学家的思想尚缺乏认识就论述它们的翻译

---

① 大卫·雷·格里芬,《超越解构——建设性后现代哲学的奠基者》,北京:中央编译出版社,2002:第1页。

观,几年中海德格尔、德里达、尼采、伽达默尔、本雅明等人的翻译观几乎都有人论述过了。再从一些人在前一时期的著述来看,竟看不出一种连贯性和不断深入的特点,常常是今天与这一学科的热门话题结合写一篇文章,明天又与另一领域的热门话题结合写一篇,打一枪换一个地方,没有系统性和连贯性。这样是很难把研究导向深入的,也不利于学科建设。这是急功近利的浮躁学风造成的。

后现代哲学家大都是解构主义者,他们也都是极富创造性的人。他们的否定、怀疑正是其创造性的前提,其拆解性与破坏性也正是重新创造的前奏与开端。我们对他们的学习不可以只停留在表面上。

其二,我们要学习他们思考问题的思维范式,即现象学的范式,而不仅仅是结构主义那种逻辑—数学范式。这两种思维方式都是一种超越,但超越的形式不同。逻辑—数学范式的超越是纵向的,它是从在场的事物超越,达到其内核与本质,以寻找抽象的同一性、普遍性,一种恒常性或永恒性。这是一种从感性到理性的超越,即达到"永恒的在场"或"纯粹的在场"。而现象学范式则是横向超越,它同样是超越在场的事物,但不会是寻找深藏于其中的内核与本质,它并不认为一切事物均有一种恒定的本质,而认为现象即本质,所以它是超越到未出场的,即不在场的事物上去。它以想象与联想的方式,不是以抽象与归纳的方法去思考事物,是通过想象与联想使不在场者与在场者综合融通,形成整体性。这些不在场的仍然是现实之物,并不是抽象的概念或逻辑关系。这种想象与联想的思维方式更适合于人文学科。当人们看到落下的树叶,或想到的是秋之将至,或想到的是生命的结束,或生悲秋伤世之感,或有美人迟暮之叹。凡·高所画的《农夫的鞋》,上面黑洞洞的敞口,鞋下磨损的印迹,海德格尔想到的不是这双鞋的本质是什么,而想到的是没有在场的农夫,以及想到他步履的艰辛、劳作的辛苦、人生的坎坷等等。这种思维方式把我们从逻辑—数学范式的抽象思维中解脱出来,并激活我们的想象力和联想力。在这方面,海德格尔、胡塞尔都为我们提供了十分丰厚的理论基础,我们学习现象学、解释学应更多地从这些方面来吸取营养。翻译学虽是综合性学科,但主要是人文学科与社会科学的综合,我们所涉及的翻译文本许多是饱含诗意的艺术品,其审美意义正是隐蔽于不可穷尽的不在场性。阅读中意义的生成、翻译中的再创造都是与这种想象与联想的横向超越密不可分的。因此仅以语言学的单一模式去建立翻译学,而不考虑对现象学思维方式的研究和学习是不可想象的。作为翻译学的建设者,或是不赞同建立翻译学的翻译研究者都应从中学习这种思维方式,因为它是更适合于人文学科的思维方式。

其三,学习解构主义思想中的开放性思维。多元的思维风格是后现代主义思想的精髓之一。世界上的事物是复杂的,并非都是一因一果的单纯关系,也可能是一因多果,或多因一果,抑或是多因多果。任何事物都可能是多方面因素决定的。翻译活动涉及因素很多,如作者与译者的主体因素,信息性质的因素,传播渠道的因素,接受者的因素,两种文化与语言差异程度的因素,等等。往往每一因素的变化都会引起整体活动的变化,而且这一活动所涉及学科知识领域也十分广泛,具有高度综合的特征。一种开放性的思维更显得重要。对于古典经验论以来人们奉若神明的归纳法,英国著名哲学家卡尔·波普尔早就给予了十分有力的批判。他主张一种"开放的思想",他所提出的试错法或可否证性是一种新的科学方法理论,它也成了解构主义者用来解构系统、拆解结构的方法和武器。他们所倡导的怀疑性、否定性正是来源于这种思想方法。他们努力从各个方面对一些旧的理性,如结构主义,进行批判,以便找出其错误和弱点,即非逻辑因素,从而拆解它就是突出了反驳和否证。因此,作为科学工作者就应保持一个开放的思想,不囿于旧的传统、旧的理性和一切看上去合理的东西。因为世上没有绝对的真理,也没有人可以证实某种理论就是真理,因为他们都具有不可证实性。只有通过否证的方法找出其不足才能发展这一理论,使之更逼近真理。这种思想方法所需要的就是一种开放的思想。西方翻译理论家也正是运用开放的思想方法,从各种可能的方面质疑结构主义语言观的翻译理论,找出其破绽,从而开拓了多元的研究向度,并建立了不同的译学流派。目前我国研究者在这一方面尚有欠缺,一旦学习了某种理论之后就认为这是唯一最正确的东西,这就是一种缺乏开放思想的表现。开放性思维方式也是多元性的前提条件,没有开放性,就不会有多元性。翻译过程是由不同译者主体与不同文化传统的若干因素、译文对象的不同、时间和空间的因素、传播方式与渠道等多种要素互动决定的,语言学研究模式排除了太多的要素,只专注于语义和句法关系,其不合理之处太过明显。以上每种要素都可以因受到强调而引起其他要素的相应变化,从而形成不同的译文。在这种活动中,开放的思想方法和多元的思维风格是断不可少的。

2.7.2　在学习中应避免的几个倾向

在目前我们的解构主义翻译研究中还表现出几种倾向,是应该避免的。

首先是不应把在解构过程中发现的潜意识变成显意识。

解构主义的一个很大特点是发掘人的潜意识。他们善于从人们的潜意识的行为结果中找到被显意识所压制的东西,然后依此去诘难人们的意识行为之不合理性。这在翻译研究中是不乏其例的。但我们一旦认识到这种潜意识之后应如何对待它,却是一个十分重要的问题。一般说来潜意识是具有非理性的性质的。我们的意识行为也因此而压抑它,不让它成为控制我们行为的力量。但在近年来的翻译研究中,我们却看到一种放纵潜意识,甚至张扬它,任其发展,乃至让它成为一种意志性行为或目的性行为的倾向。这正是我们说的走向极端的做法。

例如,"翻译即改写"的提法就是其中一例。"改写"可分为有目的性的改写和潜意识的改写。如果我们根据需要对一些原文作了有针对性的改写,如把一部科学性很强的文献译为针对普通读者的科普读物,或者文学翻译中将非关键情节删去,保留主要情节,产出简译本等等,这自然不是解构主义翻译研究者所说的"改写"。他们所说的改写是一种潜意识的行为结果,即译者并非有意识地去改变原文,其显意识中仍然是如何尽量"忠实"地去翻译它。但是在他的头脑中先有、先在、先识的前理解构成了它已有的视域,这个视域与其他读者或译者的先有、先在、先识前结构并不完全一样。但每个译者都没有意识到这种差异。他认为别人的理解应与自己是完全一致的,这就是因为这种前结构(或称前理解)是一种潜意识状态的。那么,当他的视域与作者的视域相融合时就会生成一定的意义,这种对话中所生成的意义就与其他译者并不完全一致。这样就产生了所谓的"改写"。所以,不同的译者在译同一部作品时,其译文并不会一字不差,有时竟有较大差异。因此我们说每一次翻译在这一意义上都是一次"改写"。通过上面的分析,我们也知道,这种改写只是人们潜意识的行为结果,而绝不是人们的有意识的行为。解构主义的阅读理论揭示了这种潜意识以及这种潜意识所产生的结果。因此在翻译上也推翻了所谓翻译中的"再现""复制""模仿"等种种说法。但有人就此基础上,对"改写"问题大肆传扬,似乎是要把这种潜意识行为表现出来的结果当成意志性行为大加提倡。这实际上已不再是对结构主义语言学翻译观的解构,而是对翻译活动的破坏、否定和解构。这与我们建立翻译学的目的是背道而驰的。因为建立翻译学的目的是建立起不同文化与不同语言之间的平等交际和交往的合理模式,对那些过分或过激的做法给予克服和抑制,而绝不是放任它们,让它们"怎么都行"!"翻译即征服""翻译即叛逆"等说法,也同出一因。

再如,"翻译是一种被操控的行为"也是一例。毋庸讳言,解构主义的翻译观打破了结构主义翻译观的那种封闭性与静止性,揭示出在翻译活动中无论原文作者或译者都不是在一种价值中立的立场上去操作的,他们也不是在真空中进行翻译或创作的。他们的意识中有着时代的影响,传统文化的积淀,民族心理的因素,意识形态、道德观、价值观等成分,这些东西无时无刻不在左右着、支配着、操控着译者,这在跨文化的对话中更显得明显。但这些操控因素也是处于潜意识层面的,并非处于显意识层面。当两种权力话语对话时人们也不会意识到。但解构主义翻译观揭示了这种潜意识,指出翻译实际是受双重权力话语操纵下的产物。这让人们意识到,翻译并不仅仅是语义—句法之间的转换,它们的下面有许多制约因素,从而开拓了新的研究视域。但问题是有些研究者过分地夸大了这种外部因素对人们潜意识的作用,把翻译活动完全置于被操控的地位,从而使翻译活动变成无所作为的被动性活动,从而也剥夺了译者的主动性与创造性。我们在认识和研究这一现象的同时也不可以把译者的主观能动作用完全抹杀,把有目的的意识性活动完全取消,从而把翻译活动的积极性和进步意义压抑下去。从历史与现实中都可以找到许多例证来说明译者在翻译活动中显示出来的主动性和操纵性。作家也是如此,因为真正的艺术家既是时代的产物,也同时是时代的先驱,如果只强调其被动的一面,而忽视他们的主动的一面,也不是对他们作用的公允评价。

在我国翻译界众所周知的严复、梁启超、林纾等人都是启蒙思想家,他们并没有完全受封建时代和传统的操控,而是借助翻译传播了资产阶级先进思想。严复翻译《天演论》意在宣扬优胜劣汰的进化论思想以促进变革维新,显然他并不屈服于封建文化的操控;梁启超译印政治小说的目的是促进国内舆论之变化直接服务于变法和革命;林纾选择《黑奴吁天录》是让国人感黑种之将亡的同时感黄种之将亡,以唤起民族的自强意识。"五四"时期许多革命先驱大量翻译马列著作也是要操控中国社会,而不是仅被中国旧传统和旧势力所操控,如此等等。这些事例说明我们在认识到翻译的被操控现象的同时也不应忘记译者的主观能动性与积极性,不能把自己置于完全被动的地位,从而忘记译者的历史使命与社会责任。

其二,不应把解构当成目的。

解构主义为我们提供了反思的方法,揭示了人类认识活动中存在着久被忽视的东西,其进步作用是十分明显的。可以说,没有这种思想方法,我们不会从结构与系统的封闭中走出来,拓展多元开放的研究向面从而发展翻译学的研究,但解构是不是我们认识的终极和目的的所在呢?显然不是。解构主义不仅不是终极真理,甚至没有给我们带来任何真理理论,也可以说它本身都不是一种完整的思想体系,作为以解构为特征的后现代主义,正如特里·伊格尔顿在《后现代主义的幻象》一书中所说:"后现代性是一种思想风格,他怀疑关于真理、理性、同一性和客观性的经典概念,怀疑关于普遍进步和解放的观念,怀疑单一体系、大叙事或者解释的最终根据。"同时,"后现代主义是一种文化风格,它已同一种无深度的、无中心的、无根据的、自我反思的、游戏的、模拟的折中主义的、多元主义的艺术反映这个时代性变化的某些方面。"① 从这一概括中我们可以看出它只是一种怀疑与反思的思想方法,是一种拆解式的文化风格。我们学习解构主义,首要的是要学会这种方法,了解这种风格,从而开拓我们的思路,从传统思维方式的束缚中走出来,换个视角审视我们已经掌握的理论,分析一下已十分熟悉的概念,看一看其中还有什么不合理之处,并由此入手去深入分析它,拆解它,并补充它原来所缺去发展它。所以,我们只应把解构主义作为一种思想方法和破除一元论的武器,以及必由之过程,而不是一种目的或结果。对于翻译研究亦是如此,解构并非目的,目的是在拆解之后的重构(reconstruction),绝不是把原来的结构拆成一堆碎片就置之不理了。我们学习并利用解构主义的思想方法的目的在于建构,可以说建构才是目的。

其三,不应把非理性当成理性。

解构主义强调了一种非理性的精神。无论是它强调潜意识的作用也好,还是在理性中去寻找不合理也好,还是指出规律性之外的非规律性也

---

① 特里·伊格尔顿,《后现代主义的幻象》,北京:商务印书馆,2000:第VII页。

好,这些都是对非理性的强调。它能够从理性中发现非理性是因为理性本身并不是完美无缺的,而且人类本身本来就既包含着理性因素也包含着非理性因素,如人的情感与理智就是明显的例子。并且理性也有不同的种类。人类的理性至少应有以下三种不同类型:认知理性(亦称工具理性)、道德理性(亦称实践理性)和交往理性。确切地说,解构主义反对的是理性主义,而不是理性精神。实际上解构主义者发现非理性的过程也正是成功地运用理性思维的结果。他们对结构主义发难,是因为结构主义对于工具理性给予了过分的强调,形成了逻各斯中心主义这样一种唯理性主义。人们对理性强调过了头就会导致对人性或主体精神的压抑与排斥。对工具理性过分地强调就会把本来为人服务的工具变成左右人、主宰人的力量。这在人类近代历史上是有惨痛教训的,而解构主义的发轫也与此相关。但过分张扬非理性也同样会带来灾难,因为非理性是人的本能、欲望、情感、意志等因素,它们具有先天性、潜在性、非逻辑性、情绪性。它们如不为理性所约束而得到放任,更会产生破坏性。人类有别于动物,正在于人类具有理性。这样人类才能进行逻辑思维,进行推理判断等认知活动,才能遵守道德地参与社会活动和从事人与人之间的正常交往活动。解构主义揭示出在翻译活动中存在的非理性因素并不是让我们因此去张扬它,放纵它。以翻译的"目的论"为例,如果我们过分强调译者个人的目的性,就必然会破坏翻译的平等对话原则,从而影响文化的正常传播。再以诠释学派为例,诠释过程如没有一种理性和客观性作为尺度也会变成过度诠释,把翻译活动的本质扭曲。在三种理性当中,交往理性又是应当在翻译学建立中起主要作用的,用这种理性原则去克服一些非理性的东西。这在解构主义之后走上重构是非常重要的,因为解构可以以发现非理性为主要任务,而建构则必须以理性为指导才能完成。所以,我们不可以将解构主义为我们所揭示出的非理性内容当成建构翻译学的理论依据。

2.8 对翻译研究"文化转向"的反思

2.8.1 为什么译学研究出现文化转向

自解构主义运动以来,结构主义语言学在翻译研究中一统天下的局面已不复存在了。在20世纪80年代后期至整个90年代,或者说一直到今天,我国译学研究表现为一种多元的和开放的态势。其中占据主流地位的是以文化批评为主的翻译研究,尤其是自弗雷德里克·詹姆逊的《文化转向》在国内译介和其他关于殖民和后殖民批评的书籍的出版,以及斯皮瓦克、韦努蒂和尼南贾纳等人一些有关翻译的文章在国内流传以来,这股风头日渐强盛,所以人们称之为翻译研究的"文化转向"。

这种研究重点的转移是有着深厚的学术背景的。

首先,由于解构主义思潮对结构主义语言学的解构、语言逻各斯中心主义的破除,文学研究和翻译研究中的文本结构与语言研究让位给了话语研究,让位给了文学文本和翻译文本产生过程的研究。这种研究深化了文本的社会性与文化性的发掘,让人们看到了隐藏在这些文本背后的力量,并把它们看成是话语与权力结合的结果,是权力话语操控的产物。所以使翻译研究从文本中走出来,不仅是走向开放的多元,更是走向了文本的背后和潜层。

其次,20世纪后半叶西方兴起的后现代批评理论与解构主义思潮的结合,对文学与翻译学等学科有极大的推动作用。自20世纪60年代以来,西方学术界尤其是人文与社会科学领域活跃着一大批批评理论家,他们的理论对整个西方学术界产生了巨大的影响。如以克里格为代表的新形式主义,德里达代表的解构主义,费什代表的读者反应批评,伊泽尔的接受理论,赛义德代表的后殖民文化研究,德·曼代表的修辞批评,米勒代表的美国解构主义,詹姆逊代表的后现代文化研究,伊格尔顿代表的马克思主义与意识形态研究等等。这些批评理论大不同于原来只关注于文本具体特征和价值的所谓文本批评,即,不再把眼光仅局限于文本内部因素,而把文本放到社会与历史中进行考察和研究文本本身的性质、作用和与社会和历史的关系等等。因此,这是从内部走向外部的批评研究。更不同于原来批评的地方在于,它是对批评本身的研究,即对批评的形成过程、运作方式、批评本身的特征和价值等的研究,因此可以说是对批评的批评,是一种关于批评的理论。这种批评必然引导人们从具体文本研究走向社会文本研究,文本范围也从文学扩大到历史学、哲学、文化学、政治学、意识形态等方面,甚至扩大到建筑学、影视学和绘画艺术等领域。

再次,经济全球化与世界文化多极化在冷战之后成为国际政治问题的焦点,这便构成了人们关注文化的时代背景,因此成了翻译研究的新视点。自殖民时期结束进入后殖民时期以来,曾有一段时间是以两大意识形态对峙为特征的国际关系,即冷战时期。自苏联解体、东欧剧变之后,意识形态的对抗让位给文化之间的冲突。美国哈佛大学教授塞缪尔·亨廷顿指出:"冷战后时代的世界是一个包含了七个或八个文明的世界。文化的共性和差异影响了国家的利益、对抗和联合。世界上最重要的国家绝大多数来自不同的文明。最可能逐步升级为更大规模的战争的地区冲突是那些来自不同文明的集团和国家之间的冲突。"① 虽然文明之间的差异未必一定引发战争,但亨廷顿指出文化之间差异性的重要性还是很有意义的。翻译活动本身就是一种跨越文化间的活动,如何处理和对待文化差异问题自然会成为研究者应予重视的焦点。这就从时代背景上提供了对这种转向的支持。

最后一点,但也是最为重要的一点是后殖民理论和文化批评对殖民时期以及后殖民时期翻译活动在殖民政策支持下与人类文化学共同参与塑造帝国形象以及殖民地民族文化身份的同谋关系的揭示,让人们真正看到翻译活动绝非是一件远离政治和意识形态的活动。一些西方学者就提出了"文化翻译学"的概念。如德贾斯维尼·尼南贾纳指出:"人类学家为自己制定的任务就是文化之间的翻译,即把一种文化翻译成另一种文化能够理解的术语。"② 他们认为原来狭义的翻译研究不仅忽视了翻译活动中蕴含的权力关系,也忽视了翻译文本的历史或历史的有效性问题。因此,"真正的翻译只能是文化的翻译"。

正是由于上述种种原因,翻译研究的文化转向已成了当前译界的一个热门话题。这种研究和讨论还可能会继续下去。

2.8.2 如何看待这种文化转向

翻译学研究目前所发生的文化转向是一个存在着的现实,我们所应做的首先是要认识它的实质,然后分析今后发展的可能趋势与对译学本身的影响,以及我们应采取的策略。

我们认为翻译的文化转向是与其他"转向"如哲学上的语言论转向等

---

① 塞缪尔·亨廷顿,《文明的冲突与世界秩序的重建》,北京:新华出版社,1999:第8页。
② 特贾斯维莉·尼南贾纳,《表述文本和文化:翻译研究和人类学》,见张京媛主编,《后殖民理论与文化批评》,北京:北京大学出版社,1999:第279页。

有本质上的不同。翻译的文化转向只是一次研究重点的转移,是目前多元视角中的一个视角,当然也是一次翻译研究深化的过程。但它仍不能取代语言而成为翻译研究的本体。尼南贾纳上述内容应是文化人类学者与文化学者们从他们的视点来研究翻译的一种努力,或者说作为他们领域中的一部分或一种方式,或从中取得例证,所以这种文化转向也并非首先发生在翻译领域,而是发生在文化人类学领域,所以说是一种"文化研究的翻译转向"。因为当西方文化人类学者研究殖民时期的非西方民族文化时,他们发现这些民族的历史是西方殖民主义"制造"出来的历史,完全是用西方话语改写的民族史志,连殖民地的法律也是由他们来制定并翻译的。这些西方话语的表述既不具有透明性,也不具经验的直接性。因此,可以说是西方殖民主义者"发明"了而不是表述了这些民族文化。然后殖民主义者再强迫殖民地民族承认和接受他们所改写的历史和翻译的法律,并把这些"历史"视为"自然",而把法律视为自己的律典。也正如尼南贾纳所说:"对于前殖民历史的抛弃伴随着人类学主体静态形象的产生。当这些优先'表述'开始被制订政策的人所采用时,它们就获得了事实上的地位。"① 所以人们说文化人类学是"西方帝国主义之子"正是这个道理。

在后殖民时期,人类学的翻译事业又变成了"不在场"的殖民主义对原殖民地间接统治的工具。以英国为例,"由于第二次世界大战的爆发,英国人类学的翻译事业在国家资助下变成了职业化。……由于民族主义的斗争力量的强大,殖民地政府准备放弃直接统治,并为不在场的殖民构成条件。在制定殖民地的政策方面,行政官员和人类学家的合作比以前任何时刻都多。"②

从上述论述我们可以看出在殖民时期以及后殖民时期人类学与翻译活动始终有一种共谋关系,是它们共同制造了殖民地的民族"历史"与"现实"。

除此以外,在文化身份的塑造上,翻译也是不可或缺的手段。劳伦斯·韦努蒂在《翻译与文化身份的塑造》一文中,生动地展示了美国是如何通过翻译在美国人民心目中塑造了战后日本的文化身份的。

---

① 转引自张京媛主编,《后殖民理论与文化批评》,北京:北京大学出版社,1999:第301页。
② 同上,第301—302页。

首先,他们为英译的日本小说制定了一条典律。选择少数作家,通过对他们的作品有选择地翻译,构筑起一个"对逝去不可复得之过往的感伤忆念"的日本文化形象。把日本"再现"为"一个被异外化,审美化了的完美的异域国度。这与其战前好斗黩武,近在咫尺的威胁性形象完全相反。"①

这一典律的设计是与美国外交政策需要有关的,使美国从本土上给了日本以文化上的支持与同情,从而达到遏制苏联在东方的扩张政策的目的。其实施者是美国学院的专家同出版业精英集团,他们携手共谋特别有效地铸造广泛的共识,并利用他手中的权力把不符合这一典律的英译日本作品排斥到边缘。这样,早期英译日本小说的典律就是极力抹去日本人在二战时期在美国人民心目中留下的阴影,给人留下一种美国式的忆念伤感的形象,似乎"在日本几乎是,历史地说,一夜间从太平洋战争期间不共戴天的仇敌变为冷战时期不可或缺的盟友。"②

当这种典律需要变更时,他们往往借助编选译文集的方式,再树立一种新的文化形象,塑造新的文化身份。这一点正如翻译理论家安德烈·勒菲弗尔所指出的:"翻译过来的异域文学一旦达到了一定程度上的早期典律化,……新编选集便可以接过正出现的典律,试图颠覆它,或者扩大它。"③ 从这一过程我们可以看出西方是如何利用翻译活动来塑造非西方文化的文化身份的:第一,制定典律,使他们要塑造的身份定型;第二,使人们信以为真,成为"事实";第三,扩大影响形成共识。

这一策略在美国英译日本小说中也同样被采用。在 20 世纪七八十年代,日本小说的翻译从早期忆念伤感已被"高度美国化,朝气蓬勃、充满活力"的日本文化形象所替代。因为这一形象更可以证明美国文化对日本文化的影响,并视之为一个西化的成功楷模。这一方面可以使美国读者深信自己价值观的正确,另一方面也给非西方国家的英语读者一个印象,即只有走西化之路才能成功,日本就是一个有力的证明。

从这一翻译过程的操纵来看,我们可以清楚地看到翻译与政治、文化、意识形态的密切关系。

---

① 转引自张京媛主编,《后殖民理论与文化批评》,北京:北京大学出版社,1999:第365—366页。
② 引自许宝强、袁伟选编,《语言与翻译的政治》,北京:中央编译出版社,2001:第366页。
③ Andre Lefevere, *Translation, Rewriting, and the Manipulation of Literary Fame*, Routledge, 1992: pp126—127.

从上述分析，我们应该已明确地看到翻译研究的文化转向的本质。这是西方文化批评学派对西方是如何运用翻译的手段把权力和文化优势与话语活动结合到一起来改写殖民地国家的民族历史，塑造他们的文化身份以及殖民者的主体地位的揭示。这种揭示从政治上讲是让人们认识西方帝国主义在推行殖民政策时的卑劣手法，以及在后殖民时期又如何故技重施以强化西方的主体地位的。从学术上讲是让人们认识到西方文化人类学和翻译文本之不可靠。而作为翻译研究者来说，即在"翻译研究的文化转向"中，我们应从中认识到翻译活动并非只是一种语言运作，并非一种纯学术的活动，而往往是与政治有着共谋关系的，我们应做的是努力建立文化间平等的交往关系。

那么，我们应如何看待这种转向呢？

首先我们应该认识到，对任何事情都应采取一种辩证的态度，对这一问题也应如此。

一方面，我们应肯定其积极方面的意义，并从这一视角深入研究在我国翻译实践中的体现。另一方面我们也必须认识到这并不是翻译研究的全部方向，它只是多元视角中的一个视角，同时应警惕用文化研究取代语言研究，即文化研究对翻译本体研究的剥夺，把翻译本体研究消解在文化研究中。

下面我们先从第一方面来看。文化转向发生在解构主义思潮兴起之时并融汇于这一大潮之中，它是后殖民批评与文化批评的一个组成部分，又有解释哲学作为其哲学基础。在翻译领域中，其作用是把人们的视线从文本结构中引出来，指向一种宏观的与开放的视野，让我们认识到在任何一种翻译文本的背后都隐藏着一种权力关系，并为我们指出了这种权力与翻译话语结合的契合点，使之与文化学、政治学、人类学和意识形态等其他社会学科相融合，从而改变了原来把翻译研究置于语言学科或文艺学科之下的地位，扩大了译学研究领域，开创了译学研究的新的局面。

但是在第二方面，我们在进行这种研究的同时也必须防止另一种倾向，即文化研究对翻译研究的剥夺，乃至导致翻译研究的终结，使翻译研究消弭在历史研究、文化研究、人类学研究之中，从而丧失其作为独立学科的本体地位。这种担心也并非空穴来风，因为从一些论述看来大有否定原来对语言关注的翻译研究并认为"翻译研究说到底是文化研究"的趋势。这种研究如果成为翻译研究的主导，那么翻译研究就很自然地会走向终结,翻译研究就会仅作为政治批评与文化批评的佐证而存在,从而使这一学科消融在政治学与文化学之中并成为它们的附庸。语言与文化虽然有着密切的关系,但语言仍是文化的载体。正如布迪厄所说:"语言的权威来自外部。"① 我们可以从下面文学的例证中看到这一点。西方殖民者为了塑造他们是世界的主人,非西方民族只是他们塑造出来的"他者"的不同身份,在殖民时期的小说中,"帝国主要是以商品的形式,以财富和商贸的形象进入19世纪小说的。不列颠被视为世界商业和文化的中心,财富源源不断地汇聚到这里,而海外的领地则表现为产品。"② "在狄更斯的《董贝父子》(1846—1848)中,与董贝父子同名的商号,则完全是按照'以他们自己为中心的商贸体系'来看待整个世界的,而'江河湖海之所以形成',为的是让他家的船只驶向'董贝父子商号'。"③ 所有这些文字表述的本身仍然是依照文本和语言的结构安排的,而对这些文字所形成的隐喻,如英国是世界中心,则是通过文化解读和政治解读才能获得的。再如上面列举的日本小说的英译问题也是如此。正因为小说中的主基调是"忆念伤感"的,所以才在美国人的心目中留下了战后日本的文化形象。这种形象如何有助于美国的对外政策可以在国内获得认同和支持,也不是小说文本结构中明示的,而是作为日本小说英译的操纵者们精心选择和设计的典律使然。这与翻译实践本身没有直接关系,而权力完全体现在对拟译文本的选择上,即,是一种文本外部活动。无论选择文本与典律设计如何,翻译的语言实践的操作性并不会有多大变化。所以,我们不能以文化作为翻译研究的全部内容,而只应把它视为多元中的一元,语言问题的研究始终关乎翻译的本体问题。本体研究是一种内部研究而非外部研究。

2.8.3 回归本体之路与双重解读的策略

对于内在性研究与外在性研究问题的争论并不是什么新鲜事。在文学理论界,这类问题早已发生并已解决。在文学界这一问题反应在文学作品的自律性和他律性的争论上。即,一种研究方式是把文本看成表征

---

① 皮埃尔·布迪厄,华康德,《实践与反思》,北京:中央编译出版社,1998:第195页。
② 引自艾勒克·博埃默,《殖民与后殖民文学》,沈阳:辽宁教育出版社,1998:第29页。
③ 同上。

社会文化现象的材料,从而把着眼点完全放在文学活动与其他文化活动或社会活动之间的关系上,而且在这两者之间更强调后者,因此,这种研究倾向于向文本的外部运动,从而形成关于文学的社会历史价值的理论和以作者意图为中心的一些理论。这些理论的共同特点是强调了文本的他律性。与此相反的研究方式是强调文本的自律性,认为文学作品是一个内涵的世界,是一个完全自足的本体,文学语言是具有自律性的系统,有其自身的特征。因此这种研究方式是倾向于向文本的内部运动,致力于确立文学独立性的理论。这样在文学领域就有俄国形式主义批评、英美新批评、结构主义批评等向心式的(内在的)研究模式。而前者包括了作者意图论、文学的历史批评理论以及读者接受批评和现代精神分析批评、马克思主义文学理论、后殖民批评、女性主义批评等社会批评和道德批评等离心式(外在的)研究模式。值得注意的是,这些理论都是时代、历史的产物,既是历史的产物就有其阶段性和局限性,任何一派都不是全能的。正如弗克玛和库恩·易卜森所说:"文学研究具有许多方面,以至于一个学者的研究不再涵盖整个领域,只有这种研究的协调分配,才能回答我们所面临的诸多问题。"①

而这两种研究范式(外在的与内在的)之间的关系又如何呢?

我们认为这两者,即文学的社会本质与文学特殊的审美本质,应是相辅相成的结合才行,是相互作用、相互制约的关系。在这方面卢纳察尔斯基曾有一个很好的比喻,他说:"科学和艺术是在一定社会中发达,而与那社会构造的发展联系,因而又与社会基础中的社会生物学的、经济学的基础之发展相联系的。……然而要断言艺术没有自己本身发展的法则不免是肤浅之见罢。水之流,由河底河岸决定:或储为止水的池,或流为静静的川,或冲击多石的河床,奔腾喷射,倾泻为瀑布奔流,左右曲打,甚至急激逆流。然而纵然河流受外面条件如铁的确定的必然所决定,是如何昭然的事实,但是河流的本质也为水力学的法则所决定——决定它是我们不能由外部条件明白而仅水的本身才可知道的法则。艺术也完全如此。"②

这就是说作为文本本身的自律性非但不可忽视,而且应予以十分重

---

① 转引自王春元,《文学原理作品论》,北京:社会科学文献出版社,1989:第3页。
② 同上,第16页。

视才行,而这对于具体的翻译活动来说,更是重要。如果我们不研究文本的内在规律,尤其是语言的转换规律,而仅关心外部条件始终也不是对翻译本位的研究,因为翻译与文学创作之不同点在于文学文本与社会外部条件的关系是一种更为直接的关系,是一定的社会条件,经济基础的产物,而翻译活动的客体是已由文字构筑成的自为存在物——文本,这种选拟翻译的文本已和产生它的历史环境有了很大距离,因而也更应关注其自律性规律,即其内部结构特征,这对翻译实践才更有意义。

纵观文学研究的发展过程也是由外到内,又由内到外的,如19世纪的环境批评与传记批评式的外部研究到20世纪初由俄国形式主义发端经由英美新批评和结构主义的转向内部的研究,到了20世纪中叶,又从接受美学为开始走向外部的研究,而后来又从读者一直走向社会、文化的研究。在翻译方面也亦步亦趋地跟着文论在发展着。在西方文化批评和后殖民理论的导引下,当前的翻译研究又产生了远离内部研究而完全倾注于外部的倾向,甚至认为这才是真正的发展方向。如"翻译说到底只能是文化翻译"的说法,就是明显的例证,这种看法显然是片面的,而且很容易变成一种误导!

那么,我们如何处理这两者之间的关系呢? 在这方面法国最负盛名的社会学家皮埃尔·布迪厄提出了双重解读(double reading)的策略。布迪厄认为社会事实中存在着社会物理学与社会现象学的对立,即存在着二维的关系体系,既包括意义关系,又包括各群体或阶级间的权力关系。所以在解读社会事件时应采用一种"双焦解析透镜",既吸取每种解读的长处,又避免每种解读的不足。第一种方法是用社会物理学的方式透视所观察事物,把它看成一种客观的结构,可以无视人们不同的看法而从客观主义的视角出发,发现其内在规律性,在这种思想导引下所出现的索绪尔的语言学和列维·斯特劳斯的结构主义以及阿尔都塞式的马克思主义等理论都具有各种社会物理学性质。

这种客观主义立场是有其片面性的,其主要危险在于它将自己构建的各种结构看成自主的实体,赋予它像真实行动者那样的"行为"能力,从而使抽象的结构概念物化,而将行动者对实践所有的经验搁置一旁,排除他们的能力作用。所以这种方法的结果会陷入化约论的陷阱,这一点在我们批评结构主义语言学范式的翻译研究中已论述过了。

虽然社会确实具有一个客观的结构,但也正如叔本华所指出的社会根本上也是由"表象和意志"构成的。因为社会上的每一个人都对世界有一种实践知识,并将它运用于对问题的认识与分析中去,这些有关意义的体验将成为总体意义的重要组成部分。因此我们对社会事件或现象不可能以完全客观主义的角度去分析,还必须采取一种主观主义或建构主义的立场来看待这些社会事件或现象。当前文化转向的翻译学研究正是采用的这种方法,即社会现象学的方法。这种方法表现为对行动者能动作用的强调,并认为社会世界就是通过这些行为者有组织和富于技巧的实践所造就的,是他们的个人策略与分类行为的聚合才使社会有了被认可的类型化和相关性体系。

布迪厄认为这种主观主义的社会现象学方法有两大弊病:"首先,它将社会结构理解为只是个人策略和分类行为的聚合,从而无法说明社会结构的韧性,并无法说明这些策略所维系的或是加以挑战的那些自然而客观的构型(configuration)。其次,这种社会边际主义也无法解释现实的社会生产过程本身得以被生产缘由及其所遵循的原则。"①

基于上述认识,布迪厄一方面主张以双重解读的方式来分析社会结构和社会事件,另一方面是超越这两种方式的对立,利用社会实践理论(social praxeology)来综合这两种途径,即首先将世俗表象搁置一旁,先建构各种客观结构,其次再引入行为者的直接体验,以揭示从内部构建其行为的各种知觉和评价。他这样认识是因为客观主义的旁观在认识上先于主观主义的理解,所以应摒弃各种先入为主之见(preconception)必须是在从主观立场上对世界作实践领悟的分析之前,因为行为者的主观性会随其在客观的社会空间中所占据的位置的不同而发生根本的变化。

为了避免对这种双重解读有任何一方面的偏废,布迪厄又提出双重拒绝的原则,"一方面拒绝任何社会性文本对绝对自主性的声称,及与此相关的对其外在关联性的否认;另一方面,它也拒绝将社会性文本直接化约为生产和流通这一文本的最一般性环境。"② 我们现在所进行的翻译研究的文化转向中所存在的问题主要在于后者,即把翻译研究化约为文化研究,而我们的结构主义语言学范式的翻译研究则犯了前一方面的毛病,即把文本看成了自足的实体。

---

① 皮埃尔·布迪厄、华康德,《实践与反思》,北京:中央编译出版社,1998:第10页。
② 同上,第200页。

布迪厄还列举了对海德格尔哲学文本的分析,说明如何对海德格尔的哲学文本进行双重解读。这一例证很典型,因为海德格尔是著名的哲学家,他的存在主义哲学有其自身的体系,而海氏又是二战期间的纳粹分子,为希特勒效过力。但无论何时,他从不曾是一个纳粹理论家,他的哲学著作长期以来一直被人们以排除任何历史因素的方式来解读,这说明哲学自身有它的特定生产场域,并有其内在的规律制约性,有着理论的特定逻辑,它完全不同于一个人在一个历史时期所发表的声明,是完全个人立场的表达而无须学术规律的制约。哲学有它自己的生产场域,有其特定逻辑以及接受场域。而文学文本也不例外,它同样有其自身的构成性规律,有相对现实的距离,它并不完全是他律的,有其自律性,因为它要受文学创造规律和文本构成规则的监督,又有语言规律的制约。

布迪厄认为只有用"哲学升华"的方式才能体现那些决定了海德格尔追随纳粹行为的政治原则和伦理原则,他通过政治解读(而非哲学解读)揭示出海德格尔哲学中那些出乎意料的政治意涵。

同样,文学文本也是一样,一方面我们应从文学文本的角度去解读,另一方面,或者说在此基础上才能进一步进行政治解读和文化解读。这一点正如法国小说评论家雅克·里纳尔在《小说的政治阅读》一书中所说:"这样,对于我们来说,语义结构如同意义结构一样,就愈发是第一性的了:首先,它提供了文本实践包容其中的框架,其次,它构成了溶入一个更为巨大的社会学结构之中的第一意义对象。"[1] 而作为翻译而言,我们虽然也应运用这双重解读的方式,但直接的翻译实践却主要在于文本解读。可能那些控制翻译出版和参与拟译文本选择的人关心的更是对文本的政治解读和文化解读。因为他们是把关人(gate keeper)。"这种双重话语的真相就存在于被公开宣称的体系与被暗自压抑着的体系之间的关系之中。"[2] 翻译实践活动是在与公开被宣称的体系打交道,而翻译活动的策划者和组织者们是在与被压抑的体系打交道。例如,在小说《名利场》中,乔瑟夫·赛特笠是英国人,在东印度公司做收税官。这一小说叙述的文字只是被公开出来的东西,而它可以被文化解读为英国是世界的主人,他们把财富从世界各地源源不断地运往英国。但这种政治隐喻并没有具体的

---

[1] 雅克·里纳尔,《小说的政治阅读》,长沙:湖南文艺出版社,2000:第26页。
[2] 皮埃尔·布迪厄、华康德,《实践与反思》,北京:中央编译出版社,1998:第203页。

文字表征,那么翻译者是否要通过政治解读也把它表现出来呢? 我们认为这当然是不必要的,也是不可能的。正是从这一意义来说,我们的翻译研究应从已被表征的部分着眼,为各类读者提供一个清晰的被公开宣称了的体系,读者可以以此为依据再做各种不同的解读。

通过上述论述我们无意批评目前所发生的翻译研究的文化向度的研究,旨在说明不可以因此把译学研究引入漫无边际的文化研究、政治研究以及意识形态研究中去,从而使翻译研究的本体受到拆解。应当承认,目前的文化研究与翻译研究的结合还有很多内容未被涉及,深度也有待加强。但无论如何这种研究也只是整体翻译研究中的一个向度,而绝非全部。更不可以算作本体研究,它仍是一种离心式的外在性的研究,而翻译学的继续发展仍主要依赖其内在性研究,即本体研究。

第三章
建构主义翻译学之知识基础

3.1 实践哲学——建构主义翻译学的哲学基础

3.1.1 哲学观念的变化与翻译研究的关系

哲学绝不是对一个时期的自然科学和社会科学研究成果的事后概括和总结。哲学总是先行性的。任何科学研究都不可能摆脱哲学思维方式来进行,哲学是一切科学活动澄明的思想前提和价值前提。尽管一个科学家并非总是以一种自觉的哲学意识在从事研究,但不等于说他不是受某种哲学观念支配在工作着。哲学思想是一切科学研究的基础。翻译研究也毫不例外。事实证明,各种翻译研究的思潮与思想都是有其哲学基础的,所以认清哲学的发展与翻译研究发展的关系,认识以往各种范式的译学研究的哲学基础,对我们进行翻译研究和建立我们的建构性翻译学是大有裨益的。尤其是在目前从理论哲学转向实践哲学的过程中,认识到这一点将是很有意义的。

我国的翻译研究走过了传统的语文学、结构主义语言学、解构主义翻译研究等范式,目前我们所从事的是建构主义的翻译学研究。它们都有各自的哲学基础。

语文学范式翻译研究之所以重灵感、凭借直觉,是与古典知识论哲学和直觉主义哲学有密切关系的。古典知识论哲学认为"人是万物之灵",是"衡量一切的尺度",这种哲学是一种本体论哲学,但是它未把精神与物质分开,它们是混沌不清的。亚里士多德把引起万物发展变化的原因归于"神",当然,所谓的神并不是上帝,而是一种"在感觉事物以外的一种永恒不变而且独立的实体",它是"万物的第一动因",是一切事物发生的先决条件,是永远先在的东西。它是一种"理性"或"纯粹思想"。亚里士多德之所以说这种思想是纯粹的,是因为它不可能思考它自身以外的事物,它自身就是它的对象。这样使得思想与思想对象成为现实的同一。这种不分主客、强调神思的思想逐渐形成一种世界观。以这种哲学思想形成的古典知识论以及从中发展起来的传统诗学和古典文论等都带上了一种神秘色彩,它们都把诗歌和文学作品的成功归于作者的禀赋与天资,视为灵感的体现。在这种思想影响下发展起来的我国传统译论也带有神秘色彩。这种思想影响深远,甚至直到20世纪末我国进行的翻译学大讨论中,仍有人认为翻译活动"全取决于译者个人,取决于个人素质与能力,包括天才与灵感","翻译是有赖于个人能力的艺术"[①]。

持这种主张的人所运用的方法是一种直觉的方法。这种方法的哲学基础可以从柏格森的直觉主义哲学以及克罗齐的美学思想中找到。克罗齐认为知识有两种,一种是直觉的知识,另一种是逻辑的知识,前者是通过想象获得的,而后者是通过理智获得的;前者是关于个体的,后者是关于普遍性的;前者是艺术的,后者是科学的。所以前者只能靠直觉或经验获得,而后者只能靠理性的推理与分析得到。柏格森更是认为凡是通过符号的处理,一切活生生的东西都成为僵死的,我们得到的都只是一些观念,它们都是可分析的、可分割的和可组合的。而对艺术作品的真正把握只能是一个直觉的整体,是读者与书中人物的交融,即,使人们自己置于对象之内,融为一个整体,以便与其独特的,从而是无法表达的东西相符合,并把这一过程视作一种生命的纯绵延过程,是一种内在的活动,它不是通过外部的分析就能够达到的。

正因为语文学范式的翻译研究有着这种深厚的哲学思想为基础,有着源远流长的古典知识论传统,所以它始终有着生命力。其主要缺陷是不能给我们提供更多方法论的东西。自20世纪80年代以来在我国流行的结构主义语言学范式的研究开始走上了不同于灵感与直觉的道路,转而关注客体,注意用语言分析的方法分析文本,注意寻找语言转换规律以及语义的对等模式。它迷信语言的共性,认为用一种语言所表达的东西完全可以用另一种语言表达出来。这种翻译观所依靠的是认识论主体哲学。这种哲学观念的转变是17世纪发生的第一次哲学转向,其代表性人物是笛卡尔。他把哲学的任务由"世界是什么"转变为"人类是如何认识

---

① 张柏然、许钧,《面向21世纪的译学研究》,北京:商务印书馆,2002:第217页。

世界的",即把人们对万物本原的思考转变为去思考人们何以能认识世界。笛卡尔把人的精神世界视为主体,把精神以外的均视为客体,从此主客开始分野。他认为世界万物变动不居是难以认识的,但在这变动不居的背后有着一种不变的东西,即理性。只有凭据理性才能认识事物的本质。所以他把他的哲学建立在理性演绎法的基础上,并以欧氏几何学为典范,因为这种几何学是从不证自明的公理出发,一步步推理出来的知识体系。他认为只有这样的知识体系才是真正的科学知识。在这种哲学思想影响下形成的结构主义语言学就是这样,它把语言视为理性的代表,是人们借以认识外部世界的理想工具,它甚至把语言的构成规律视为世界的构成规律。结构主义思想在语言学和文艺学等领域形成了一股强大的思潮,而且直接影响到翻译界,并形成了结构主义语言学的翻译观。这种哲学思想结束了主客不分的混沌状态,使人类的认识成为可能,从而使认识论得以发展,并且给人们带来了理性分析的方法,奠定了方法论的基础。同时它也打破了古典知识论留给人们的神秘主义和不可知论,促进了科学的发展。在这种哲学观和语言观的影响下,翻译研究也获得了长足的进步,人们开始把语言分析和文本分析的方法运用于翻译研究,从而产生了建立翻译科学的构想。但是,认识论哲学的不足也是十分明显的。例如,它过分强调语言规律的作用,逐渐形成了语言逻各斯中心主义,从而压抑了人的主观创造性和能动作用,过分强调齐一性而忽略人的差异性,使得科学主义在人文领域中占据了统治地位。在这种哲学思想影响下的语言学也只重视语言系统的研究而忽视对言语的研究。索绪尔就只重视内部语言学而排斥外部语言学,不注意有主体介入和情境参与的具体语言现象。在他的语言系统中,把言语主体的价值观设为中立,也把语境设定为理想性语境。这种语言观一旦进入翻译活动,必然也就导致对人的物化和把翻译过程简单化和程式化,使它变成任何人只要按语言转换规律去操作,都能得到毫无二致的译文的机械性活动。

这种静止性与封闭性的翻译研究范式被20世纪80年代中期兴起的解构主义的多元翻译研究模式所打破。在西方,苏珊·巴斯奈特、勒菲弗尔、根茨勒、图瑞、韦努蒂等人开始关注翻译中语言结构之外的诸因素,从文化、历史、意识形态、译者目的等多元视角来研究翻译问题。这一思潮也很快影响国内译界。这种研究范式的哲学基础是哲学解释学。哲学解释学是解构主义的哲学基础,解构主义思想是反理性的,它否定中心,拆解结构,批判了结构主义语言学的语言观,认为意义不是语言规律所设定的,而是一种对话的生成物,语言不是外在于主体的工具,而是人存在的方式。从而否定了结构主义语言学的翻译观,开始关注影响翻译活动的外部因素。这种解构式的翻译研究极大地拓展了传统译学研究的疆界,但是也带来了许多困惑与混乱。其中最大的问题是使翻译活动本身受到拆解,完全排除了对翻译活动中不可或缺的语言问题的研究,而将翻译研究变成文化研究、意识形态等研究的附庸。其原因是哲学解释学的语言观是一种元语言学的语言观,即,语言本体论的语言观。海德格尔曾区分元语言学与经验语言学,他说,"关于语言的科学知识和哲学知识是一回事情;我们在语言上取得的经验是另一回事情。"① 他所谓的前者就是元语言知识,而后者则是经验的语言学,即我们平时所说的语言学。元语言问题是对语言本身的反思,不指向现实世界。如海德格尔所举的例子,"'命名'是什么意思? 我们可以回答说:'命名'意指赋予某物以一个名称。那么一个名称是什么? 是一种给某物提供一个声音或文字符号亦即一个密码的标记。但一个符号又是什么呢? 它是一个信号吗? 或者是一个记号? 一个标志? 一个暗示? 或是所有这一切并且此外还有其他?"② 在实际中就会变成这样的追问:"椅子"是什么? 它是对一种家具所赋予的符号;那么符号又是什么? 等等。而不是平时我们在语言习得中所获取的经验,只要说明"椅子"是一种供人们坐靠用的家具就可以了。从上述例中我们可以得知哲学解释学的语言观有一种元语言学性质,是海德格尔存在主义哲学的一部分。海德格尔认为存在、真理、语言是三位一体的。存在的意义被规定为存在的真理,而存在的真理被展现为存在的语言,因此是语言说出存在。尽管存在先于语言,但人们必须通过语言才能抵达存在,"词语破碎处无物存在"。所以,以这种语言观是无法去解释现实生活世界中的语言问题的。按照海德格尔的语言观来看待语言问题,那么我们将永远是在通向语言的途中,永远不能抵达现实世界。伽达默尔这位哲学解释学大师也秉承了这一语言观,他指出:"语言给人类思想提出的谜根本不可能被人发现,因为对自身的深不可测的无意识正是语言的一种本性。……'语言'这个概念的出现以语言意识的出现为前

---

① 海德格尔,《在通向语言的途中》,北京:商务印书馆,1997:第128页。
② 同上,第131页。

提。……而我们决不能做到这一点。毋宁说,一切关于语言的思维早已再次落进语言的窠臼。"[①] 在他看来,"没有一种译文能代替原文"[②]。所以,以这种哲学作为翻译学的基础是不可行的,其结果必然会带来对语言的忽略而走向分散且相互抵牾的多元,即把翻译的本体拆解,只关注在这一活动中的其他次要因素。

在此,我们必须再次指出:就翻译研究而言,对语言之外的各种要素的关注都是应该的,也是必需的。但是如果要建立起翻译学的知识体系,语言要素仍是最主要的要素,离开对它的研究将是不可思议的。因为任何翻译活动都是以语言作为主要媒介的。所以西方"翻译研究"学派,如巴斯奈特、勒菲弗尔等人的"翻译学已牢固地建立起来了"的说法是很令人怀疑的,因为在这一学派的诸多著作中,有译者目的的论述,有文化建构与意识形态问题,有权力话语问题等等,而独没有语言问题的系统论述。

无论是结构主义语言学还是解构主义理论都没有很好地解决翻译学问题,其原因在于它们所依据的哲学都属于理论哲学,而非实践哲学,理论哲学缺乏实践指向,而更偏重于理性思辨。如结构主义语言学所依据的认识论主体哲学所追求的是万物中不变的本质,而排除繁芜复杂变动不居的表面现象。在这基础上形成的结构主义语言学也同样只关注语言在理想语境和没有主体价值与情感介入的纯净状态的规律。而解构主义理论更明显的表现是只从现实活动中寻找那些可以证明其观点的正确性的事例为佐证,并以此作为切入点去拆解结构,而从来不是把它的理论施加于实践活动并作为它的指导。在翻译研究中也是如此,解构主义翻译理论家可以从翻译文本中找到影响或改变翻译一般规律的例子来证明结构主义语言学翻译观的不足或错误,而从来没写出过,也绝对写不出一本如何用他们的理论去指导翻译实践的著作。也就是说,任何人都无法用解构的方法去翻译一部作品而令它完全不同于以往的译本。所以,它只是一种理论思辨的,从来就缺乏实践指向的理论。要想建立起翻译学,其哲学基础必然应是实践哲学,而不是理论哲学,因为翻译活动是人类跨文化交际的实践性活动。

[①] 加达默尔,《哲学解释学》,上海:上海译文出版社,1994:第62页。
[②] 同上,第68页。

3.1.2 从理论哲学向实践哲学的转向

认识论主体哲学,亦称意识哲学,把主要关注点放到了认识论与方法论上,这成了自笛卡尔以来一直到 20 世纪上半叶这一历史时期的哲学研究的主要内容。但在 20 世纪中叶以来哲学界涌现出许多新的思潮,如海德格尔的存在主义、伽达默尔的哲学解释学等。他们的共同特点是对语言问题的关注,并把语言看作是人存在的方式,而不是认识论所认为的语言只是外在的工具。但是他们又把语言不断神秘化,使它成了一个独立的王国,从而把哲学与人类的现实生活分隔开来,似乎在意识形态中,哲学是离生活世界最远的意识形态之一。这一时期的哲学把以认识论和方法论为中心内容的研究转向以语言研究为中心内容的变化,我们称之为哲学的语言论转向。由于这种哲学把语言看作是人的存在方式,因此在某种意义上说是向着人的本体的转向,即海德格尔所说的"此在"问题。但是对人的存在的最本质性思考只停留在语言问题上显然是不行的,对于这一点,比他们都早的马克思早就指出了,只是因为政治上的原因,马克思相关的一些主要思想,尤其是实践诠释学的思想,被西方所尘封,也因此被苏联出于政治需要而进行的实用性选择给排斥了。现在,无论是西方还是中国,都在重新认识马克思关于实践哲学的思想,从而掀起了一次哲学界中的新的转向,即从包括意识哲学与语言哲学在内的理论哲学向实践哲学的转向。

马克思早就指出人的存在的本质在于社会实践,他在《关于费尔巴哈的提纲》一文中指出"哲学家们只是用不同的方式解释世界,而问题在于改变世界",[①] 他还指出"社会生活在本质上是实践的,凡是把理论导致神秘主义方面去的神秘的东西,都能在人们实践中以及对这个实践的理解中得到合理的解决。"[②] 我们看得出马克思的实践诠释学的根本思想不同于传统的诠释学和"现代"诠释学的思想,他反对只停留在理论上进行玄而又玄的思辨,主张以人类的社会实践作为基础去探讨哲学问题,因为作为人对世界的理解与解释的方式决定着他的行为方式。人要理解和解释这个世界必须以生活在这个世界上为前提,并在从事生存实践的基础上

---

① 《马克思恩格斯选集》第 1 卷,北京:人民出版社,1972:第 19 页。
② 《马克思恩格斯选集》第 3 卷,北京:人民出版社,1960:第 5 页。

和过程中来理解和解释这个世界。因此,实践活动是全部理解和解释活动的基础,而且一切理解和解释的内容也应指向实践活动,服务于社会实践活动,否则哲学就会失去存在的意义。以往的诠释学让人们产生一种错觉,即,人们把观念的文本看成了一个独立的世界,并试图以此为基础和出发点去解释人类实践活动,而马克思扭转了这种关系,通过对理解和解释活动的起源澄明来把这种错觉颠倒过来。他曾指出:"不是从观念出发来解释实践,而是从物质实践出发来解释观念的东西。"[①] 这种实践诠释学是一种本体论的真正回归,即回到人的社会实践。人的生存实践主要有两种形式,一是生产实践,另一种是交往实践。它们都关涉人对自然实存世界、社会世界以及人的个体精神世界的理解和解释活动。在人文与社会科学领域中,人们所从事的社会实践活动主要是人们的社会交往实践,它主要是一种理解与解释的活动。所以马克思的实践诠释学思想是其主要的理论依据,而以往的各种关于理解和解释活动的理论由于哲学家们不断把语言神秘化而晦暗了它同人类生存实践的关系,所以越来越缺乏实践指向。从翻译学发展的过程我们可以十分清楚地看到这一点。结构主义语言学翻译研究把语言看成是一种理想化的东西,这已是脱离了实践使用中的语言,即言语问题,而到了解构主义翻译研究范式中,语言就已神秘化了,不是我们在说话,而是话在说我们了。现在,我们看到了,翻译活动是人类的一种重要社会实践活动,是不同文化与社会间的基本交往方式,我们只能用马克思的实践诠释学的理论来指导,走出语言的独立王国。正如马克思所说:"哲学家只要把自己的语言还原为它从中抽象出来的普通话语,就可以认清他们的语言是被歪曲了的现实世界的,就可以懂得无论思想或语言都不能独自组成特殊的王国,它们只是现实生活的表现。"[②] 马克思不仅发起了诠释学的"哥白尼式的革命",把诠释学从观念思辨转向社会实践上来,完成了诠释学批判的任务,同时通过诠释学的途径也达到了从理论哲学向实践哲学转向的目的。马克思的实践哲学还具有方法论的意义。根据我国当代学者、哲学家俞吾金教授的归纳,这种新的诠释学方法论意义在于以下两个方面,"第一条是还原法。这种方法实际上肯定了两种文本的存在。一个是有待理解和解释的观念

---

① 《马克思恩格斯选集》第3卷,北京:人民出版社,1960:第43页。
② 同上,第523页。

上的文本;另一种是现实生活意义上的文本,亦即观念文本所意指的生存实践活动本身。第二种文本是隐藏在第一种文本之后的。还原法就是从第一种文本追溯到第二种文本,也就是从观念世界下降到现实世界,通过对现实世界的理解,找到理解观念世界的钥匙。它从一开始就把理解和解释活动视为非封闭的、开放性的活动。它启示我们,唯有走出观念文本才能真正地理解这种文本。因为'意识在任何时候都只能是被意识到了的存在,而人们的存在就是他们的实际生活过程'。所以,不管观念的文本是如何颠倒、离奇、荒谬,还原法始终是有效的。这一方法是让我们走出文本,回到现实生活世界,并以此为基础和参照去理解观念文本。第二条是考古法。马克思早就指出'人体解剖对猴体解剖是一把钥匙。反过来说,低等动物身上表露出的高等动物的征兆,只有在高等动物本身已被认识之后才能理解',在马克思看来,真正的理解方式并不像古典诠释学者所强调的那样,通过对理解者的历史性消除(实际上是永远消除不了的),达到对以前文本的客观理解,相反,只有在理解者对自己置身其中的生活世界的本质达到批判的理解的基础上,他才能真正客观地理解以前的文本。……这种方法也是敞开的,它所着眼的不是作为理解对象的文本,而是整个理解活动的前提,即理解者对自己的历史性的批判性的认识。只有在逻辑上先行地解决了这个问题,对以前的文本的客观理解和解释才真正是可能的。"① 以上两种方法都是强调人的社会实践与现实生活世界的问题。人的理解问题不可能仅从客观方面去理解,因为一切物质的存在物都不是抽象的,不是人直观的对象,而是人的生存实践活动中的要素。正如马克思在《关于费尔巴哈的提纲》中指出的:"从前的一切唯物主义——包括费尔巴哈的唯物主义——的主要缺点是:对事物、现实、感性,只是从客体的或直观的形式去理解,而不是把它当作人的情感活动,当作实践活动,当作实践去理解,不是从主观方面去理解。"② 我们在这里讨论从理论哲学向实践哲学的转向的目的,就是以马克思的实践诠释学思想为武器来反思以往的翻译理论,并以此作为建构主义翻译学的哲学基础,只有这样我们才能走出语言与观念的牢笼,才能摆脱与实践无补,甚至制造混乱的理论空谈。

---

① 俞吾今,《实践诠释学》,昆明:云南人民出版社,2001:第92页。
② 《马克思恩格斯全集》第3卷,北京:人民出版社,1960:第3页。

3.1.3 哲学的实践转向对翻译研究的指导意义

前面我们说过,哲学观念的变化会带来我们看问题方式的改变,因为它是我们研究问题的思想基础和价值前提。从理论哲学向实践哲学的转向同样会使翻译研究发生一系列重大观念的变化,如翻译观、语言观、真理观、认识论、方法论以及对翻译的评价标准等。以往的翻译研究范式的一个共同特点是将翻译研究囿于观念性文本之中,没有把它置于社会交往的现实生活世界层面上,往往是以原文文本为一端,而以译文文本为另一端的语言性活动。其研究中心放在语言的转换规律或对作者原意的追寻上,而不是寻找跨文化的社会交往的规律性、合理性和可能性条件。例如,人类最早的翻译研究是受诠释学发展的影响而逐渐形成的。古希腊神学诠释学就影响了西方《圣经》的翻译,认为这是上帝的或神的意旨,所以人们带着敬畏的心情努力不背原意,甚至连形式也不敢擅动地进行翻译。因为,上帝或神的话本身就有一种超出其内容的真理性,所以翻译研究的目的是如何制定出一些独立可行的解释原则或翻译原则。这在我国佛经翻译中也有类似的体现,如"案本而传""五失本""三不易"等原则就是其例。在近代科学的发展,尤其是启蒙运动之后,神学诠释学又让位给以经典性文献阐释为中心内容的诠释活动,但这只是把神的意旨让位给圣人之言的改变。强调的仍然是如何去理解已存在意义和发现其精神实质。正是在这种观点的影响下,语文学范式的研究与翻译理论逐渐形成。当现代语言学发展之后,结构主义语言学对语言研究的重大进展又使翻译研究将研究客体由原作作者转向原作文本本身,并将语言规律作为解释原文文本的外在工具,企图凭借语言的规律性来解决翻译中的各种矛盾,并努力使之程式化、科学化,使得翻译活动成了纯粹的语言活动,与现实世界完全隔离开来。20世纪中叶以后的解构主义思潮虽然打破了语言结构的束缚,开始了对语言之外的因素的关注,使翻译研究由原来只关注语言的一元性研究而变成关注语言结构之外诸因素的多元性研究。但这并不是向现实世界的开放,仍然是观念性文本内的一种开放,即打破结构主义语言学所坚持的意义确定论的神话而揭示了意义在对话中生成的差异性特征。可以说,海德格尔和伽达默尔等人本体论的语言观不断使语言神秘化,不但没有带领我们走出观念性文本,反而把真实生活这一现实性文本也置于语言中的存在而语言化、虚化以及观念化了。观念性文本与现实性文本之间的界限模糊了,语言被当成了存在的本身。

而哲学的实践转向不仅帮助我们走出了原文文本与译文文本的对立关系,而且走出了观念性文本,开始从现实生活世界出发,从人类社会实践的角度来观察翻译活动,把它看成是一种人类交往实践的重要形式,是一种信息交流与知识共享,是一种文化间的互动性活动。我们知道交往是人的存在的基本形式,也是社会化的根本途径,是民族兴旺的力量源泉,是社会进步的强大动力。我们必须把翻译提高到这样的高度来认识,才能扩大翻译研究的视野,同时才有可能去寻找不同文化间交往的普遍性规律以及探讨合理的交往模式。

由于翻译观的改变自然会带动其他一系列观念的改变,如语言观的改变;交往活动的核心概念是理解,理解是借助语言媒介来实现的,所以实践哲学十分关注语言问题,但这种翻译观的语言观不再是结构主义语言学的那种封闭、静止、自足性的语言结构或系统,更反对把语言神秘化的语言本体论倾向,而是把关注点放在实际使用中的语言,即言语问题上,主张以对话式的日常语言为研究对象,探讨言语行为的内在规律,这正是向现实生活世界开放的最基本保证,使语言成为沟通观念性文本与现实性文本之间的桥梁。结构主义语言学只承认语言有规律性而否认言语有规律性,所以不关注言语问题,而解构主义过分强调语言的主体性,从而张扬了个体主体间的对话中意义生成的差异性,忽视了个体主体首先是社会化了的个体,是社会先行地占有了他,他必须按社会的规范去运用语言来以言行事进行交际,才能使人理解的事实。这些语言观都是不适合翻译研究的,因为翻译中的语言问题是实际使用着的语言,即言语。我们只有研究交往过程中为达到相互理解而必须遵循的言语规则,才能正确地解释文本中的语言问题。这种语言观的改变就会改变原来的语义—句法翻译模式而变成语义—语用模式。这种转变实际上是从封闭走向开放,从而把两种不同性质的文本沟通起来。

由于交往中的理解是一种双向的理解,即对话式的相互理解,而不是单向度的理解,这种相互理解包括了"两个主体以同样的方式理解一个语言学表达",也同样包括"在彼此认可的规范性背景相关的话语正确性上,两个主体间存在着某种协调;此外还表示两个交往过程的参与者能对世界上某种东西达成理解,并彼此能使自己的意向为对方所理解。"① 这种交往理论的理解观不仅联系了两种不同性质的文本,而且提出了交往伦理问题,即对交往规范性的追求。这样一来就会改变原来结构主义语言学所强调的符合性真理观,变成共识性真理观,即从求真转而到求善。符合性真理观强调了语言与所表达对象之间的一致或符合关系,如果一致则为真,如果不一致则为假。结构主义语言观认为语言结构与世界结构完全是同构的,因此用一种语言所表达出来的东西用另一种语言完全可以表达出来。因为他们相信人们正是通过用语言给世界的万物命名并划分世界的,所以在语言的图像中完全可以找到世界的图像。这种真理观在自然科学中已遇到了挑战,在人文与社会科学中就更难以适用了,因为在这些领域中,包含了情感判断与价值判断,不是可以用真或假来判断的。如甲说某部小说很好,而乙未必同意,因为他们的价值观或情感立场不相同。但如果大多数人都如此认为的话,则可以认为是真,这就是共识性真理观。交往实践正是以这种真理观为指导来寻求交往理性的,使得某种交往方式更为得体,可以为大家所接受。这样可以克服个体主体的个性张扬和各行其是而造成混乱,这对克服解构主义翻译所带来的不良后果是十分有利的。

从认识论方面,实践哲学同样为翻译学带来新的理论视角,并展开新的思路。这对我们认识翻译活动的本质是有指导意义的。在结构主义语言学的范式中,由于受认识论哲学的影响,在主、客观这两个对立项中,客观的规律性受到格外的强调,在翻译上体现为语言规律的决定性作用。把意义视为先于理解的存在,译者主体只是利用语言规律去解读文本发现它们,然后再重新编码,产生等值性译文。这样一来,译者的主体性就被客观规律所压抑,体现不出个性与差异,就如同可以随便替换的一个机器零件,成为麻木的物化物。没有超越性,没有批评性,更缺乏否定精神与创造性,由此而将翻译活动本身也简单化、程式化与机械化了。但是到了解构主义的翻译范式中,在主、客观的二元关系上,又走上了另一个极端,随着语言规律在语境中的颠覆,意义确定论的崩溃,一种以自我为中心的个体主体意识又得到张扬,从而意义任意生成,共性消失,差异凸显,使得翻译活动混乱而无序。这种现象的主要原因在于这种哲学把外部实存世界与社会群体世界以及主体精神世界都置于语言的独立王国之中,从而模糊了它们之间的界限。用这种方法看待翻译活动只能将它引致无

---

① 哈贝马斯,《交往与社会进化》,重庆:重庆出版社,1989:第3页。

政府主义的泥潭或相对主义与虚无主义的陷阱。

实践哲学则不然,它把社会实践活动看成人类特有的活动方式,即表现为对象活动,没有对象人将什么也不是,只能在客观活动中显示自己的存在。主体通过对象化的活动产生出一个主客融合的历史世界。在这一过程中,人不仅生产物质产品,同时也生产社会关系和社会制度以及观念世界和情感世界。人类在这一过程中不断地发展自身,所以实践的过程就是人对象化自身而又使对象人化的过程。正如科西克所说:"在自然的人化和意义的对象化过程中,人构造了一个人的世界。"① 人是自然的一部分,他本身来自自然;同时人又是能动的主体,可以超越自然。人是社会的一部分,受社会的塑造;但又有超越社会、改造社会的能动性。所以人从本质上来说是主观的,又是客观的,是两者辩证的统一和辩证的综合。翻译活动是一种观念性活动,是精神创造活动,也同样是人类的社会实践活动,在这一过程中也是主客观的辩证统一的过程。译者与原文作者同样是互为主客体的关系,或者说是主体间的对话活动,但他们对话所生成的意义并不都具有普遍有效性。它们必须接受社会的检验,受社会规范的制约。因为任何个体主体都不能独立于社会而存在,个人对社会来说主要体现为客体,被社会文化、知识结构、意识形态所塑造。他的目的性、独特性、批判性、超越性、革命性等无不是以社会群体与社会系统为背景的,这是他"先有,先在,先识"这一先行结构的基础。解构主义过分强调这种先行结构的独特性是忽视了它产生的共性基础。须知生活的世界是不可能单独为某人展开的。翻译活动中,译者绝不是完全自由的,他同样受着来自各方面的制约,有着与他人共享的知识基础,其译文要受社会理解的检验。那些有悖知识客观性的译文不可能被人们所接受,那些荒诞无稽的理解,也不会被人们所承认。解构主义翻译观过分张扬个性差异是完全忽视共性的普遍存在而将翻译研究推向极端。建构的翻译学是一种以实践哲学为基础的译学知识体系,它是对人类跨文化交际活动规律的探讨,因此是一种理性的重建。我们看到从语文学范式译学研究经过结构主义语言学阶段又到解构主义范式的过程,实际上是从神秘主义的非理性到语言工具理性又到怀疑主义的解构主义反理性的几次变化过

---

① 卡莱尔·科西克,《具体的辩证法——关于人与世界问题的研究》,北京:社会科学文献出版社,1989:第151—152页。

程。建构的翻译学是对解构主义的反理性的反拨与批判,重新恢复理性,但这绝不意味着回归到结构主义语言学的语言工具理性,而是建立交往理性的理性观。结构主义语言学强调语言的构成规律,否认言语的规律性,认为言语带有私人性质,是无规律的。实际上并非如此,因为人们进行社会交往涉及的语言问题不仅是语言系统或结构,而且是具体应用着的有主体参与和有语境制约的言语。人们在长期的交往实践中,逐渐形成了一种带有社会契约式的规则或规范,协调着人们的交往活动使之顺利进行,即进行合理的交往。这些规则与规范带有制度性质。它是一种协调性规则,是人们交往资质(或交往能力)的核心问题。构成性规则只能使人说出语法"正确"的句子,而协调性规则才能使人说出"得体"的话语。前者是人的语言能力问题,后者是人的交往能力问题。交往理性具有伦理学性质,也即一种交往伦理。哲学的实践转向使我们的理性观发生了根本性变化。

总之,哲学的实践转向对翻译研究会有多方面的指导性意义。它是建构的翻译学的哲学基础,是值得认真学习的。

3.2 建构主义翻译学的认识论基础

3.2.1 经验—分析科学与重建性科学的区别

长期以来形成的唯科学主义思想还在严重地干扰着我们的翻译研究,人们对语言问题的看法仍受传统语言观的影响,这些都是不利于我们翻译学建设的。哈贝马斯的普遍语用学首先就从这两个方面着手进行工作。他区分了自然科学与人文科学这两类性质不同的科学,他把自然科学归于经验—分析性质的知识体系,而把人文科学归于重建性科学。传统上翻译研究中的混乱在很大程度上就是混淆了这两类不同性质的科学领域而造成的。具体地说,人们把自然科学的方法和目标要求搬到人文学科的研究中来,因而导致人们的错误认识,以致怀疑翻译学作为一门独立学科的可能性。

哈贝马斯认为在自然科学中,"观察"是其主要活动,其目的是"认识"客观世界,其活动指向可感觉的事物和事件(或状态);而人文科学的本质则是"理解",这种活动是指向话语的意义,而不是现实状态中的事件或事物。观察中,观察者描述其观察到的现象,而理解是译解者解释话语的意义。由此可见,自然科学中的工作对象与人文科学中的工作对象是截然不同的。一个是现实的世界,而另一个是符号所构成的世界。这样的区分看似简单,但实际内涵却十分丰富,如,在观察客观外部世界时,观察者这一主体与所观察的客体不必有内在性联系,是可以把主体与客体清楚地分开的,他所观察的结果也未必与其他人进行协调。而在人文科学中,任何主体都面临一个符号所预构的世界,他所面对的是语言的中介。语言这种普遍的中介把人带入了一种基础性界分状态:即经第三人称观察者的视角把握的客观环境世界,以第二人称的参与者身份介入的社会世界和以第一人称体验和感受到的内心主体世界。因此,在这类学科领域中,每个成功的言说行为都处于下面三种关系之中:① 言说与作为现存物总体的外部世界的关系,② 言说与作为所有被规范调整的人际关系之总体性的社会世界的关系,③ 言说与作为言说者意向经验之总体性的特殊的内心世界的关系。因此,在以语言为中介的符号化的世界中,主体总是以言说者的身份出现或者以听者的身份出现,他不会是一个可以与对象分离开的主体。在交往活动中,言说者与听者是互为主体的,谁也不是谁的观察或分析的对象,而是互相理解的关系,为此,他们在使用语言进行交往时不仅受外部实存世界的客观规律的限制,同时还必须受他们共同生活的社会的准则与规范的约束,因为这三个世界都是以语言作为中介而联系在一起的。

所以看起来,在人文科学中,理解活动是比自然科学中的观察活动更为复杂的,而且它们又是存在于不同层次上的活动。哈贝马斯以下图呈现图示表示出它们的层次关系。①

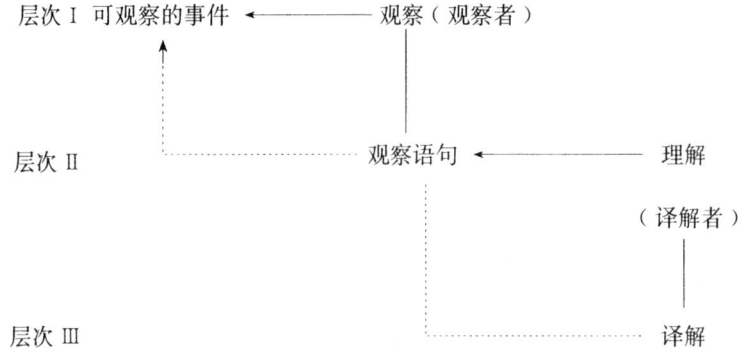

---

① 哈贝马斯,《交往与社会进化》,重庆:重庆出版社,1989:第10页。

很明显，这一图示是由两个相关图形连接而成的。第一个图形是由观察者通过观察活动把所观察事件与描述这一事件的语句联系起来，它代表了知觉性经验层面，体现了对现实的表现性关系。第二个图形是译解者通过译解活动把所观察语句与观察者联系起来，并同时与所观察事件发生间接联系，这是交往层面，其本质是理解活动，它体现了译解者对符号化所预先建构的现实的一种解释性关系，是通过言说者所报告的观察语句对观察事件的描写来重建现实的被观察方面。从中我们可以看出，语言处在第一图形的终端，是观察者描述的观察结果，又是第二个图形的开端，即一切人文活动都是从这里开始的。这说明理解活动并不与现实性世界有直接联系，而是通过语言中介发生间接性联系。因此，在这一领域中，理解活动是一种解释性活动，而不是第一个图形中的描述性活动。在理解活动中哈贝马斯所强调的不是对语句的句法—语义关系的理解，而更对言说者在言说行为中提出的有效性要求的理解。这一点是哈贝马斯的一个重要观点。他指出当我们知道是什么使得一个言语行为能够被接受时，我们就理解它了。从言说者的角度看，言语行为的可接受条件等于它以言行事行为的成功条件；从听者角度看，则是成功地理解了一个言语行为就等于接受了言说者在言语行为中提出的有效性条件，并同时意味着承担相应的行为义务。在这里"义务"是来自理解，而不是来自权力的影响，或利益的权衡。因此，哈贝马斯把合理的交往行为准则视为一种理性，这种理性是一种道德伦理性质的理性，即交往理性。它不同于经验科学的求"真"，在交往活动中是求"善"，即交往的合理性，美德可以被理解为具有与人进行合理交往的能力。哈贝马斯用这种方法摆脱了语言逻各斯的控制，同时也避免了解构主义带来的混乱。这是十分有意义的。同时也是对社会及人文活动的更本质性的认识，在这一领域中，交往行为是一种本质性行为，这种行为与自然科学中那种以认识为目标的目的性行为不同。认识的目的是追求真实性，它可以把行为情境中的他人作为客体看待，它的合理性可以用旁观者的角度去判断，语言可以作为工具看。而交往行为则不同，它要把对方视为平等的对话伙伴，并以参与者的立场对言语行为的有效性要求做合理的辩护和批判性的审查。言语行为的意义并不仅仅是语句本身的意义，而是参与交往活动的双方对言语行为提出的有效性要求的主体间认可，同时双方又承担了相应理解的行为义务。在这里语言不仅具有工具性，同样具有表达性与协调性。所以，交往活动不是以追求知识的客观性为主要目标的,而是以互相理解达到沟通为目的的。因此,在这两个不同类别的学科中,我们从目标要求到解决问题的方法都会有所不同。在传统翻译研究中,人们围绕"忠实""等值"等问题的长久争论,实际上就是把原文文本视为一种与你可以分离的客体,甚至等同于外部实存的世界了,而且把语言视为一种自明自足的系统、意义确定而精确的工具了。哈贝马斯的这一区分,可以使我们更为明确地认识到这两类不同性质的科学,从而摆脱唯科学主义的束缚,也从解构主义所带来的无政府状态中脱身而出。

3.2.2 人文社会科学中的主客体关系

从认识论的一般观点看,主体是人,是具有独立性、个体性、能动性和具有认识和改造客体能力的人;而客体则是主体所认识的对象。这两者形成统一体,即认识主体在实践中认识到他所指向的对象,主体与客体在实践中是统一的。但是在不同的学科中,主体与客体的内涵又是不尽相同的。其中,自然科学与社会人文科学中主客体内容的区别最具有代表性。在自然科学中,即哈贝马斯所说的经验—分析科学中,人类的活动主要是观察其客体,它是相对稳定的外部实存世界,人这一主体是把其观察结果用语言记录和描写下来,他要尽量使得他的个人观察结果与他人的结果相一致。所以这种主体带有一种非中心主体的特征。但在社会科学与人文科学中,客体的内涵就与前者有所不同,因为它是认识主体之外的他人或由人组成的社会,这种客体就带有许多变动不居的性质。如人的个性特征会因人而异,不同社会的文化习俗、意识形态、价值观、道德观均有差别。而且这些客体又无不受时间、地点、场所的环境所左右。尤其是在人文科学中,认识主体所面对的客体是一种已经由人预先赋予了意义的文本,一种符号载体形式,这种客体已具有了一定的主体性,不再是可以直接接触的客观事物。那么,对于这种文本性的客体,不同认知主体对它进行接受、解读、评价时,就会产生较大的差异性。其不稳定性、相对性就会增强,因而主体的独特性、相异性就会产生,而这种认识活动就变成了一种因人而异的理解和解释性活动,这种理解和解释就使人们走出原来的主—客单向的认知性质,而变成了一种主体之间的认知协调,变成一种达成共识的活动,所以这种个体主体又必须与其他个体主体发生联系,让他的理解与解释被他人所接受。正如皮亚杰在《人文科学认识论》中所说,"由于人文科学以从事无数活动的人作为研究对象,而同时又由人的认识活动来思考,所以人文科学处于既把人作为主体又把人作为客体这样一个特殊地位,这自然会引起一系列既特殊又困难的问题。"① 他进而区分了"个体主体"与"非中心主体",他说:"前者以自身的感官或自己的行动为中心,因此,是'自我'或以自我为中心的主体,是可能产生主观性的歪曲或错觉的根源;后者协调自己的行动并协调他人的行动,以人人都能检验的方式来测量、计算和推理,因而他的认识活动是一切主体所通有的。"② 所以在人文科学中人们强调的是主体的独创性,而在自然科学中,个体主体已被淹没在其他主体的一致性当中了。

3.2.3　自在客观性、主体间性与自为客观性

哈贝马斯为了重建理性,首先批判了传统上人们对理性的理解,指出原来人们的理解是褊狭的。那只是一种只在自然科学的研究中适用的"工具理性",不能代表理性的全部内容。在自然世界中,事物发展有着不受人为因素制约和影响的客观规律性,所以这些客观性是一种本身固有的、内在性的,因此我们称之为自在性的客观性(objectivity-in-itself)。人们要想认识客观世界并把握它,必须依靠语言的确定性与准确性对它进行描述和科学推理。所以人们在自然科学这一领域内要求语言的精确与严密,排除任何人的主观因素干扰,同时也不受语境的影响,使得语言所表达的意义与外部世界的事实完全相符,这是强调了语言的工具性的一面,并达到一种相应真理(或符合论真理)(correspondence theory of truth)。例如"The earth goes around the sun."这一句陈述,其意义完全是一种语义真值的判断,它的语义真假完全看与外部实存世界中的事实是否完全相符。这句话无论是谁说,或在什么语境中说,都不会影响它的真实性与正确性。因为这种客观性是一种自在性的。

从上面我们可以看出,自在客观性是把客观性定位于对象之上,强调不受主体影响的对象的自在特征、关系等。在科学活动中人们所遵循的

---

① 让·皮亚杰,《人文科学认识论》,北京:中央编译出版社,1999:第21页。
② 同上。

和追求的就是这样的自在客观性。在传统的翻译活动中，人们也是把原文文本看成是有自在特征的客观事物，只要译者按照语言规则去认真解读，进行符码转换，其原义会一点不漏地、毫不变样地传译出来的。解构主义已经瓦解了这种观念。

哈贝马斯同样也批评了自解释哲学以来给人们带来的主体自由意志的过分强调。解释哲学提倡主体间性（intersubjectivity），这是一种从主体间的关系来定位客观性的理论。但是，主体之间对话所生成的意义是否有普遍有效性，是否就是正确的，都成了无法衡量的东西。因为在人的认识过程中，人的观念是否包括真理性，是否与对象的本来面目相符合，都不是一种十分清楚的事实，因为仅在认识范围之内，意识是无法超出自身去切中在它之外的对象的。其结果必然是使主体的个体意识失去约束而成为相对主义的东西。客观性的尺度也就消失了。在认识活动中人们会认为"怎么都行"了。这不仅是哈贝马斯对目前西方社会的一种担忧，也是我们翻译研究所面临的一个令人忧虑的问题。

针对这种困境，哈贝马斯主张一种"共识真理"的理论（consensus theory of truth），他认为在人们的社会活动与人们的交往之中，不仅要有符合客观性的知识基础，又不能任凭主体个体意识的自由泛滥。社会现象与自然现象不同，社会世界是相关于社会价值和文化构成的，它是无法用自然科学的方法去验证和证明的。在社会科学中关于认识的问题人们关心的常常不是一句话的语义真假值，即不是去检验它的内容与客观世界的真实性相符或相应，而往往关心的是这句话是在怎样的特定条件下进行的，即是一种语用真理观，而不是语义真理观。例如，当你说"Your performance is really great."这样一句话时，我们要看你说这句话的动机，以及真诚性，或者是在什么具体语境下说的。我们没有必要去验证，有时也无法去验证这句话的真假值。因为每个人心目中对 great 这一概念的衡量标准是不一样的。但是，如果人人都认为他的表演很精彩，那么就是说人们认为你有理由作如此的一个陈述，并认为是合理的和可接受的。这就意味着这句话的真假值是由人们对这一陈述所达成的共识来决定的。这就是一种共识真理观，它是以社会群体所认同的准则与规范为基础形成的，这些准则与规范调节社会行为使社会行为合理有效。这种真理观中应包括与客观世界的符合性，但更体现一种社会的共识性、协调性和默契性，即一种人与人之间交往的合理性。在这种真理追求中，所谓客观性便是一种自为的客观性(objectivity-for-itself)。这种自为客观性是把客观性定位于人的社会活动实践上,从人的社会实践活动的角度来考察和揭示客观性的真实内涵。因为哈贝马斯是西方马克思主义者,所以他赞同马克思关于社会学的观点,马克思曾说:"社会生活在本质上是实践的。凡是把理论导致神秘主义方面去的神秘东西,都能在人的实践中以及对这个实践的理解中得到合理的解决。"① 所以在人们的社会实践中,我们不能把客观性完全理解为一种既定的、现成的、自在存在的东西。它还是一种在人的实践活动中形成,又在人的社会活动中发展变化的一些具有规律性的准则与规范。这种自为客观性既是由人来决定的,但又不是完全以某个个人意志来决定并可以由它随意改变的。一个主体的个体意识既是自由的,又不是完全没有约束的,它体现在主体与其他个体主体之间的关系之中,它可以使人类的交往活动得到保证,从而既摆脱了自在性客观规律的制约,又克服了仅为两个主体间的无拘无束的意义生成的随意性。所以它是一种既包括了客观知识的符合又对主体性有所关怀的客观性。这是在社会世界中人们所遵循的一些规律性,它实际上是交往行动中的协同性、协商性、默契性所构成的合理性。而在许多社会活动和人文活动中,人们正是遵循这样的一种客观性来使事物得以进行的。而这一点恰恰被翻译研究久久忽视。我们所寻求的新的理性,就是交往的合理性,它就是一些使社会交往行为能顺利进行的社会规范,具有调节性和制约性。

3.2.4　三个世界理论与翻译研究

哈贝马斯受著名哲学家和社会科学家卡尔·波普尔的启发,把世界分为三个不同类型的世界,同时也把交往关系划分为三个层面。这三个世界与三个层面密切相关。这三个世界分别是① 自然世界,② 社会世界,③ 主体世界;而三个交往层面是① 认识主体与事件和事实世界的交往层面,② 社会中实践主体之间的互动关系层面,③ 成熟的主体与其自身的内在本质与他者的主体性关系层面。

传统翻译研究者是把翻译研究放置在第一交往层面上,认为认识主

---

① 《马克思恩格斯选集》第 1 卷,北京:人民出版社,1978:第 18 页。

体(译者)是在与第一世界打交道,所以,用自然科学中的理论与方法来要求翻译工作,从此产生了求真、求确、求一致的标准。这实际上是用相应真理论套用到了人文与社会科学的领域,使用了语义真值理论来衡量译文的质量,结果遭遇失败。而持解构主义翻译观的论者只看重了主体间性的对话关系,把翻译活动放置到了第三层面上,仅仅把翻译活动局限于译者与另一个主体(实际上是客体化了主体,即作品)之间的事,而且强调主体的个体自由意识,把意义看成是主体之间对话的生成之物,可以无限衍义,使意义由确定而变成撒播和延异,这就完全丧失了所谓的客观的约束性。因为根据波普尔的三个世界关系的解释,第一世界与第二世界有着直接的交换关系,第二世界与第三世界也有着直接交换关系,而第一世界与第三世界的联系必须以第二世界作为媒介。也就是说,任何个体主体要获得知识都得经过社会世界。个体主体虽然可以直接与第一世界(自然世界)接触,但不会从中获得一种理解与解释。个体主体对自然世界的认识或获得的知识无不通过社会的理解与社会解释获得。实际上,个体的理解已是一种社会化的理解。同样,如果个体主体的理解与解释未进入社会理解中进行检验,则任何个体主体的理解都是缺乏可靠性的。因为,任何对话活动中两个主体的前理解是各不相同的,所以他们对事态与事实的理解无论在取向、方法、途径以及结果上,都会有所不同,因他们对话中所生成的意义能否被社会所承认、认可或接受,都是没法验证的。因此,这种主体间性中既缺少自在的客观性,又缺乏自为的客观性,只有主体间的相对主观性。

目前,翻译所面临的窘境就在于此。解构主义之后把客观性取消了,所以人们感到失去了理性,感到了失落与困惑。

但我们上面只涉及了第一世界和第三世界,也只讨论了第一层面上的交往行为与第三层面上的交往行为,恰恰遗漏了第二世界(即社会世界)与第二个交往层面(即交往主体同社会世界的交往)。而翻译活动又恰恰是一种社会活动,它不是人在与自然打交道,也不仅仅是两个主体之间的私人事务,而是一种社会活动。把翻译活动的这一重要的社会性忽略掉,正是我们以往对翻译定位的错误。以往的定义往往只把它局限于文本之间,而到了解构主义又把它局限于两个主体之间,这两种做法都忘记了翻译活动乃是人类跨文化的交往活动。从它产生的那一刻起它就是为人类生存而生存,为社会发展而产生,一刻也没有离开过社会世界,它不仅仅是为了人类自身的交际需求而产生,也是为了改造社会、促进社会的进步而发展起来的。翻译研究者也忽视了这一事实,居然把它长期置于这一世界之外了。这也是引起长期争论的许多问题的根源所在。

实际上,翻译活动属于涉及三个世界与三个交往层面的认知交往活动。它不仅仅是第一层面的主—客关系,也不仅仅是第三层面的主—主关系,而且是一种主—客—主的活动关系。应注意的是,这里的"主"并不是指单一的个体主体,而是复数的认识主体通过多种活动形式实现的关系系统,即不同于作者—文本—译者的关系。

首先,它应包括主—客关系,即人与自然世界的关系,它形成了人类的客观知识,而成为人类交往活动的基础,其次,在人文与社会活动中,它又是一个主—主关系,因为是交往个体主体与其他交往主体之间的对话关系。但这种关系绝不是封闭的,它仍与第一世界保持着联系。第三,一种主—主—客的关系,就是说任何个体主体对客观世界的认识与理解都是经过社会群体主体对客观知识的过滤、提纯、梳理、归纳、整合、运用、检验等,所以群体主体的社会理解与认识里面包含着自在客观性,即一种知识的客观性,同时也包含着自为客观性,那就是社会群体主体在广泛进行的交流与交往中形成一套准则与规范,人们共同遵守,以保证交往行动的正常进行。我们虽然承认个体主体与社会群体主体之间的双向构建性,但我们更应注意社会认识与理解对个体主体的制约性,即,任何未经社会理解与认识和检验的个体主体的理解与认识都难以保证其有效性或合理性。传统性的翻译研究把理解问题局限于主—客之间,而解构主义解释学派又把它局限于主—主之间,都失之片面与褊狭。而只有把这一活动放到社会认识与理解之中去接受检验与验证,即,看它是否有被社会所广泛承认和认可的解释与理解。这才能保证个体主体的理解与认识的合理性与有效性。这也就是用一种自为的客观性来制约翻译活动。

以往的翻译研究都缺乏深入的分析与细致的思考,把十分复杂的关系看得过于简单了,把联结严密的关系看成了分隔不通的片段了,把多层面的交往活动也看成了单一层面所进行的交往了。哈贝马斯的交往行为理论在这方面都作了细致的研究,提出了许多发人深思的理论,认真研究他的这一理论会十分有利于翻译学的建设。

3.2.5 从狭义认识论到广义认识论

人文与社会科学中的主体虽然具有自我中心的主体性质,即强调了个体主体之间的差异性,但绝不等于说这些主体就完全具有各自独立性、分离性和相异性。作为社会存在的人又必须是一种社会性的主体,否则他将被社会的实践性和认知性活动排除在外,成为与社会格格不入的个体主体。因为,作为一种社会的人,他必须参与社会的各种认知与交往活动,这一事实就已把它镶嵌在社会的结构框架之中了。在与社会上其他主体达到互相理解和彼此交往的活动中,他必须与他人互相协调,达成一定共识,否则互相理解和彼此交往将成为不可能。因此,他必须遵循社会结构中的一切约定俗成的契约性关系,遵守社会群体主体所形成的规则和规范,即受社会群体主体的制约。这些社会契约性的原则规范实际上是从社会群体主体活动中所抽象出来的共性原则。只有在这种规范制度下,才使得个体主体的个性不至于过分张扬,才使得社会性认知活动和理解与交往达到成功。实际上,在以交往为核心形式的社会结构中,交往是联结着个体与个体、个体与群体、群体与群体,乃至国家与国家、民族与民族之间的纽带,它带有社会的本质性特征。这种交往形式就自然会把原来认识论中的单一性主—客关系带到一种广义的认识论中来,即从单一的主体性走向复合的和多极的主体性。

传统的认识论仅以个体思维的内部机理为对象,探索其发生规律及其认知结构和评价结构系统的活动规律,因此,这种认识论模式是以单一主体为中心的主客观对立性质的,因此是狭义的认识论观。而广义认识论首先是把个体主体置于社会活动结构之中,把它看成是处于与社会群体主体的交往关系之中的一个主体存在,因为社会的各种活动(无论是物质性的,还是信息性的),均本质地反映为一种交往性关系,因此就必须打破仅针对个体主体的孤立性研究。而应把对个体主体的认知结构与认知能力的研究放到社会结构之中,即一方面把各个体主体内化为包括认知结构和评价结构、潜在结构与显性结构在内的个体思维结构,而另一方面则在主体之间由于交往活动所造就的社会群体思维以及文化意识结构中显现个体与社会群体机制的相关性和差异性,从而研究和探讨它们之间相互作用和相互影响的规律性,以及个体主体是如何受群体机制的影响与制约,并同时发挥其创造性的。在广义认识论中,原来的主—客关系变为主—主的对话关系,但这并非否定和排除客体的作用,因为这种主—主对话关系中应包括了对话主体个体对客观的认识性,即对话是建立在个体主体对客体的认知理性基础上的,否则,这种对话就失去其基础。此外,这种主—主的对话交往并非与社会其他主体无关,他们的对话交往活动还必须采用为社会群体主体所形成的制度性规范形式,并接受他们的检验,否则仅仅是个体与个体之间的对话是不可以融进社会交往的大结构的,即他们对话所生成的意义不为社会群体所认同,无法形成与群体主体的共识。因为任何个人的知识结构的形成从一开始就是存在于社会所形成的知识结构中,是人类社会千百年来对客观世界认识的结果,是经过一代代的人不断传承的结果,因此,任何个体间对话所形成的意义是否具有客观性,如不经过社会群体的检验、鉴别,是难以成为被社会所认同的知识的。所以广义认识论的框架中必然既包括对客观的认知性,又包括多极主体的相互对话性,同时,还必须有社会制度化和契约化的规则规范的制约性。

实际上,这种广义认识论是由主体与主体的个体性对话为开端,却又反映着三个世界之间的一种多极主体的对话关系。主客对立性的狭义认识论之褊狭性只有在以交往关系为核心的广义认识论中才能得到克服。

以往的翻译学研究因在认识论基础上的错误,从而导致不完全或有某种褊狭的研究。要建立建构主义的翻译学,首先从认识论的基础上进行正本清源是一项非常重要的基础性工作。

3.3 建构主义翻译学的理性基础

3.3.1 翻译研究范式与理性基础

我国的翻译研究经历了语文学范式、结构主义语言学范式、解构主义范式。翻译研究的这几种范式各有不同的理性基础。语文学范式的翻译研究强调对作品的直觉把握,带有神秘主义色彩,是非理性的;结构主义语言学范式的翻译研究以目的—工具理性为基础;解构主义范式的翻译研究同解构主义思潮的主流一样,带有人本主义的反理性特征。目前我们所从事的建构的翻译学的理性基础是交往理性。整个翻译研究理性基础发展变化的过程是这样的：直觉主义的非理性——结构主义的目的—工具理性——人本主义的反理性——交往行动理论的交往理性。要构建一种新的翻译学体系，我们有必要对以往几种翻译研究范式进行反思与批评，并从理性基础的角度进行分析和比较。

首先需明确"理性"的概念。理性是人的一种本质属性，亚里士多德最早提出"人是理性的动物"。理性有两种含义。一方面它指人的概念、判断、推理等思维形式和思维活动，被称为认知理性，康德称之为理论理性，常用于科学研究；另一方面它指人类独有的用来调节和控制欲望、行为的精神力量，被称为道德理性，康德称之为实践理性。翻译研究中目的—工具理性属于理论理性；交往理性则属于实践理性。人还有非理性的一面。非理性也有两种含义。一方面它指人的本能、欲望、情感、意志等，它们具有先天性、潜在性、非逻辑性、情绪性等特点；另一方面它指人为的排斥理性、否定理性的思想观念，即反理性。翻译研究中语文学范式的非理性属于第一类，因其强调神思、灵感，突出直觉主义的方法。直觉主义认为人们只能以直观的方法整体把握艺术之类的作品，无法对它们进行分析，只有通过情感的交融和生命的投射才能理解它们，这是艺术的本质决定的；翻译研究中解构主义范式的非理性属于第二类，因为它是人们对理性的否定、对结构与系统的拆解、对逻辑的排斥，所以是反理性思潮。

下面对各范式做更具体的分析。

语文学范式的翻译研究以直觉方法为基础。直觉是非理性的认识功能，直觉地认识事物、把握对象时，不通过概念、形象等中介做出推理判断，也不通过一系列逻辑过程，而是采用一种非逻辑方式（但不是反逻辑）。直觉是认识主体在已定的直觉认识模式基础上，直接而迅速地把握需认识的事物，即通过跳跃式的瞬间内省认识事物的本质和特征。这种认识方式是人类特有的，是人脑对事物整体把握的特殊功能。直觉的主要机制是人脑产生印象意象的机能，也含有逻辑作用以及诸如想象、情感、意志等心理综合作用。直觉地认识事物的机能大致是这样产生的：积淀经验、积累知识，通过观察—感知—意会等过程进行过滤、筛选、整合成知识定势，这种知识定势渗入人的潜意识层面。当人们面对客观时，直觉客体的意象与直觉认识模式投合，产生认识结果，这就是直觉的认识。直觉主义不可避免地崇尚顿悟与灵感，即直觉客体意象与直觉认识模式不通过逻辑和任何中介突然发生投射与投合，并认为只有这样认识结果才有完满性与整体性,才是对生命的内向观察,才能引导人们达到内心深处的生命之流,因而也才能洞察真正的实在。直觉主义认为任何理性的方法都会受功利的支配,都会因其孤立静止的分析方法而变得抽象,无法把握流变的实在。语文学范式的翻译研究不主张用语言分析的方法来把握作品,认为任何概念的分析都只能停留在表面,不能真正把握作品的内涵与精神实质;艺术作品是作者情感的倾注,生命之流的绵延,通过对中介形式的分析并不能抵达,只能通过读者(译者)与作者的情感交融和心灵碰撞实现。这种思想与中国古典美学的传统,以及重综合、轻分析的思维方式不谋而合,因而在我国有深厚的基础。虽然如此,它也常遭到批评。一是对直觉可靠性的质疑。人们的直觉是否总是可靠无人说得清,不同人的直觉又会因知识经验的不同而不同,难以确定以谁的直觉为准,因而直觉缺乏确定性、稳定性、明晰性。以直觉主义的非理性作为翻译学的基础难以形成系统的理论体系,正因如此中国传统译论只有一些散论和感悟与感想式的只言片语。二是不能形成方法论体系。直觉主义不重视对概念、形象等中介的分析,企图瞬间抵达本质并完成整体性把握,强调灵感与顿悟。虽然有时不乏深刻的洞见、智慧的火花,但是难以形成可以掌握的方法,总有一层神秘色彩,建立不起方法论体系。语文学范式翻译研究以直觉主义为基础,也就由于这两个主要的不足而难以形成翻译学知识体系,但并不是说直觉主义的方式完全不对,它还是有一定合理性的。

结构主义语言学范式的翻译研究以目的—工具理性为基础。这种理性是认识论哲学的产物,属于理论理性,它是在认识客观世界的活动中形成的理性观。这种理性观关注事物的确定性、稳定性、普遍性,认为世界万物是流变的、繁杂的,人必须寻找其中不变的规律,即万物内在不变的本质。黑格尔曾指出:"理性在世界中,我们所了解的意思是说,理性是世界的灵魂,理性居住在世界中,理性构成世界内在的、固有的、深邃的本质,或者说理性是世界的共性。"(转引自《外国哲学大辞典》)这种理性又是一种科学理性。它促进了科学的发展,使人们的理性观从神学与形而上学阶段提高到实证阶段,从而产生了近代科学。它有两个最明显的特征:客观性和系统性。客观性即把自然作为独立于人之外的一极来研究;系统性即对自然现象各方面规律进行系统研究,作出精确的理论说明,而不是对现象与经验进行简单的描述。科学进步及其带来的社会巨变使得这种理性观在人们意识中不断得到强化,甚至被当成理性的全部内容。

这种理性之所以逐渐沦为工具理性或技术理性,是因为它在实现目标的过程中充当了工具。霍克海默在《工具理性批判》一书中指出:"在资本主义条件下,理性由于被局限于目的—工具关系,已蜕变成为技术理性,既被当作统治自然的纯粹工具,也发展成为一种社会统治形式。"① 这种理性在人文社会科学中也广为流行。结构主义语言学在很大程度上体现了科学理性的特征,如排斥主体,视语言为与言说者无涉的封闭结构,只对内部因素进行系统分析,使之成为自足的体系。在这种思想指导下的翻译研究把语言视为理想的工具,翻译活动成了一种简单化与程式化的技术操作,译者主体也被物化,成为可以任意替换而结果不变的机器零件,因而失去了主观能动作用与创造性。这正如哈贝马斯一针见血地指出的:"工具理性的要害在于:它把问题本身的合理性变成了解决问题的程序、方法和手段的合理性,把一件事在内容上是否正确的判断变成了对一种解决方法是否正确的判断……把诸多复杂的现象简化为可以用规则来处理的'典型案例',从而抹杀了个性的自由和个体间的差异。"② 在这种观念指导下,语言规律成为翻译活动的主宰,形成了语言逻各斯中心主义。这种理性虽然窒息了译者的主体性,但它的合理部分也十分明显。首先,它使作品成为可认识的对象,打破了语文学范式翻译观留给艺术作品的高深莫测、只可感受无法分析的神秘感;其次,它给我们带来了方法论。理性不仅主导人们的认识活动,还是方法论的基础。建立一门独立的知识体系,方法论必不可少。科学的方法论系统都以理性为基础,非理性或感性无法形成方法论,甚至不需要方法。解构主义的翻译研究范式是非理性的,它连最简单的方法都拿不出来;语文学范式的翻译研究是感性的,它虽形成了一些方法或窍门,但远没有到达方法论的层次。只有理性才能产生方法论。方法论是对方法的研究,即把方法视作研究对象的学问,是关于行为规律的科学。方法论与理性不同,前者属行动理论,后者属认识范畴。理性帮助人们认识事物并发现其内部规律,方法论帮助人们在此基础上合理行动、改造世界。结构主义语言学的理论是人们认识语言规律的理性结果,但不同语言之间相互转化时要改变语言结构或表达形式,这就涉及行为,就必须用一定的方法。结构主义语言学是翻译活动

---

① 尤尔根·哈贝马斯、米夏埃尔·哈勒等,《作为未来的过去——与著名哲学家哈贝马斯对话》,杭州:浙江人民出版社,2001:第180页。
② 同上,第181页。

的理论基础,因此翻译方法基于它而来。从这一角度来看,方法论是理性知识的结果和表现形式,或者说是它的直接形态。从这一意义上来说,结构主义语言学为翻译研究提供了丰富的理论准备,只因其封闭性、静止性、排斥主体性才受到解构主义的诟病,它的合理部分还是不容忽视的。

解构主义的翻译研究范式以反理性为基础。反理性是整个解构主义思潮在人文社科领域的一种表现形式。解构主义的社会思想根源在于人本主义。这种思潮把关注对象由自然转向人类自身,由社会的人转向个体的人,并从对真理和方法的研究转向对人的存在和性质的研究。它的特点是反对传统、反对中心、反对规律性、反对整体性、张扬个性、强调意志、突显差异、否认标准,以上这些特点显然都是反理性的。作为一种文艺思潮,它的哲学基础是解释哲学,倡导"消融结构",发现作品中的"无意识原形",语言更被不断神化、虚化,与现实的联系被切断,不代表任何事物、更不代表真实世界,语言成了没有固定所指的符号,只是一种痕迹,既无确定所指也无确定的意义。在翻译研究中,解构主义者强调了意义的对话生成性。他们认为,读者作为对话参与者,各有不同的先在性知识,不同的"先有、先在、先识"视域,在与作者对话时生成的意义自然不同,因此每次阅读和翻译过程都是一种改写过程。这就拆解了语言的规律性,使翻译既无可能性,更无标准。从根本上说,解构主义的翻译研究范式突出自我表现,否认社会认同,主张无规则、无标准、无模式的相对主义。它主张多元,反对一元,但它的多元是分散的、无关联的,有时甚至是彼此矛盾或冲突的,如文化因素、译者目的、意识形态等,它反对的一元恰恰又是所有翻译活动的中介与载体——语言,因而使它带上了不可治愈的硬伤。以上种种弱点都与它反理性的思想基础直接相关。

3.3.2 翻译研究中的理性定位

通过上述分析,我们已认识到以往几种翻译研究范式理性基础所存在的问题。建立翻译学的知识体系离不开理性,因为任何一门学科都是一种理性的构建,即使是对非理性的研究也是理性的,正如给精神病患者看病的医生必须是正常人一样。上述三种翻译研究范式中,只有结构主义语言学范式是以理性为基础的,但它的理性是目的—工具理性,更适合于自然科学的学科,因为只有自然科学的学科才可以做到无涉价值和情感,其结果可以接受任何个体主体检验和证实。这一点已被结构主义语言学翻译研究范式所暴露的缺点所证明。那么,怎样的理性才适合作为翻译研究的理性基础呢? 从某种意义上来说,解构主义思潮的反理性倒给了我们很大启发。解构主义反对理性,主要是针对以目的—工具理性为基础的科学主义在人文社科领域中的霸权主义,针对它排除主体、贬斥人的主体因素、压抑人的精神、忽视人的存在等倾向,它转而关注人的问题,这一点是可取的。但它为了反对这种工具理性或技术理性,突出人的精神,过分强调个体的人的存在,忽视了人的社会性存在的一面。社会学家迪尔凯姆曾指出,人有两种存在形式,一是人的自然存在,二是人的社会存在。解构主义强调的人本问题实际上只强调了第一种存在形式,它以人的自然存在为基础,重视人的本能、欲望、感受、情感、意志等非理性的一面,并以此为武器攻击和反对理性。解构主义不关注人的社会存在是因为社会存在突出了理性的一面,不利于它的反理性。社会与理性是相辅相成的,社会必须建立在理性的基础上,理性也必须在社会中形成。社会存在强调普遍性与共性,因此迪尔凯姆这样一些社会学家主张把社会现象当作自然现象看待,把社会看作客体。孔德也曾指出:"人类生活现象,虽然比其他任何现象更为可变,但它们也服从于不变的规律。"① 迪尔凯姆认为社会现象由集体性的信仰、倾向和守则构成,它有特别性质,是存在于人们身体之外的行为方式、思维方式、感受方式,通过一种强制力施加于每个个人。② 这种强制力是一种制度性和契约性力量,是人们长时间在社会活动实践中逐渐形成的、为人人所认同并自觉遵守的社会规则,这些规则就带有理性性质。翻译活动是一种跨文化的社会性活动,不带有私人性质。译者尽管是个体的人,但作为社会活动参与者,他必须更多体现社会存在的性质,必须受社会的制约。他的译品绝不仅是他个人的感受或感觉,也要能够让别人领会,应能被明确理解。解构主义翻译观过分强调理解的差异性、个别性,只能导致翻译无法进行或不可译。它的反理性基础也存在问题。虽然各人有各人的"先有、先在、先识"的前理解,在同作者对话时生成的意义不尽相同,但他们的知识基础大致相同。人类获得的知识都是经过社会的过滤、筛选、分析、归纳、证实、证伪、分类、整合,最终留下来的

---

① 孔德,《实证哲学概观》,转引自夏基松,《现代西方哲学教程》,上海:上海人民出版社,1996:第40页。
② 爱弥尔·涂尔干,《宗教生活的基本形式》,上海:上海人民出版社,1999:第18—20页。

稳定的内容,它们再通过相应的组织形式(如学校)传输给个人。尽管每个人的社会、情感等经历不一样,但是人们都是社会的成员,生活在一个自然实存世界中,共性毕竟在人们的知识视域中占主导地位,否则每个人都像处于一个完全不同的世界,没有共性的东西可供沟通,如何能够相互理解,社会又如何维持呢?总之,解构主义过分强调个性,走上了极端,导致翻译不可译、无规则、无标准。如果我们认识到翻译活动本来就是社会活动,其理性问题就可迎刃而解了。翻译活动是一种跨文化的传播与交往活动,是人类的基本存在方式之一。人类的社会交往活动主要有两种形式,一是物质交往,二是精神交往,翻译活动属于后者。翻译既然是一种社会性活动,就应遵循社会规则和规范,即遵循理性原则。在交往活动中的理性原则就是交往理性。翻译研究应从交往理性出发探讨其中的一些问题。

3.3.3 建构的翻译学的理性基础:交往理性

结构主义语言学范式的翻译科学幻灭了,解构主义翻译研究范式又拆解了翻译活动。针对这种情况提出的建构主义的翻译学显然带有重建性质。建构的翻译学理论基础是哈贝马斯的交往行为理论;理性基础是交往理性;哲学基础是实践哲学。

哈贝马斯认为"理性"既不是西方哲学史所说的超时空、超历史、越实在的先验"本体",也不是人的精神先天固有的内在逻辑,而应把"理性"从先验层面下降到实践层面,即在人的社会实践中来检验和解释理性。他认为理性是人在生活实践中通过学习获得的能力和资质,他在《话语伦理解释》一文中写道:"理性……必须看作在实践中生成的,即人作为主体在社会化过程中习得的后天能力。"[①] 所以交往理性实际上就是人正确与他人交往的能力,人不断学习和适应各种社会规范并渐渐融于社会,在这过程中形成交往的能力。因此,交往理性就是使交往活动合理。哈贝马斯认为:"交往的合理性概念包含三个层面:第一,认识主体与事件的或事实的世界的关系;第二,在一个行为社会世界中,处于互动中的实践主体与其他主体的关系;第三,一个成熟而痛苦的主体(费尔巴哈意义上的)与其

---

① 哈贝马斯,《话语伦理解释》,转引自哈贝马斯、哈勒,《作为未来的过去——与著名哲学家哈贝马斯对话》,杭州:浙江人民出版社,2001:第184页。

自身的内在本质、自身的主体性、他者的主体性的关系。"① 从这一论述我们不难看出哈贝马斯把交往活动置于三个世界的背景中了,即自然实存世界、社会世界、个体主观世界。哈贝马斯还对这三个层面的交往内容分别提出了普遍有效性要求。对自然实存世界的断言式陈述要真实;对社会世界成员的调节式交往话语要正确(得体);对个体主观世界的内心感受表达话语要真诚。哈贝马斯也要求言说者使用的语言本身可领会,即要求句子的语义语法正确。哈贝马斯认为只有这样,才能使交往活动的参与者处于公认规范的话语背景,从而彼此获得认同。他所谓的认同就是相互理解、共享知识、彼此信任、两相符合的主观交际相互依存。交往理性就蕴含于这种合理的交往之中。

从上面提到的"三个世界",我们可以看出哈贝马斯是从实践哲学的观点,不是从理论哲学的观点来讨论问题的。这三个世界就是我们的现实世界或生活世界。"三个世界"观念也是交往活动的核心性概念,因为"任何理解都以它为背景,交往活动者也总在他们生活世界的视野内运动;他们不能脱离这种视野。"② 这种解释有力批驳了解释哲学过分张扬个性的反理性。哈贝马斯认为"生活世界构成行动环境的直观性前理解脉络,同时生活世界给解释过程提供了富源,交往参与者正是借助于解释过程力求满足不时在行动环境中产生的理解需要"。③ 哈贝马斯还认为交往参与者始终处于生活世界,生活世界的三个结构层次(文化、社会、个体)始终互相联系,构成复杂的意义关系网络,形成一个"信念储存库"。因此交往参与者的任何前理解或先在性知识都可以从这个共有的"信念储存库"中提取。这就强调了共性与普遍性,显然带上了理性的性质。

哈贝马斯还反对把语言神秘化,反对把语言与现实世界割裂或把现实世界等同于语言。他认为语言本身蕴含理性。在他看来,近代理性不再是一个完整的概念,而是由工具性、道德性、审美性三者组成。语言是维系三者统一的纽带,体现在人际交往通过语言进行,语言交往既包含上述三种理性的不同要求,又体现了三者的联系与统一。前面所说的三个

---

① 李安东、段怀青译,《现代性的地平线:哈贝马斯访谈录》,上海:上海人民出版社,1997:第57—58页。
② 尤尔根·哈贝马斯,《交往行动理论·第二卷——论功能主义理论批判》,重庆:重庆出版社,1994:第173—174页。
③ 薛华,《哈贝马斯的商谈伦理学》,沈阳:辽宁教育出版社,1988:第33页。

普遍有效性要求(真实、正确、真诚)正是分别体现这三种理性的。

三种理性之中,哈贝马斯最看重道德理性。道德理性又称实践理性,其核心内容是承认和尊重一定的规范标准。只有这样才能保证交往的合理性。结构主义语言学只强调语言内部的规范标准,也就只能保证语言本身的正确性,满足语言作为工具的理性要求。它可以用来准确地描述客观事实,但不能满足人际交往正确性(得体性)的要求。人际交往中还要求言说者使用最得体、恰当的语言。这就需要语言规则之外的另一套规则了,即协调性规则。协调性规则是人们在长期社会实践中逐渐形成的社会规范,带有契约性质,人们只有遵守这些规范与规则才能顺利地进行交往,这就是交往伦理问题。哈贝马斯说:"实践理性……不仅注重行为的可能性与目的性,而且还把'真与善',即道德原则,作为自己的前提。用一个古典的术语来表达,那就是,它首先属于伦理的范畴。"[①] 为了专门论述这一问题,哈贝马斯在完成巨著《交往行动理论》之后又撰写了《商谈伦理学》一书,试图向现代社会提供一个相互理解、为各交往共同体成员所同意的道德规范体系。这些都为目前的翻译研究提供了有力的思想武器,不仅可用来处理翻译中语言的施为层面与表达层面的关系,还可用来处理国际间文化交流的不平等现象。

目前,翻译领域仍存在严重的不平等现象,这不在于强势文化与弱势文化之间在翻译数量上不成比例,而在于一些强势文化不尊重弱势文化,企图实现一种新的、后殖民时期的文化殖民主义,即用强势文化改造、改变弱势文化,提倡文化的甚至语言的全球化,从而用他们的文化观、价值观、道德观、意识形态取代其他文化,形成一种文化霸权。交往的理性有助于建立平等交流、相互尊重、相互理解、知识共享的良好翻译模式。

3.4 建构主义翻译学的真理观

3.4.1 不同翻译研究范式中的真理观

人们平时常常使用"真理"这一词语,但是一旦被问到什么是真理时,

[①] 哈贝马斯、哈勒,《作为未来的过去——与著名哲学家哈贝马斯对话》,杭州:浙江人民出版社,2001:第184页。

却又往往不知如何回答。不仅对我们一般人如此,在哲学家中间,这也是极富争议性的问题。因为它是一个人的哲学立场的标志,也是人们对世界看法的表现。在不同的研究领域,人们也会有不同的真理观。

翻译所经历过的几种不同研究范式也同样涉及不同的真理观。语文学范式的翻译研究强调直觉作用,凭借灵感与悟性,这是因为这种范式的研究是建立在心灵真理观上的。例如克罗齐认为人的心灵活动即美、真、益、善的人生价值的创造过程,心灵就是整个实在,是人生意义的来源,是人所以为人的根据,除了心灵之外没有其他实在。人不应当在虚幻的彼岸去寻找真理,而应当在近在咫尺的人的胸腔里去寻找真理,因为心灵的个体自我有着本能的活动性和对对象的统摄力,其方法是一种先验的综合。这种先验的综合包括审美的先验综合、逻辑的先验综合、经济的先验综合与道德的先验综合。这种综合体现先验认识形式与情感或意向以及先验实践形式对判断或利益的作用过程。因为这种先验综合来自感性经验,它可以提供新的东西,并具有共识或公设意义上的普遍必然性,所以它同样具有创造性,具有知识和科学的属性。这种真理观是一种心灵哲学的产物。印度著名哲学家、诗人泰戈尔同样认为真理有两类,一类是自然界真理,另一类是心灵真理。前者揭示自然界事物的本质,它需靠科学与分析的方法获得,而后者是关于心灵活动的奥秘,它只能凭借直觉体验的方法去证悟。许多艺术家钟情于这种真理观,认为艺术即直觉,它独立于理性,因此不主张以分析的方法去研究。

结构主义语言学范式的翻译研究深受科学主义的影响,以符合论真理观(correspondence theory of truth)作为基础。符合论真理观认为真理是某种负荷者与它所表达(或代表)的对象之间的关系,如果它们相符则为真,否则为假。如人们可以用语言来陈述一件事情,那么语言就是所陈述内容的负荷者,如果语言表达与事实是一致的,那么,这句话就是真,反之则为假。这种真理观把语言视作媒介工具,并蕴含了主体与客体的二元对立项,语言使用者是主体,所陈述对象为客体,它所预设的前提是语言与外部世界具有同一性。这是一种认识论的真理观,它在各种真理理论中占据重要的位置,也是最古老与最传统的一种真理观。

符合论真理观受到海德格尔等人的质疑。海德格尔指出,陈述把一个被陈述对象表象为某物,是由与言说者相关联性来表象的,因此,这一被陈述的对象只有在人的关系环境中才是可理解的。人们只有向着事物保持开放,把自己的行为置于与它们的关系之中,才有可能进行符合论真理观的表述并判断其正确与否(即真假),所以"关系"是十分重要的。比如,我们最初认识某人,说他很冷漠,但后来接触多了,或成了朋友,我们又发现他很热情、友善。这种判断的变化是因为我们与他之间的关系变化了。这说明陈述的真理是依赖于其他一些东西的,即有赖于言说者的敞开状态。所以海德格尔说:"如果只有通过行为的开放状态,陈述的正确性(真理)才是可能的,那么,首先使正确性得以成为可能的那个东西,就必然具有更为源始的权利而被看作是真理的本性了。"[①]

这说明真理的本性并不寓于陈述之中,陈述可以是真实的,也可能是错误的,而且也可以是变化的。因为言说者与陈述对象之间的关联是变化的。这就使我们不得不从另一条路径上去探讨真理问题,即,其前提条件的问题:是什么使得人让自己的行为保持开放成为可能?海德格尔有一句名言:真理的本质即本质的真理,这句话很像一句语言游戏,但它却把人们从符合论真理的认识论途径转向了本体论途径。因为要对前半句(真理的本质)的问题做出回答,我们只能从认识论的角度去陈述真理的性质或实在性。而后半句的问题(本质的真理)则需要我们转向向之提问的存在者了。海德格尔认为,为了以一种有意义的方式提出存在问题,我们必须质疑恰当的存在者,"对存在的领会本身就是'缘在'之存在的明确特质。"[②]

我们都知道,海德格尔所说的"缘在"(Dasein,亦译"此在")就是指我们每一个所是的那个存在者。他的意思是我们要想弄明白"存在"的含义,首先要了解我们作为发问者自身。而我们作为发问者的"缘在"已处于世界之中并成为其中的一部分了,我们不可能在世界之外找到能够理解这个世界的位置。所以,世界就是我们与存在之万物的相遇之所。"缘在"与万物是一种处境的和关系性的存在。我们每一个"缘在"(此在)总是已经处于世界之中而又体验自身的,我们与世界中的事物紧紧地缠结在一起。但事物总是只能把某一面呈现给我们,我们所得到的只是敞开的一面,而其遮蔽的部分我们无法领会。所谓真理,在海德格尔那里,就是世界的无遮蔽状态。我们寻求真理的过程就是一个不断去蔽的过程。

---

① 转引自帕特里奥·奥坦伯特·约翰逊,《海德格尔》,北京:中华书局,2002:第52页。
② 同上,第18页。

实际上,人一出生,一入世就已被抛到真理之中了,但这并不是说人已经进入了真理的全真境界,有许多迷误、歧途、假象、晦暗与遮蔽在包围着我们。我们必须不断去蔽,使人类行为向一切事物敞开,这样才能展示真理。

因此,我们说海德格尔的真理观是一种本体论的真理观,他把人们对真理的认识从认识论转到人的存在这一本体上来。但是这种本体的回归并不是一种彻底性的,即,没有把他的思路从对"缘在"的关注转到人类的社会实践上,而是转移到语言上了。海德格尔认为"缘在"(此在)是作为言说者而归属于这个世界的。我们也居住或栖居于语言之中,一切存在物也都是最初以语言命名而呈现出来的。所以,"语言就是这居有且揭蔽的发生。如果我们思语言,也许能够更为居有地理解我们自身和我们与存在的关系。"① 因而他选定了语言论的转向。他认为"被理解为逻格斯的语言,也许是经验存在的一条道路,它比缘在分析要有帮助得多。"② 伽达默尔也基本是这样的观点,他同样认为能够理解的存在只有语言。

海德格尔等人忽视了这样一个问题,即语言是存在的家园,但语言毕竟不是存在本身。他过分夸大语言的作用又使我们被语言所遮蔽,使得真理更难以道说,因为我们不得不用语言揭开语言的遮蔽。

对于真理问题,马克思早就有过阐述,他在《关于费尔巴哈的提纲》一文中指出:"人的思维是否有客观的真理性,这并不是一个理论的问题,而是一个实践的问题。"③ 也就是说,我们只能从人类的社会实践中去寻找真理并获得真理。应当把真理看作是人对有意义生活的一种表达,它不在语言之中,而在现实世界之中,在生活之中。这是一种所谓的"生活真理观"。现实世界是一个关系的世界,这种指向生活的真理必须是他人也能理解的"共识",因此它带有普遍性质。尽管从表面上看这是一种主体间共识,似乎与客观无涉,其实不然,它同样也包括了人类同客观世界之间的关系。人类在这现实世界中从事着认识世界与改造世界的实践活动,所以自然包括了人对客观世界的认识问题,而且实存世界客观性与映现性都是生活之表达真理的基础规定。因此,共识性实际是一种主体间性与主客间性的内在统一,从而超越了单纯主客关系的符合论真理观和

---

① 转引自帕特里奥·奥坦伯特·约翰逊,《海德格尔》,北京:中华书局,2002:第89页。
② 同上,第87页。
③ 《马克思恩格斯全集》第3卷,北京:人民出版社,1960:第3页。

只存在于语言之中的本体论真理观。

哈贝马斯的交往行为理论就是以这种共识性真理作为其真理基础的。

3.4.2 共识性真理及其特点

哈贝马斯认为,在生活世界中对真理要求的偿还或兑现并不是靠表达与现实进行直接对比来实现的。它们之间也不存在可对比的关系,社会现象是由相关的社会价值和文化意义构成的,因而不能用自然科学的真理观去检验和证实社会科学的理论,从而否定了符合论真理观在人文与社会科学领域的适用性。他同时也批判了海德格尔的本体论真理观,指出海德格尔的理论承认个体的"此在"实际上是扎根于世界当中的,而且个体还保留着独立筹划世界的资格,即具有独立创造世界的潜能,但这必然会面临以下的困难:"一旦意识彻底分裂成无数个创立世界的单子,那么,从各个单子的角度来看,如何才能建构成一个主体间性的世界,而且在这个世界上,一种主体性不仅能够把另一个主体性当作客观对象,并且还能在筹划世界的原始能动性中与之照面。如果按照此在的现有前提,那么,这个主体间性问题就无法解决,因为"此在"只有在孤立状态下才真正可能筹划自身。"① 这实际上就是批评海德格尔的理论立足于"此在"(缘在)而造成的个性张扬和给主体间性带来的困难。同时哈贝马斯还批判了海氏借以建立本体论真理观的基础,即语言问题。他指出:"本体论的转变依靠的是作为处于存在历史彼岸的事件的语言媒介。主体间性的问题因此也就变得毫无意义。但存在本身却获得了自主,它以迅雷不及掩耳之势控制了语言世界观的语法演变。后期海德格尔把语言创造意义的潜力抬到了绝对的高度,但他这样做又导致了一个新的问题,就是说,语言解释世界所发挥的预断力量,使得世界内部的整个学习过程失去了意义。本体论的前理解永远处于统治地位,它确立了社会化的个体在世界中的实践范围。"② 这主要是批判海德格尔把语言的功用与能力过分地提高,并且对个体主体前理解的过分强调,使得社会制约性与规范力量

---

① 于尔根·哈贝马斯,《后形而上学思想》,南京:译林出版社,2001:第40页。
② 同上,第41页。

和社会知识统统失去功效,从而使得人类的交往活动无法进行,主体间性问题也失去了意义。

为了扭转语言本体论的真理观,哈贝马斯指出:"只有转向一个新的范式,即交往范式,才能避免做出错误的抉择。具有语言和行为能力的主体用共同的生活世界作为背景,就世界中的事物达成共识,相对于语言中介而言,他们是自律的,又是依附的,他们能够把他们的实践得以可能的语法规则系统据为己用,两个环节同源同宗。一方面,主体一直都是出现在一个由语言建构和阐释的世界里,并依赖着合乎语法的意义语境。就此而言,相对于语言主体,语言只是一种前提和客观;另一方面,由语言建构和阐释的生活世界的立足点在于语言共同体的交往实践。在交往过程中,语言建立起来的共识取决于交往参与者对待可以批判的有效性要求所持有的肯定或否定的立场。有了语言建立起来的共识,时空中才能形成广泛的互动。"①

在这里,我们看得出哈贝马斯把语言看成是一种媒介与客体,它是一种理性的构成,即受规律制约,它联结着主体,又制约着主体,而主体一方面具有语言能力,另一方面又具备建立合理人际关系的交往资质。因此,主体一方面要受语言构成规律的制约,另一方面,又要受交往共同体长期所形成的社会交往规范的制约,即受语言使用中的协调性规则的制约。在这种交往中,人们不仅仅是以陈述与事件的相符性作为真假的判据,同时还是参与者对所沟通事项背后的理据有共同的理解,并且接受其有效性。交往双方都是以现实生活世界为背景,即用语言把外部客观的实存世界、主体间性的社会世界和个体主体的精神世界联结起来。哈贝马斯所提出的"有效性要求"包括表达外部实存世界时,要求真实性;在人际交往中,语言使用要求恰当性(或正确性);在个体主体表达主观精神时要有真诚性;对语言本身的要求则是可理解性。这样人们在交往中,就会创造出一种合理的交往环境,当人们通过交流与协商,克服彼此间的差异性而达成共识性见解时,他们就是获得了一种相当于"真理"的东西。哈贝马斯认为在社会交往中,这种共识是可以当作真理一样看待的。

这种真理观有以下几方面的特点。

首先,这种真理观以现实的生活世界为背景。哈贝马斯认为,"生活

---

① 于尔根·哈贝马斯,《后形而上学思想》,南京:译林出版社,2001:第42页。

世界类似发言者和听众所遇到的先验的地方,在这种地方,他们可以相互提出要求,就是说,他们的表达与世界(客观世界、社会世界或者主观世界)相适应,并且在这里,他们可以批评和证实这些要求,排除意见不一致,取得意见一致。"① 哈贝马斯十分强调生活世界这一种奠基性的作用,因为它是我们的直观的视野,具有原初自明的性质,因此具有经验性、直观性和可信性。这种背景为我们理解知识和进行社会批判确定了一个意义基础和价值之源,这是因为生活世界是一种总体化的力量,它包含了社会空间的总体与历史时间的总体。人类的生活历史都交织在这一生活世界,一切知识与经验都在这里积淀,所以一切个体与交互个体都要受到这种总体力量的制约,同时又参与着生活世界的总体化。这一点也如哈贝马斯所指出的,生活世界,作为交往行动者一直在其中运动的视野,通过社会的结构变化整个地受到约束和变化。

其次,这种真理观预设了主体际性,因为共识本身就预设了互为主体性和主体间的差异性。因为共识本身是一种主体际的认可性,或认同性,那么它必然是包含有多个主体,而不是单一主体,也不仅仅只是两个主体的所谓主体间性,而是一种社会总体性的主体间性。当人们最初形成对某事的认识时,往往只是一种个人的或少数人的看法或意见,甚至是一种假设,彼此之间存在差异性,因此它们可以在被质疑、被诘问、被争辩、被比较后才得以被否定或被证实,直至最后在共同体内达成共识,这种共识是一种正确而可靠的知识,它们被社会所记忆并传承而成为人类知识的一部分。由于这种知识的形成有一个时间阶梯,所以也有人把这种共识性真理称作历史性真理论(genetic theory of truth)。它是在驳杂不一的意见的争辩中浮现出来的,是得到共同体成员间(主体间)共同认可的。不仅知识的形成与积累可以通过这种方式得以确定,社会中的文化、习俗、规范也往往如此,当它成为一种共识之后,人们就遵守它,它也因此制约共同体成员的思想与行动。

再次,共识性真理观把语言视作客观的先在性条件。在结构主义语言学范式的翻译研究中,语言构成规则成了中心,主体的能动性已被排斥或压抑,一切都成了机械性运作。而在解构主义范式的翻译研究中,语言的规律性受到否定,语言又被赋予了过分的主体性,让个体主体的前理解

---

① 尤尔根·哈贝马斯,《交往行动理论》,重庆:重庆出版社,1996:第174页。

成了理解活动的主宰,结果差异性突显,而共性被压制,使不可译性的舆论甚嚣尘上,这正是把语言神秘化和异质化的结果。共识性真理观克服了这两种极端性倾向,一方面把语言视作联结三个世界的中介与纽带、交往活动的媒介客体与先在性条件,另一方面既批判了结构主义语言学只注重语言的静态的结构规律而忽视使用中的语言(言语)也有规律(即协调性规律)可循的倾向,同时也批判了解构主义完全无视语言规律性的倾向。哈贝马斯采用了言语行为理论作为其交往理论的语言学基础。这也是共识性真理观所要求的,因为在共同体内若要达到共识,就要有交往、交流、争辩与商讨,这一切都要靠一个所有参与者既有语言能力又有交往资质的理想的语境。它使参与者以平等的身份参与,用社会上已形成的规则与规范约束自己,具有一种乐于接受"更具说服力论点"(the force of the better argument)的开放式胸怀。所以,他们必须按交往的各种有效性要求去做,既要符合语言的构成性规则(如语义、句法规则),又要使自己的言谈符合交往上的语言使用规则,即协调性规则(亦即语用规则)。只有这样,参与交往的各个方面才能达成共识。

哈贝马斯认为,社会就是由符号建构起来的生活世界,人们的交往必须依靠语言,所以共识性真理的核心问题也就是语言的问题,这是使交往达到共识的先决性条件。

最后,共识性真理观是一种对话性的和开放式的真理观。共识的达成是只有通过对话才能实现的,这是不言而喻的。同时它也是开放性的,一方面它向着不同的观点开放,即向差异性开放,没有差异性就没有对话,这也是向生活世界开放的具体表现,因为现实生活中充满了差异性,社会上每个人都可能是千差万别的,每个参与者的生活经验是不同的,所以他们的前理解是有差异的,只有通过在对话中的争辩与讨论、论证与反驳、证实与证伪,才能使差异性边缘化与最小化,才能使共识性得到增强,共识面不断拓宽,最后达到一种共同性的认识。另一方面是向着历史开放。在人们现实认识的基础上达成的共识性不是静止的、固定的,它随着时代的变迁会变得陈旧和过时,甚至被证明是错误的。那么,在新的认识基础上,人们会形成新的认识,这种新旧更替不仅是历史的必然,也是真理发展的必然。正如哈贝马斯所认为的这样,没有绝对客观的真理。

所有这些特点都会对我们的建构的翻译学有所启示并具指导性意义。

3.4.3 共识性真理观与建构的翻译学

共识性真理观改变了翻译研究的范式,无论从宏观上还是从微观上,都对翻译活动以及翻译研究产生了巨大影响。

我们把共识性真理作为翻译研究的真理基础,但共识虽是一种目标,却不是客体,它不能成为研究对象,因为它是抽象的,没有任何具体而固定内容的,无法成为我们研究的客体,因此这种真理观要求我们做的是寻找主体间达成共识的有效性条件,即,如何才能建立起主体间合理的交往规范,以达成共识。

首先,共识性真理观有助于树立正确的翻译伦理观。哈贝马斯认为要建立起主体间合理的交往规范,需要一个理想的言说情境,它是一种平等的、自由的、个人之间不受强制的交流环境,在这种语境中,人们都受服从"更具说服力论点"的原则所支配,即全部有关的个人都有平等权利参与讨论,不存在可能影响结果的被压抑的动机或自欺。这一条原则对目前的翻译研究有着特殊的意义,因为无论是殖民主义时期还是现在的后殖民主义时期,西方一直在通过翻译活动与政治的共谋,制造着不平等的文化间交流。他们依仗科学技术的优势所造就的政治与经济、军事的强势对非西方国家的文化、历史、法律等进行删纂和随意的改写,并极力通过翻译活动树立自己的文化主体身份,即在对非西方文化进行边缘化的同时树立自己世界主人和文化中心的文化殖民主义。目前,后殖民主义理论与文化批评学派所展开的研究也正是旨在揭示这种本质。但他们只停留在揭示上,而没有设想改变这种不合理状态。解构主义的翻译研究只停留在一种解构性批评上,并没有提出任何好的策略来解决所揭示的问题。建构主义翻译学范式旨在寻找一种正确的途径来解决这种不平等的文化间交往与交流问题。建构主义的翻译学认为通过建立以哈贝马斯的商谈伦理学思想为指导的国际间认可的,并通过一定国际公约形式固定下来的翻译伦理规范,有助于真正促进国际之间平等交流,终结不对称的文化间交流局面。这个问题不仅是翻译领域所面临的问题,也是文化领域甚至国际政治领域十分关注的问题。例如,今天的国际政治和国际关系学界认为虽然国际社会尚未(也没有可能)摆脱无政府状态,但是可以通过国际组织的功能和大量非国家行为的经济文化等活动,使国家成员行为体的行为趋于理性,即使它们只是为了自己的利益选择自律行为,其结果也会减少国际冲突并增强国际合作,逐渐达到国际社会的"无政府但有序的状态"。建构主义更进一步认为目前的状态并不是固化的,更不是一元状态,通过文化观念的建构,可以使国家的利益甚至身份得到社会学意义上的重建,并进一步建构国际的"集体身份",把无政府的多元本性体现出来,"使之沿着霍布斯无政府文化→洛克无政府文化→康德无政府文化递进的理性发展"①。

在冷战后,政治意识形态的对峙已不再是国家之间的主要矛盾,代之而起的是对文化意识形态差异问题的关注。文化差异并不必然导致文化冲突,但也不会自然而然地融合。国际之间的文化交流与互鉴互补是十分需要一个合理的机制的,如果各国,尤其是在政治、经济、科技上占有强势的国家成员,能以平等的态度对待异文化,一个平等交往、互利互惠的规范也会得到认同。从历史发展的角度看,人类社会是一直沿着理性道路前进的,从奴隶制到封建制的进步,又从封建制到资本主义的发展都说明这一个问题。殖民时期结束了,文化殖民问题也会得到解决。人类共享知识,平等交流并非乌托邦,只是要我们每一代人都为之付出努力。

其次,共识性真理观有利于翻译研究的语用学转向。因为共识性真理观所采用的语言学理论是经过哈贝马斯改造后的言语行为理论。哈贝马斯在此基础上提出了普遍语用学的理论。他首先肯定了由奥斯汀和塞尔所提出的言语行为理论,指出我们说话实际是一种以言行事的社会行为,因此,我们不仅要说出那些让人能理解的句子(即遵守语义—句法的构成性规则),同时还必须具有交往资质,即知道如何进行正确交际的社会性规则与规范(即语用规则),并在此基础上提出了普遍语用学的有效性要求,即陈述问题的真实性、人际关系的正确性(恰当性)、表达自我时的真诚性等有效性条件。这对于翻译活动是深有启发的,它打破了结构主义语言学范式的翻译研究只关注语言构成规律的片面性和封闭性,也否定了解构主义否认一切规律的极端性,从而提出了不同于以往的翻译学中语言研究的新途径。这种新途径就是翻译研究的语用学转向。原来人们只关心语义—句法问题,现在人们在关注句法—语义问题的同时也开始关注语用问题,从而开拓了一个新的研究视野。近年来有相当一些

---

① 详细请参见张丽东,《永远的摩根索》,上海:学林出版社,2003:第7页。

研究者已开始这方面的研究,并已取得相应的成果,尽管他们中大多数人并没有意识到这实际上是一种范式革命。

而从宏观意义上来说,这是一种新的翻译观建立的过程。这种新的翻译观就是普遍语用学的翻译观,也可以说是一种交往实践的翻译观。这种翻译观不再把翻译活动囿于文本之中,而是放到不同文化之间的国际交流与交往的人类社会实践大背景之中,并把翻译活动从原来只限于语言学和文艺学之内的讨论和研究放到社会学、国际关系学和国际政治学的宏大学科中去,从而增强了学科意识,同时也增强了这种研究的社会性意义,使翻译学为人类的共同进步做出应有的贡献。

第三,这种共识性真理观也为翻译研究提供了一种新的评价与检验系统,即新的翻译标准。它们是:

(一) 尊重知识的客观性

由于解构主义思潮的冲击,有些人认为知识的客观性已不复存在了,一切意义都来自作者(文本)同译者的主体间的对话,这是忘记了任何主体间的对话也还是以现实的生活世界作为基本参照的,是处于宏大的主—客关系的背景之下的,没有客观知识我们的对话将成为胡言乱语。这些客观知识是千万年来人们认识世界的成果,是人类智慧的结晶。而且主体间性的任何讨论乃是以多主体之间对话为背景的,即在社会性主体的背景下进行的,有着社会认识的参与。任何主体间的对话都离不开社会认识的基础,受它的检验和批判。在社会的集体记忆中凝聚着人类认识自然与改造自然的客观性认识,也包括可以看作具有客观性的社会形成的共识性规则与规范,而不是彼此观点相异的大杂烩。

(二) 理解的合理性与解释的普遍有效性

共识性真理观为翻译所制定的所谓标准只能是为了形成共识而创造的制约性条件,而不可能是规定着翻译者必须达到某一种固定的目标,因此是具有开放性或非封闭性的。这是与结构主义语言学范式截然相反的。建构的翻译学研究之所以提出理解的合理性与解释的普遍有效性正是基于社会理解与社会解释的特点。翻译活动是一种社会的理解与解释活动。社会理解是在语言中进行的,因此具有语言性,是我们理解者用一种清楚的语言对另一种表达社会意义不够明确的语言进行翻译和传达,使其意义得以明确。而翻译活动是跨文化的,同时也是跨语言系统的,这就比一般在一个共同体内的社会理解具有更大的困难,但却具有与之相同的基本性质。翻译活动的另一个特点还在于译者所面对的是一种固定下来的话语,即文本,它已脱离了话语发生时的语境,所以文本中的语境只是一种可能性的语境,因此是一种开放的语境。在翻译时,译者对原文话语的理解只是在这种可能性语境中进行的对话活动,加之每个译者作为解释者参与这种对话时又有自己的文化背景和社会知识的先见与先识的前理解,因此对原文文本的理解就有可能彼此不尽相同。这就使得我们不可以规定出一个十分固定且封闭的评估标准,而是选用最低限定性标准,以便使不同的理解者在满足这一最起码的条件后有一定容纳差异性的空间。只要他的理解是合理的,其解释也是可以被社会其他成员所接受的,就应认为是合法性的译文了。

（三）尊重原文作品的定向性

翻译活动同其他社会理解活动具有相同的特点,其理解过程是双向规定的过程,读者理解文本过程也是自我表达的过程,即在这种活动中主客体是互为规定和相互作用的双向建构活动。这首先就是说,读者在理解原文的过程中是在原文作品的基本定向的向度来从事理解和解释活动的,原文文本是他理解活动的出发点,原文是原文作者依据他的社会理解所进行的一种意义构建,译者是对这位作者对社会理解的意义进行理解和解释,然后再用自己的语言表达,而这个表达又包括了他自己对社会理解的意义在内,因此也是自我的建构过程。所以不以原文文本作为依据,就谈不上翻译。而且原文中的意义建构是以话语形式固定下来的,即利用语言系统的功能而形成的,语言这种符号系统的构成以及原文作者运用语言的过程都是有一定规律性的。尽管语境的非明确性和可能性会使其意义具有不确定性质,但这种开放性与可能性也并非毫无边际的开放与无限的可能,而只能是在一定基本向度上的开放,只是在一定限度的可能性,从这一角度上说,文本对理解者是有规定性的,接受理论在指出文本中存在"空白""空缺"与"不定点"时,并没有否定它仍是具有基本定向功能的"图式框架"这一基本事实。在解构主义那里过分地强调了译者主体的个体差异,而且由这些差异性构成个体主体前理解的主要内容,并进而由这种前理解去主宰他的阅读和理解活动。解构主义的做法一方面没有考虑文本的语言规定性问题,另一方面也没有考虑到在每个个体主体"前理解"中共有的社会知识与社会意义仍起主导作用。在解构主义者的讨论中原文文本已没有地位,或只有虚设形式,而没有实质性内容与功用了,完全放任解释者的个体自由,从而也就失去了对话的对象,使"对话"流于形式,变成了个体主体"前理解"所主宰的一统天下。为了克服这种相对主义或者说无政府主义倾向,我们必须强调尊重原文文本的定向功能,让它规定理解者的理解与解释的基本取向。这也是共识性真理观所必需的,因为共识性强调对话性,对话就要有对话对象,在翻译中,原文文本就是这种对象。它是潜在的交际主体,其中有原作者的意向取向。因此,原文文本的定向性是不可以不作为一个参照起点的。

3.5 建构主义翻译学的语言学基础

3.5.1 结构主义和本体论语言观及其翻译观

翻译活动是一种以语言为媒介的活动。作为媒介的语言,无论是在怎样的翻译研究范式中都受到人们的格外重视。可以说人们对语言的看法会直接影响到对翻译本身的看法,即形成不同的研究范式和产生不同的翻译观。

迄今为止,人们对语言的本质性揭示已有不少理论,如语言的过程说、语言的结构说、语言本体说、语言行为说等等。本文拟就这几种关于语言的观点来谈一下语言观与翻译观的关系问题。

语言过程说的奠基人物与代表人物是洪堡,他认为语言的形成与发展是一个不断创造的过程,"语言就其真实的本质来看,是某种连续的,每时每刻都在向前发展的事物,……语言绝不是产品,而是一种活动。"[1] 他相信人们具有普遍的"语言禀赋","是精神不由自主的射流"[2],而且这种禀赋只能"在心灵中唤醒","若不是心灵本身就具有本能地创造词语的秘诀,依靠任何人类记忆力都是无济于事的"[3]。显然,洪堡的语言观带有个体主观主义的性质,与索绪尔的抽象客观主义语言观很不相同。这种语言观很有一种神秘色彩,所以它很难形成任何可分析性的语言学研究,这

---

[1] 引自姚小平,《洪堡特——人文研究和语言研究》,北京:外语教学与研究出版社,1995:第121页。
[2] 同上,第125页。
[3] 同上,第127页。

种语言观正是语文学范式的翻译观的语言理论基础。它们都强调了一种个人的语言天赋,而不注重对语言本身构成规律的研究。

语言的结构说始于索绪尔的普通语言学理论。它被认为是现代语言学的开端,因为从索绪尔之后的各派语言学开始用语言分析的方法从语言材料中寻找规律性模式,从而结束了对语言规定性研究而走上了描写性研究,也从历时性研究走上了共时性研究。索绪尔认为语言是语音与意义之间的网络,这种网络就是语言的内部结构,语言单位之间的差别和对立关系形成价值。这种语言观影响了其后的许多语言学家,如萨丕尔提出语言的"概念结构"便是一例。他认为语言素材反映着概念世界,概念世界在语言结构中得到反映并被系统化,即语言有概念分类功能。这种功能反映出概念变成语言符号的转换。这实际就意味着世界的图景在语言中得以展现,使得人们认为语言结构即世界结构。这种语言观发展的结果就形成了语言中心论的观点,典型的例子就是语言影响和决定思想的萨丕尔—沃尔夫假说。由于结构语言学在语言内部规律上的研究取得的令人瞩目的成就,以及人们对这些规律性的强调导致了人这一言说主体、语言的创造者和使用者的地位日益下降,最后成了陷入语言牢笼之中的存在物,失去了主观能动作用。这一点正如杰姆逊所批评的"结构主义宣布:说话的主体并非控制着语言,语言是一个独立的体系,我只是语言体系的一部分,是语言说我,而不是我说语言"。①

索绪尔把语言学分为内部语言学与外部语言学。内部语言学是指语言系统内部的关系网络,而外部语言学是指有主体和语境参与的语言使用情况。他认为只是内部语言学才是有规律的,而外部语言学则带有私人性质,是无规律的。所以,他把全部精力集中在内部语言学上。他说:"我们关于语言的定义是要把一切跟语言组织、语言的系统无关的东西,简言之,一切我们用'外部语言学'这一术语所指的东西排除出去。"② 从以上论述我们不难看出这种语言观是如何把语言变成一个封闭、静止和自足的系统的。

在这种语言观影响之下,结构主义语言学的翻译观应运而生。这种翻译观首先强调了语言的共性与普遍性,认为语言具有普遍的表达力,在

---

① 弗·杰姆逊,《后现代主义与文化理论——弗·杰姆逊教授讲演录》,西安:陕西师范大学出版社,1986:第28—29页。
② 费迪南·德·索绪尔,《普通语言学教程》,北京:商务印书馆,1996:第43页。

翻译中表现为"用一种语言所表达的内容完全可以用另一种语言表达出来"(奈达语),只是它们的形式各有不同。因此翻译研究的中心任务就成了探讨不同语言之间在形式上的转换规律,用奈达的话来说只是把同样的衣服摆放在不同的衣箱里,摆法不同罢了。因此语义—句法模式就成了主要的研究模式,即通过语言分析,找出表达相同意义的语言形式。受结构主义语言学的影响,在翻译研究中,一切与语言内部结构无关的因素也被排除在外,或忽略不计了,如言说主体被视作价值中立的,语境被设定为理想性的。翻译者的任务只是按语言规律去解码与编码,整个翻译过程被简单化、机械化、程式化了。在这里起作用的只是语言的工具理性,即其规律性,在这种理性的支配下,一种以科学模式建立翻译(科)学的构想也随之而来,但是这一构想随着解构主义大潮的到来幻灭了。

解构主义对结构主义的解构也是以语言为突破口的。首先它否定了意义的确定性,认为意义不是由语言规则预先设定下来的,而是在主体间对话生成的,从而强调了语言之中蕴涵着的主体性与主体间性。解构主义认为由于每个人的前理解结构是各不相同的,所以对话中所生成的意义是不同的。解构主义的这种意义观来自它的语言观,解构主义的语言观完全不同于结构主义的语言观,它是站在语言本体论的立场来看待语言的,即:它不是一种外在于言说主体的工具,而被看作是人的存在方式。在语言论转向之后的哲学的根本问题不再是对主客体关系和意识与世界的关系的关注,而是对语言与世界关系的关注。语言本体论认为语言是存在之家。正如海德格尔所说:"语言是存在之区域——存在之圣殿,也即说,语言是存在之家。语言的本质既非意味所能穷尽,语言也绝不是某种符号和密码。因为语言是存在之家,所以我们是通过不断穿行于这个家中而通达存在者的。"[①] 显然,这是一种元语言学的语言观,而不是经验语言学的。元语言学是以语言自身作为反思的对象,它不指向经验世界的事物,所以有形而上学的性质。海德格尔曾做过这方面的对比,他说:"在语言上取得一种经验这回事情却大相径庭于人们去获得关于语言的知识。……新近的语言科学和语言哲学研究越来越明显地把目标定在所谓'元语言'的制作上了。致力于这种超语言之制作的科学哲学,被认为

---

① 海德格尔,《海德格尔选集》,上海:上海三联书店,1996:第451页。

是'元语言学'。……元语言学,它听起来犹如形而上学,——不光听起来如此,其实它就是形而上学。"[1] 这种语言学把存在、真理与语言放在一起讨论,不是像经验语言学中的符合论真理那样,把语言表达视作真值负荷者,如果它表达的与经验世界中的事实相符合即为真,否则为假。在那里,它们分属于不同领域。但在这种语言观中,它们同处于语言王国之中,存在的意义被规定为存在的真理,而存在的真理被展现为存在的语言,因此是语言言说存在,尽管存在先于语言,但不通过语言我们无法抵达存在。因此,语言才是我们的家,我们的存在只是语言中的存在。按照这种语言观,语言就成了纯思辨的对象,不仅与现实世界相脱离,也使能指与所指相脱离,例如,海德格尔举过这样的例子,"命名是什么意思?我们可以回答说:'命名'意指赋予某物以一个名称。那么,一个名称是什么呢?是一种给某物提供一个声音或文字符号亦即一个密码的标记。但一个符号又是什么呢?……"[2] 这就是一种元语言的追问,它是不切中于现实世界的。解构主义翻译观试图以这样的语言观来建立起翻译学,甚至西方翻译研究学派的学者们宣称"翻译学作为一门独立的学科已牢固地建立起来了",这是很成问题的。事实也证明,西方翻译研究学派的若干著作中,有关于译者目的的论述,有文化构建的讨论,有意识形态也有权力话语的问题,唯独缺少以语言为中心的论述。尽管这是一种多元的研究,但它们之间是缺乏关联,甚至是相左的。它们作为翻译研究的一个方向是无可厚非的,但它们很难成为一个系统的知识体系。也就是说,解构主义的多元研究丰富了翻译研究的内容,拓宽了它的领域,但并不能成为翻译学体系。建构的翻译学应是"主干清晰,多元丰富"的,主干应是语言学的,多元应是互相关联的并以主干为中心而展开的,而不是与主干无关,它们自身也各不相关甚至彼此矛盾。

　　从对上述两种语言观的分析来看,以它们作为翻译学知识体系的语言学基础都是存在问题的。解构主义虽然打破了结构主义的封闭与静止,带来了人文气息,但它的元语言学具有形而上学性质,不属于经验语言学范畴,而翻译中所使用的语言学显然是现实世界的,是经验性的。而结构主义语言学虽然在语言的构成规律上做了很好的研究,为翻译活动

---

[1] 海德格尔,《在通向语言的途中》,北京:商务印书馆,1997:第128页。
[2] 同上,第131页。

中的语言转换提供了很丰富的理论知识与方法论方面的内容,但它的封闭性与静止性又不完全适用于翻译活动中实际使用的语言情况。实际使用的语言是言语而不是封闭的语言系统,言语属于索绪尔所说的外部语言学,即有言说主体和实际语境参与的语言。索绪尔认为言语是没有规律的,是带有私人性质的,他的观点是错误的,因为他只注意到使用语言的个体存在,而忽视了每一个个体存在的人同样是一个社会存在的人,在语言的使用中,人们不仅遵循语言的构成规则,同样还遵循语言使用的协调性规律,就如人们的其他社会性行为一样,要有社会规范的制约。因为语言的使用,实际是一种言语行为,是人们以言行事的社会性行为,因此也是有规则的,而语言的意义也正如维特根斯坦所说,正是存在于语言的使用之中。这就是我们所说的言语行为理论。这种语言学理论是我们建构的翻译学的语言学基础。因为它既是经验的,又是开放的,从而克服了前两种语言观的缺陷与不足。

3.5.2 言语行为理论及其哲学基础

言语行为理论是语言行为说的主要代表。这一理论是由著名英国语言学家约翰·奥斯汀首先提出,后经其弟子——美国著名语言学家约翰·塞尔等人发展起来的一种语言学理论。这一理论认为言语是人类一种特殊的行为方式,人们在交际和交往过程中离不开说话和写字这类言语行为,语言哲学的任务应该是研究这种言语行为的本质和内在逻辑构造,他们把言语行为看成是意义和人类交流的最小单位。

这种理论的产生是西方语言学发展的一个必然阶段和必然结果,也是哲学发展的结果。柏拉图的本体论哲学为人们确立了知识对象和客体,而笛卡尔的认识论哲学从主体与客体的关系上展开知识问题的研究和人类知识能力与界限问题的探讨,这就是认识论的转向。但到了20世纪,人们意识到许多认识上的问题是源于语言问题,又使哲学家把目光转向了语言,即发生了哲学的语言学转向。这一场哲学运动是由英美分析哲学所发起的哲学革命。虽然这一时期哲学流派繁多,其共同特点是从语言的角度探讨哲学问题,并通过语言分析解决哲学问题。在这一转向中有两股思潮是比较主要的。一是人工语言学派,另一个是日常语言学派。人工语言学派是在维特根斯坦前期的思想影响下形成的,其代表性人物还有弗雷格、罗素、蒯因以及戴维森等人。他们的哲学思想是逻辑实证主义,这种哲学关心科学问题,他们认为科学是知识的楷模,是最完善、最系统的知识形式,而这种科学知识就是语言的逻辑形式,所以哲学的分析对象是科学语言,他们认为自然语言缺乏精确性,一词多义或词义模糊,有许多弊病,会掩盖反映语言本质的逻辑形式,从而会把表面语法形式误认为是真正的逻辑形式。因此提倡以人工语言作为科学语言。他们这样做是因为他们认为语言的唯一目的,或首要目的是传达与表现事实的知识,关心的是确定语句为真的条件。所以他们尽力排除言说者的主体性,如意图、目的等,同时也排除会引起意义变化的语境因素,以便考察语言的一般结构。可以说这一派认为语言是构造起来的。卡尔纳普就曾过:"我们的任务是规划语言。规划是指考究一个系统的一般结构。"①

虽然结构主义语言学并不直接属于人工语言学派,但从其语言观和研究方法来看我们不难在这一学派中找到其渊源关系。这一学派后来发生了变化,其领军人物维特根斯坦到了后期思想就发生了极大的转变。他从人工语言学派变成了日常语言学派的代表性人物,其他还有奥斯汀、赖尔、塞尔、斯特劳森、格赖斯等人。这一派不再关心意义和真理的关系是什么,他们关心意义和使用者的关系是什么,或者说意义和言说者意图的关系是什么。正如维特根斯坦所说:"一个语词的意义就是它在语言中的使用。"② 从而意义观发生了巨大变化。这一派对人工语言学派提出了挑战,认为他们把语言的功能大大地简化了。语言绝不仅仅是用来陈述真假问题,人们可以用语言为工具做各种"游戏",即有各种"言语行为"。认为言语是人类行为的一部分,语言与世界相关联的方式乃是人类如何实行这种联系的一种行为。例如,塞尔把言语行为分为三种:命题行为、语行行为和语效行为,而其中语行行为最为丰富,如人们陈述、提问、命令等都属于语行行为,所以把语行行为作为核心问题来讨论。奥斯汀曾把语行行为分为五类:断定式、阐释式、行使式、行为式和承诺式。而塞尔又极大地拓展了这一领域,认为至少可以包括十二类并把重点放在以下三个方面,即行为目的方面的区别,词和世界之间适应方向上的区别,所表

---

① 转引自周昌忠,《西方现代语言哲学》,上海:上海人民出版社,1992:第166页。
② 转引自陈启伟,《西方哲学论集》,沈阳:辽宁大学出版社,1998:第496页。

现的心理状态方面的区别。这样一来,他们实际上对语言哲学中的许多问题都加以改造并镕铸进了关于人类一般行为的讨论这样一个更大的背景中去了。

哈贝马斯也接受并改造了言语行为理论,并作为他的交往行为理论的语言学基础,进而提出了他著名的普遍语用学(又称规范语用学)的理论。我们的建构的翻译学就是以言语行为理论为语言学基础的。这样做也正是为了打破结构主义语言学的封闭性,以理性(交往理性)来克服解构主义给翻译研究带来的混乱与无序,并用语言把我们的三个世界联结起来。

3.5.3 言语行为理论与建构主义翻译学

翻译活动是一种交往活动,而交往活动是离不开语言中介的。作为翻译研究,它也必须以语言问题作为核心问题来研究,这是不言而喻的。但以怎样的语言观看待翻译中的语言问题又是一个不得不探讨的问题,因为不同的语言观会带来不同范式的翻译研究,正如前面所说过的一样。结构主义语言观的封闭性与静止性带来的是封闭与静止的翻译研究范式。以本体论语言学为基础的解构主义研究无法触及具体语言问题,也无法解释翻译中具体的语言现象和解决语言中出现的矛盾。建构的翻译学的语言学理论基础是言语行为理论,以这种语言观可以有以下几方面特点,从而扩大翻译研究领域,解决以往存在的问题,给翻译学的建立带来新的契机,为之最终建立打下基础。

首先,它是一种理性的重建。

任何一门学科知识体系都是建立在理性基础之上的,但翻译学在这一问题上是走过弯路的。在结构主义范式阶段,它建立在技术—工具理性上,把语言的构成规则当成决定一切的万能工具,忽视或者说否定了语言在具体使用中同样遵循规则(即协调性规则)的事实,因此是一种不完整的理性,也可以说是一种不适合人文与社会科学领域的理性,使得其研究结果不能解释许多翻译中出现的问题。而解构主义者也正是以这些问题为佐证来证明结构主义语言观的不足,从而拆解结构,否定规律,走上一条反理性的道路。西方翻译研究学派放弃了语言研究这条主线,从被结构主义语言学排除在外的一些要素入手开展了多元性的研究,如译者目的论派、文化建构学派、诠释学派、文学操控派等,从文化、意识形态、权力话语等外在因素上开展研究。但是因为他们的研究缺乏主线,找不到这些要素的内在联系,更因为解构主义本身就是反理性的思潮,其语言观是形而上学的,并不与现实世界相联系,所以这种所谓的多元翻译研究之间缺乏一种内在的逻辑关联,形成了表面轰轰烈烈,但落不到翻译本体的研究。因此也谈不上建立翻译学,只是把翻译变成了文化与意识形态的附庸或只为其提供素材的工具。

以言语行为理论作为翻译学的语言学基础实际上是保证了理性的回归,是一种理性的重建。因为言语行为理论强调了两套规则的同时遵守,一是语言的构成性规则(constructive rules),二是协调性规则(regulative rules)。因为这一理论对言语行为进行了双重结构的划分,即语言的表达层面和语言的施为层面,前者是语言的正确性问题,它必须保证所说出的话语在语义与语法上是正确的,因此是一些可接受的语句。这里人们遵循的是语言的构成性规则,即语义—句法规则,这方面结构主义语言学已给了充分的强调。而施为层面则把人引导向人际关系的层面,在人际交往中要遵守第二套规则,即语用规则。它是协调性的规则与规范,是人们在长期社会实践中所形成的,它可以使说出的话得体,即适当。如果说前者可以用"真"来概括,则后者可以用"善"来概括。这种协调性规则是一种社会契约性或制度性的,这是一种道德理性的表现,应属于实践理性的范畴。而前者则是一种认知理性,属于理论理性的范畴。交往如果要想顺利进行,这两种理性都是必要的。结构主义语言学只强调语言构成规则这种认识性理性,甚至把它的主体性完全排除,使之完全沦为一种工具,成为技术—工具理性,使得语言的构成性规则成了交往活动,亦包括翻译活动的唯一性准则。但我们知道,在实际交往中,如果人们只会说出语法上正确的句子是远不够的,他必须还得选用得体的句子,如在语气、表达方式,甚至敬称的使用、语气词等方面做选择。所以仅有语义—句法方面的规则是不行的,还必须有社会上认可的并为人们普遍遵守的语用规范才行,而这种能力是一种交往能力,也是人们在长期社会实践中习得和掌握了的,它也同乔姆斯基所说的"语言能力"一样已具有了一定的先验性。它是与语言能力同时获得的,是一种交往理性。解构主义在批判结构主义技术—工具理性的时候,不是从寻找根源、补充不足的角度出发,反而走上了完全否认理性的道路,走向了非理性。交往理性的提出是补充结构主义理性的不足,从而使翻译研究回归理性道路。

第二,使翻译研究走向真正的开放。

解构主义者批评结构主义的语言学研究与翻译研究都是封闭的,这无疑是正确的,但是作为一门独立的学科知识的开放应是怎样的呢?它首先是向现实世界,即生活世界的开放。一句话,把翻译研究同翻译实践活动联系起来,并把翻译活动视作人类跨文化交际的重要形式。翻译研究的任务就是探讨在这样的活动中语言转换的规则性,文化以及其他要素对这一转换的影响和翻译的不同目的、不同性质的文本等与这种转换的关系等等。总之,这一切外部要素都是与内部要素,尤其是语言这一要素有密切联系的,而不是如解构主义那样,完全抛弃语言与文本,专门去谈文化、意识形态、译者目的、权力操控问题的。解构主义回避语言问题是因为它的语言观是元语言学的,与现实世界无涉,因此也无法与实际的翻译文本相联系,那么他们所谓的开放性,就会完全变成其他领域的内容而与翻译活动脱节。也就是说他们的宏论可以是文化领域的内容,可以是意识形态的内容而唯独不是翻译学的内容,所以他们的开放性对翻译研究是没有多少实际指导意义的。而以言语行为理论为基础的翻译研究的开放性就与翻译活动密切相连,因为它的施为层面中包含言说意图性,强调了主体的意向性,并把意义看作是意向性的满足。同时它包含了交往的人际关系,即把言说主体引向人际关系,也即社会层面,建立社会交往关系,从中体现和检验他的交往能力,在社会交往层面中,人们依据协调性规则来规范人们的言语行为。这其中自然会有对知识客观性的检验,也有对主观人际关系的检验。这才做到语言系统外部因素既与语言运作相关联又与现实世界相关联,同时它们之间也彼此以言语行为为主线互相联系起来。这才是真正意义的开放,而不是解构主义翻译研究范式的没有各种关联的开放。

第三,使翻译研究从语义—句法模式向语义—语用模式的转变。

结构主义语言学范式的翻译研究只关注语义与句法的正确性与规则的运用,没有考虑语用维度,这是它走向封闭与静止的原因。因为翻译中的语言问题是实际使用中的语言问题,它不可能缺乏语用维度。解构主义者强调意义是在对话中生成的,但是否对话中生成的意义就具有普遍有效性呢？如果没有具体语境的制约,不谈言说者的意图与意向,如何保证这种生成的意义就是合理的呢？当然不能。所以,只考虑语义与语法的正确性并不能保证交往的适当性与合理性,这里没有语用维度参与是不可想象的。以言语行为理论作为建构的翻译学基础就可能弥补结构主义语言学留给翻译研究的缺憾,即从语义—句法模式走向语义—语用模式的研究。这样就增加了原来缺少的一个研究维度与评估系统,使内部语言学与外部语言学有机地结合起来。

在这样一种模式中我们① 可以把每个具体的语言表现都看作是言说主体通过在某些具体条件下对复杂的语言要素进行选择的结果;② 并把选择要素系统进行全面考察,如符号要素系统、选择条件要素系统、选择规则要素系统等;③ 充分考察言说主体的素质要素;④ 以及对具体言说主体的意向性要素进行分析。这样我们就摆脱了结构主义语言学的那种封闭与静止的语义—句法的研究模式,走向以语义—语用为主要分析模式的开放式和实践取向的研究。

第四,引入了交往伦理学的观念。

由于言语行为理论是从语言表达的命题层面与人际关系的交往层面同时展开的,并把非言要旨视作主语句,而表达层面只是副语句,所以人际关系这一要素便得到强调,人际交往是社会关系的一个片段,是要靠道德理性维系的,这就涉及社会规则与规范的自觉遵守问题,这种实践理性(亦称道德理性)在交往中就表现为交往的伦理问题。这一点是封闭与静止的语言结构研究所不涉及的,只有以言语行为理论作为语言学基础才能涉及。在这里,语言表达的正确性与交往关系的得体性才有机地结合起来。如果从翻译活动的社会层面来看(即不是处理文本中的人物关系来考察),翻译活动可以视作一种言语行为的整体表现,涉及跨文化交际中译者如何处理与作者的关系、如何处理译入语文化与源语文化之间的问题。按照交往伦理的平等交流、知识共享的原则,译者不论处于强势文化还是弱势文化之中都应遵循。这就是在解构主义翻译研究范式中讨论的后殖民时期文化差异和文化殖民主义的问题。我们认为在翻译研究中关注文化因素是必须的,但它只能是翻译研究的一个必要组成部分,并不是抛开翻译中的语言问题,或干脆用文化研究代替语言研究的问题。在翻译研究中不存在什么文化转向,只存在把文化研究与语言研究相结合的研究方法。而以言语行为为语言学基础研究的建构的翻译范式中,文化因素自然可以进入到这一基本框架之中,所以不宜过分强调这种转向。如果把以语言为中介的活动转变为以文化性研究为中心就远离了翻译的本质属性,其结果就会使翻译研究完全沦为文化研究的附庸,失去其独立地位。

第四章

建构主义的翻译学

4.1 普遍语用学的翻译观

4.1.1 何为普遍语用学

为了说明普遍语用学的翻译观,我们必须首先说明普遍语用学这一概念。普遍语用学(universal pragmatics)这一术语是哈贝马斯在《交往与社会进化》一书中提出来的。在这部著作中,第一章以"什么是普遍语用学"为名,用了近70页的篇幅来论述这一问题。这是交往的一般理论问题,也是哈贝马斯宏大哲学思想的一个基础层次。这一理论层虽然是一种社会学理论,但对我们的翻译研究同样具有重大意义,因为翻译活动本身就是一种跨文化的社会交往活动。普遍语用学是对人类语言运用能力的内部机制的研究,即探讨人类的"交往资质"问题。我们都知道乔姆斯基提出了"普遍语法"(universal grammar)的概念,他探讨的是人们的"语言能力"问题,即人们是如何能听懂他从未听说过的话,又可以说出别人从未说过的话,而语法上又是正确的这种"语言资质"问题。乔氏推翻了长期占据统治地位的行为主义语言习得理论,揭示出人类有一种潜在的语言机制(device),而这种机制使得人们在学会说话的同时就获得语言能力,或语言资质。可以说乔氏的语言能力或语言资质是指掌握语言生成规则这一抽象体系的理想言说者所具有的能力,而且就语言的运用能力来说,它又是先天的。乔氏的这一观点被誉为"乔姆斯基革命"。但是哈贝马斯认为乔氏的理论有一个重大的问题,即他忽视了人们使用语言进行交往活动并不是仅靠能说出语法上正确的语句就可以做到的,他同时还必须使说出的语句得体。这一点维特根斯坦也早有关注。维氏在后期作品《哲学研究》中就曾指出,作为句子的构造规则的语法只是一种"表层语法",而用法规则才是语言的"深层语法"。因为意义是在语言的用法上,而不在词语上。词语本身意义是不确定的,只有在具体的使用中,即在具体的语境中,词语才有意义,所以维氏才提出"用法即意义"的名言。他认为语法规则(即表层语法)是一种真值逻辑,是以逻辑与世界相对应的图像论为前提的,而用法规则(即深层语法)则以言说者和听者,或者说语言游戏的参与者所共有的生活形式为参照的。真值逻辑在于构造一种在任何语境中均能判定真假的普遍形式准则,而用法规则只相对于特定的语言游戏而言,即只对具体交往活动的参与者来说是有效的。而哈贝马斯则更进一步认为,任何具体的言语行为总是有着某种共同的、带有普遍性的情境结构,而且这种一般性的结构并非独立于现实语境和具体的言语行为,而恰恰是依存于它们的。这正是不同于结构主义语言学之处。索绪尔认为只有语言才是有规则的,而任何言语都带有个人性质,是缺乏规则的。乔氏也正是依着这样一种理论前提着手他的语言生成规则的研究。所以他的"语言能力"只是一种脱离语境,或者说完全置于理想语境中的语言能力。因此"语言能力"并不适用于具体交往,因为任何交往活动都是处于不同的情境之中,而不是处于理想语境之中。那么,在具体语境中使用的语言,即言语,是否真如索绪尔所说是没有规则可循的呢? 对此,哈贝马斯看法不同,他认为"不仅语言,而且言语——即在活动中句子的使用——也可以进行规范分析的。"① 也就是说,人们在交际活动中,不仅遵守着语言构成规则,同时还遵守着语言用法规则。从所说出的语句来看,人们遵守的是句法规则,这是一种构成性规则,没有这样的规则,词语就不能组成能被人理解的句子,即合乎语法的句子。但与此同时,人们还在遵守着另一套规则,即用法规则。用法规则是一种协调性规则。这种规则是在长期社会交往实践中形成的一种为人们所共同认可,并自觉遵守的规范,它带有一种"制度"性质。没有这种规范,人们是无法进行交往的。正如没有交通规则的协调,虽然不妨碍你把汽车开动,可是你一上路,就会与别人冲撞。这种交通法规,就是协调性规则。语言的用法规则就是协调性的(regulative),人们能自动地运用这些规则的能力是在获得语言能力的同时获得的。它就是人们的"交往能力"或"交往资质"。这种与人得体地进行交往的能力同样是与人类的普遍化潜能相联系的。哈贝

---

① 哈贝马斯,《交往与社会进化》,重庆:重庆出版社,1989:第6页。

马斯的普遍语用学正是对这种人类交往能力的探讨。

由于交往活动中的核心概念是"理解",所以哈贝马斯对"理解"也重新进行了阐释。他对普遍语用学所规定的任务就是"确定并重建关于可能理解的普遍条件"。[①] 这种普遍性的可能理解的条件是一种规范性条件。因为哈氏认为"理解"是导向某种认同,即将理解归于相互理解、共享知识、彼此信任,两相符合的主体间相互依存。这就克服了传统上的"理解"这一概念的片面性。传统上的理解只是在语言表达层面上,没有涉及交往层面。在语言表达层面上,语言的表达是与外部实存世界相联系的,所以人们可以用真理符合论去检验它,即要求所言说的内容与实际情况相符,即"真实",这样才能保障语言表达的有效性。但是在交往层面上,就不是完全可以用符合性真理观去检验的,因为它涉及交往者之间的关系,是主体间性的,这涉及他们的价值判断与情感判断,不是真假的问题,而是彼此协调问题,因此更强调语言的表达方式、语气、语调等。它要求一种"得体性"或"适当性",即对人际关系的适当性要求。也可以说前者是求"真",而这里是求"善",而共识性真理观往往是协调关系的基础。由此看来,理解的问题应是从两个层面进行的,一是语言的表达层面,一是语言的用法层面,从而克服了结构主义语言学的语义—句法模式的理解观,形成语义—语用模式的理解观。

但是需要指出的是,哈贝马斯的普遍语用学的概念与语言学中的语用学概念又是有不同内涵的。语言学的语用学是经验的语用学,而哈氏的语用学是先验性质的。根据符号学的奠基人之一莫里斯所下的定义,语言学的语用学研究符号与符号解释者之间的关系。它是帮助符号解释者运用已给定的语境来解释语言符号的含义的,所以是经验性的。而普遍语用学是探讨人脑中的潜在性机能的,即人们如何能在具体语境中选择那些符合社会交往规范与准则的表达方式和语句的能力。也就是说,经验的语用学是对已说出的语言的理解和解释,而先验的语用学则是针对尚未说出的语言,即在人们思维之中,是如何根据具体言说对象与语境来选择最为得体的表达方式的,而且这种能力又是具有普遍性性质的。

尽管哈贝马斯的这一理论并不是直接服务于翻译学研究的,而是他整个社会学理论的一个基础层次,但它对翻译活动的指导意义是十分巨大的。

[①] 哈贝马斯,《交往与社会进化》,重庆:重庆出版社,1989:第1页。

具体而言,它对我们建构翻译学的理论体系具有奠基性作用,如在语言观、理解观、意义观等理论方面以及方法论意义方面都具有指导作用。

4.1.2 翻译学的语言学基础:从结构主义语言学向言语行为理论的转变

哈贝马斯的普遍语用学是以言语行为理论为基础的。他采用了后期维特根斯坦的语言哲学观点,吸取并改造了奥斯汀与塞尔的言语行为理论。普遍语用学的翻译观同样是以这样的语言哲学思想与言语行为理论为基础的。虽然结构主义语言学介入翻译学研究曾使翻译研究一度繁荣,也曾激起人们建立翻译科学的雄心(奈达是其中典型的代表人物),但是由于自身的不足,如静止性、封闭性和自足性,结构主义语言学很难适应翻译中灵活多变、有具体语境的语言实际应用的情况。所以,以结构主义语言学作为翻译学的语言学基础是明显有其不足的,这一点在解构主义思潮中已受到激烈的批评。解构主义认为,意义并不是语言的句法规则固定下来的,而是在主体间对话中生成的;语言也不是外在于主体的工具,而是具有很强的主体性,即只有人们在使用语言时才显示出语言的存在,它是须臾不可脱离主体而存在的,而且人们说话是为了有人听,听是说的前提条件;意义既不存在于言者的心中或口中,也不存在于听者的心中或耳中,而是在他们的视域融合中产生的一种新的东西。这就打破了结构主义语言学的封闭性与静止性,打破了其自足性,同时也否定了其工具理性的作用。但是我们能否依凭解构主义的语言观建立翻译学的知识体系呢?显然也是不行的,原因是解构主义理论所持有的语言观说到底是一种"元语言"的语言观,即是对语言的本质的思考、对哲学的反思,而不是经验的分析,正如海德格尔所说:"关于语言的科学知识和哲学知识是一回事情;我们在语言上取得的经验是另一回事情。"[1] 他所说的前者(语言科学知识)指的就是"元语言学"知识:它是一种对语言的哲学反思,是一种哲学知识;它只是对语言本身的形上追问,而从不切中语言外部的实存世界,即从不指向外部事物,因而缺乏实践指向。解构主义的"语言"问题是一种形而上学的思辨,是不适应于经验世界的。所以我们

---

[1] 海德格尔,《在通向语言的途中》,北京:商务印书馆,1997:第128页。

不可能用这种语言观来讨论翻译问题,更不能用它作为翻译研究的基础,如果这样,我们只能导出语言不可译的结论。实际上,前一时期翻译界又有人争论"可译性"与"不可译性"问题,其实就是站在不同层面上的争论。"不可译性"站在了哲学层面上,"可译性"站在了经验层面上,它们本是不可能形成对立面的。但由于争论者没有意识到其中的区别,竟以为其立场是相左的。以这种语言观指导翻译所引起的另一个结果是不讨论语言问题,走上所谓的多元性,如以苏珊·巴斯奈特、勒菲弗尔等人为代表的现代西方"翻译研究学派"的许多翻译著作几乎毫无例外地不谈论翻译中的语言问题,而大谈特谈文化建构、意识形态、权力话语的操控、译者的目的等问题,从这些方面进行多元性研究,并宣称"翻译学已经牢固地建立起来了",这难道不是很怪的现象吗?翻译活动始终是以语言为媒介的活动,这是不争的事实。难道在结构主义语言学的翻译理论受到他们批判之后,翻译学就不再需要某一种其他的语言学理论作为基础了吗?他们只字不谈语言学问题就宣称"翻译学已经牢固地建立起来了",这难道能让人心服口服吗?谈翻译而越过语言问题难道是可能的吗?这些问题不得不让真心想研究翻译的人深思!所以,要提建构翻译学,语言问题是一个首要问题,是无论如何也绕不过去的。解构主义理论指出了结构主义语言学理论作为翻译学基础的不当,但它并没有给我们带来更好的语言学理论。解构主义大师们的语言学理论又是不适合指导我们现实的语言活动的,如海德格尔讨论的语言问题只是他的存在主义哲学的一部分,在他那里,存在、真理、语言是三位一体的,尽管它们并不完全相同。存在的意义被规定为存在的真理,而存在的真理被呈现为存在的语言。因此是语言言说存在,虽然存在先于语言,但人必须通过语言才能抵达存在,因而"语言是存在的家园"。于是我们说话只是为了让语言言说,即不是我们在说话,而是语言在说,"事实上,我们已经让语言从语言那里并在语言之中用语言对我们讲自己。即:言说它的本质。"① 这样就使我们陷入了"语言的魔圈"而不能自拔,我们又如何能去谈论交际或翻译呢?显然,这种哲学的语言本体理论是无法去解决现实中的语言问题的。

那么,难道我们真的无路可走了吗?答案当然是否定的。我们纵观20世纪语言学发展的历史就不难找到答案。

---

① 海德格尔,《人,诗意地安居:海德格尔语要》,上海:上海远东出版社,1995:第67页。

20世纪的语言学发展中有两个主要趋势。一是以弗雷格、罗素、早期维特根斯坦,以及蒯因等人为代表的路线。这一派主要讨论意义与真理的关系,其基本问题是"一句话语的真值条件是什么"。这种语言观把语言的各种成分,如语词、语句、命题等均视为脱离言语者和听者的行为或意图而进行表现或真或假的东西。显然它是科学哲学的性质,也有人称之为人工语言学派。结构主义语言学正是与这种语言学发展有密切的渊源关系。而另一条路线则以后期维特根斯坦、奥斯汀、赖尔、塞尔、格赖斯等人为代表。他们关注的基本问题不是意义与真理的关系,而是意义和使用的关系,或意义与言说者的意图的关系等问题。这一派也叫日常语言学派。经过解构运动,我们已认识到,结构主义语言学的缺点和不足主要在于它的静止性、封闭性和自足性,它排除了言说主体,不考虑其意图与意向,把语境设立在理想的基础上,不考虑受众的选择与需求以及他们的不同背景,无论是言说者还是所言者都被假设为价值中立的,等等。而这些问题都可以在日常语言学派的语言观中得到解决。尤其是以奥斯汀和塞尔为代表的言语行为理论便是一个针对这些问题的语言学理论。这种语言观把语言的运用看成一种以言行事的行为。他们改变了把语言进行抽象化甚至神秘化的做法,强调人们是用日常语言认识世界并用日常语言表达这种认识的,因此考察和分析日常语言哲学就能从中获得对世界的认识。所以,他们把言语行为看作人类行为的一种,研究人们的心理性意向态是通过怎样的"满足条件"来实现表达现实的。正如塞尔所说的,语言意义的基本单位,也即人类用以表示世界事态和相互交流的最小单位,是非言行为。这种非言行为即非言要旨,即一种意向性,也称作语旨。在每个言语出来的话境中都包括非言要旨(语旨)和命题内容(即言说出的话语)这两个要素,而前者总是居第一位的。也就是非言要旨实际上是主语句,而言说出的内容只是副语句。如果一个人的心理意向是想向别人借一支钢笔用一下,这一非言要旨如果用英语表达出来,可以有多种形式,如 May I borrow your pen/Would you mind if I borrowed your pen/Would it be all right if I borrowed your pen/I was wondering if I could borrow your pen/Do you think I might borrow your pen/I wonder if I could borrow your pen/Is it all right if I borrow your pen/Do you have a pen I can use/Can I bother you for a pen/Would you lend me your pen/Can I borrow your pen/Can I use your pen/Let me borrow your pen/Got a pen I can use/

Lend me a pen/Can I steal your pen/Give me a pen/A pen。①

很明显,以上近二十种表达式都是出自同样的一个非言要旨,即"借对方钢笔一用",但是其表达方式、语气、措辞等均不相同。它们依次的顺序是由委婉客气的请求,到率直的简单要求,体现了语旨强度的不同,即由弱到强。那么,言说者在表达这样一个非言要旨的时候,是凭什么来选择如此不同的语言表达形式才能使其语言表达得体并达到它的言语行为目的的呢?这正是交往资质问题。哈贝马斯认为人们在习得语言能力的同时也获得了与人得体交往的能力,即他能够根据言说对象的年龄、地位、身份、性别,尤其是对双方关系亲疏的准确判断,以及交往的环境、场合、时间和其他有关环境方面的限制等条件来选择最为适当的表达形式的能力,人们只有具备了这种能力才能与人进行得体交往。这种言语行为虽然处于纷纭繁杂的语境之中,但都有着人们长期实践中所形成的规范,即一种协调性规则。以往的结构主义语言学翻译研究范式只关注语言表达层面,而不关注语用层面,所以是很不全面的。试看下面我国某翻译教科书上的一段短文翻译:

> 有一次,在拥挤的车厢门口,我看见一位男乘客客客气气地问他前面的一位女乘客:"您下车吗?"女乘客没理他。"你下车吗?"他又问了一遍。女乘客还是没理他。"下车吗?"他耐不住了,放大声问,那女乘客依然没反应。"你是聋子,还是哑巴?"他急了,捅了一下那女乘客,也引得车厢里的人都往这里看。女乘客也急了,瞪起一双眼睛回手给了男乘客一拳。(摘自李素丽《我属于乘客》)

这一段的译文是:

> Once I heard a man politely ask a woman in front of him at the crowded door of a bus, "*Are you getting off?*" The woman made no response. "*Getting off?*" he asked again. The woman still made no response. "*Getting off, or not?*" he shouted, as he was getting impatient, but there was still no response. "*Are you deaf, or dumb?*" he burst out. Very much irritated, he gave her a slight push, which attracted the attention of other passengers. Also irritated, the woman stared at him and hit back.

---

① 以上例子摘自真田信治等,《社会语言学概论》,上海:上海译文出版社,2002:第115页。本文略有改动。

我们注意到文中男乘客对女乘客发问的三句话实际上是相同的非言要旨,即通过问她是否下车提醒她让道。汉语原文中这三句话的语旨强度是由弱变强的。虽然言语对象没有变,环境也相同,但他以为女乘客对他的问话拒不回答,因此生气而越来越加强了语气。所以第一次问话,他使用了汉语中的敬称"您",体现了礼貌与客气,欲使交往得体和合理。第二次改为没有敬称的一般性的问句,但仍为全称(即主谓俱全)的问句,即改"您"为"你",而第三次则使用单称问句,不再使用代称。这说明汉语中语旨强度的不断加强。虽然英语没有相对应的人称代词敬称用法,但可以通过不同的句法或词汇手段表达这种强弱对应。遗憾的是译文并没有充分把握这种强弱变化的不同形式。如第一次,就使用了一般性的问句,没有体现言说者力求礼貌得体的特点。如果把"Are you getting off?"这种一般问句变为反义疑问句就显得客气礼貌得多,如"You are getting off, aren't you?";而译文的第二次和第三次问句如果不以语调轻重区分,仅从句式上看,显然第三句语旨强度更弱一点,即,应把它们的位置颠倒过来。如果这三次问话依次译为"You are getting off, aren't you?""Are you getting off?""Getting off?"(或"Getting off or not?"),就可以体现出语旨强度由弱到强的变化,这才转达了原文本中言说者的语旨强度问题,才是正确的译文。翻译中所处理的各种语言表达都是有具体言说者和言说语境的言语行为,在它们的下面都有支配它们的非言要旨,即言说者的意向性,这才是主语句。只有充分地理解了这个语旨与语旨强度问题,才能根据不同的环境准确地译好其副语句,即语言表达层面的内容、表达形式及语调、语气等。所以翻译研究应以言语行为理论作为语言学基础。

4.1.3　普遍语用学的翻译观

普遍语用学的语言学基础是言语行为理论,这一理论对言语现象作了双重结构的划分,即施为层与表达层。这种观点对翻译活动有很大的启示性。因为翻译活动是一种跨文化的交往行为,因此也是一种言语行为,而且是更为复杂的言语行为,它包含着两个层面的交往,首先是现实文本中的交往,即作者与译者的交往层面,其次是观念文本中的交往层面,即书中主人公间的交往关系。在每一层面的交往中又可以区分出主语句与副语句,即非言要旨(语旨)与语言表达层面。在现实文本中,作者的非言要旨即他的写作动机与意图。表达层面则是他的作品本身。所以,他的表达层面(即作品)实际上就是他的情感倾向与立场、观点的表现和价值判断与选择,借助观念文本中的主人公来表现出来。结构主义语言学的翻译观只关注语言表达层面而宣判"作者的死刑"是毫无道理的,因为这样一来,文本将成为无本之木、无源之水。作品虽是一个客体,但它是主体化的客体。著名文论学家巴赫金曾指出:"作者是唯一积极的组织力量,这种力量存在于心理学所指的意识之中,而且存在于有稳定价值的文化产品之中。同时作者的积极反应表现在对整个主人公的积极观照中(这一观照的内容又受到作者积极反应的制约),表现在主人公的形象中,表现在展示主人公的节奏中,表现在语调结构及对诸多含义因素的选择。"① 也就是说,观念文本来自现实文本,是作者将取材于现实世界的素材经过他的组织加工变成了艺术作品,他本人也整个地体现在被创造的产品之中。结构主义文艺理论把作者完全放逐,认为作品一旦创造出来就完全脱离作者,甚至完全与现实世界隔离,封闭成为一个独立的世界。这种观点是很值得商榷的。当然,语文学范式的研究重点就作者的生平、经历等进行传记式批评的方式也失之偏颇。我们在以实践哲学为基础、以交往理论为指导进行翻译学建构时应避免这两种倾向,首先应把翻译活动看成一种跨文化的交往活动,即与作者的一种平等对话和交流,要尊重原作者的意向性,尊重他的情感表达与价值观念。这是交往合理性的基础,也是对他文化的尊重,因为文化交往的合理性从根本上来说是从人与世界的相互关系中产生的,人是以自己的活动和行为确证着他在这个世界上的存在与地位的。如果我们歪曲或篡改原作,实际上,不仅是不尊重作者本人,也是不尊重其文化。这在西方一些译者身上常有体现,他们自恃文化的强势而任意篡改其他文化中的原作,把他们的意识形态与文化立场强加于原作者。这是不合理交往的典型例证。

在第二层面上,主要是主人公之间的交往。这虽然是观念性文本中的交往,但也是以现实生活世界为背景和参照的。我们仍然可以利用还原法来检验并通过语言表达层面深入到非言要旨层面,对主人公做深入的理解。同时,在第二层面的理解中,我们不能忘记第一层面同它的关系,认真探讨作者与主人公间的关系,因为虽然在不同类型的文本中,作

---

① 巴赫金,《巴赫金全集》,石家庄:河北教育出版社,1998:第4页。

者与主人公的关系并不相同,但他们始终是有密切关系的,这一点正如巴赫金所指出的:"主人公不仅在艺术形式上,而且首先在认识伦理上,受到作者评价和界定,而这一点渗透到了纯审美的、最终完成作品的形式中去。"① 也就是说,文本中的人物关系、对话、描写等虽然有着主人公的非言要旨,但又无不与作者的非言要旨有关,是作者意向性以不同形式的表现。所以第二层面的观念性文本始终是服务于第一层面的现实性文本的,也是以它为基础的,任何把观念性文本孤立起来或封闭起来的做法都是有违实践哲学的基本原则的。

对于不同语言表达形式与语旨的关系,哈贝马斯用主题化的方式对它们加以区别并提出不同的普遍有效性要求,这都对翻译活动提出了指导性原则。例如,表示事实之呈示的表达式是断言式,表达内容在这里被主题化了,而言说者交往关系则处于隐蔽状态,对于这类表达式我们应采取的交往态度应是认识式的客观性态度,普遍有效性要求应是真实性;表示合法人际关系的相互作用式语言表达是对话式的,在这类语言表达中交际关系被主题化,表现为协调性,普遍有效性要求是正确性或适当性;如果表达式是一种言说者的主观性揭示,则是语言的表达功能体现,在这里言说者意向性被主题化,其普遍有效性要求是真诚性。哈贝马斯的普遍语用学认为,只有用交往行为才能把语言对客观世界的认知功能、在社会规范中的协调功能以及在表达情感和展示自我时的表达功能统一起来,并把语言视作达到理解和形成共识的中介,从而使交往走向合理。而这种合理性的中心问题是使主体间没有任何强制性,在平等基础上进行交往。

翻译研究就是在这种合理的原则基础上建立起来的一个跨文化交际和语际转换的理论体系。这就是一种普遍语用学的翻译观。

4.2　建构主义翻译学的理解观

4.2.1　绝对主义的意义观与理解的机械性

"理解"是翻译活动中至关重要的概念,一般说来,理解是对意义的把

---

① 巴赫金,《陀思妥耶夫斯基诗学问题》,北京:生活·读书·新知三联书店,1988:第93页。

握。但是,由于各种意义理论并不相同,对"理解"也有了不同的解释,其方式也很不同。因此,我们要弄清"理解"问题,又始终离不开关于意义理论的讨论。尽管历来各种哲学思潮、各个语言学理论对于意义有着多种解释,但基本上可以分为两类:一种是关于意义的绝对主义观点,另一种则是意义的相对主义观点。绝对主义的意义观认为意义即为"真",所以是确定的、客观的、绝对的和先于理解而存在的。这种观点在翻译研究中表现为文本的意义,它在文本之中,而这种意义就是作者的原意。它是先于阅读活动存在的,是确定的。这种观点与古典诠释学有密切的关系。因为在神学诠释学与经典文本的诠释中,文本的语言是神的喻示,或是圣人之言与先哲之言。这些语言有着确定的意义并且具有真理性,因此是唯一的与权威性的,人们不需要对它做任何事情,只需要努力去弄清它们到底是什么意思,发掘其中蕴含的真理思想,以便以它们作为现实的指导或真理指示。读者的任务就是对文本进行研究与考据,以确立语词、语句以及文本的精确意义。这种发掘考据文本词句深邃内涵的理解方式后来就演变成语文学的研究方式,也成了语文学范式的翻译研究的主要方法。

这种研究范式的理解往往只重词语与语句的发幽探微,尤其是对那些富于启发性的句子言辞,而不注重文本的整体结构关系,不注重理性分析而偏重于直觉的经验与天赋的灵感。所以说"领悟"常常是"理解"的同义词,认为字面上的分析只能流于肤浅,未能得其精髓。这种"理解"的模式在我国是有相当深远的历史传统的,在我国的文论及诗论中,这是十分普遍的看法。例如,钟嵘在其《诗品》中曾提倡"陶性灵,发幽思,言在耳目之内,情寄八荒之表",这种理解带有一定神秘性,之所以如此,是因为文本意义具有神秘性。正如袁枚所说:"凡诗之传者,都是性灵,不关堆垛",也就是说,凡是可以流传的好的诗作,并不在于辞藻的华丽与典故的堆积,而是诗之性灵使然。而作品的性灵又来自作者的性灵,即作者的禀赋天资。如果理解一部作品要理解其性灵,而性灵之所在正是作者本人,那么理解作品就是对作者本身的理解。这种认识是很容易导致对文本之外事物的关注的,即对作者的生平、经历的了解。正如斯宾诺莎在其《神学政治学》一书中所说,我们要更好地理解文本,就必须了解"每篇作者的生平、行为和学历,他是何许人,他著作的原因,写作在什么年代,为什么人而写的,用的是什么语言。此外还要考求每篇所经历的遭遇,最初是否受欢迎,落到什么人手里,有多少不同的原文……"①

　　这种理解方式过分强调对作者原意以及作品外部的研究,忽视作品内部的研究,后来受到广泛的批评。例如,美国批评家维姆萨特和比尔兹利在《意图谬见》一书中就指出,就衡量一部文学作品成功与否来说,作者的构思或意图既不是一个适用的标准,也不是一个理想的标准。这一观点对后来的新英美批评学派影响很大,其代表人物韦勒克和布鲁克斯都强调研究所关注的重点应是作品本身而不是作者的思想状况和心理研究。因为作品一旦创作出来,就立即脱离作者而来到世上,它已属于公众,作者的用意已不复作用于它。后来的结构主义理论就更为激烈地反对作者原意说。罗兰·巴特宣布"作者死了"就是典型的例子。这样使得理解的理论也从作者的意图性,或作者的原意说转向了文本的结构研究上,其方法也从考据式和训诂的研究方法变成了语言的分析方法。

　　但是这种意义的绝对主义观点并没有在结构主义语言学中得到改变,只是原来的作者原意说被换成了语言结构说。这种语言学的意义观仍旧认为意义是先于理解而存在的,是确定的、精确的。这里所谓的"真"则是事物的本原与本质。结构主义语言观认为语言是理性的代表,是世界结构的展现。事物的本原与本质的"真"是可以在语言结构和规律中表达出来的。因此,语言逻各斯中心是结构主义语言学发展的一种必然结果。这样一来,神的喻旨、圣人之言的"真"变成了事物本原与本质的"真",而对这种"真"的追求又转变为对语言精确性与规律性的追求。这使得科学精神在人文与社会科学领域中占据了统治地位。结构主义语言学之所以能风靡世界数十年,在语言学以及文艺学等人文社科领域有很大影响,是因为它迎合了人类的一种思想共性,即追求绝对与永恒。人类渴望在千变万化的世界上,在纷纭复杂的万事万物中有一种亘古不变的本原性存在物,一种所谓的"宇宙理性",认为这才是意义之所在。在科学精神居主导地位的近代社会里,人们对理性的追求更加强烈,因此科学实验与科学实证成了人们检验和衡量知识的唯一标准。这种思想同样深深影响着人文与社会科学领域。一切人文与社会现象也都普遍地采用了理性分析的方法,试图找到事物的"简单性质",并从这里进行严密的由简单到复杂的演绎推理,从而得到具有确定性、客观性和绝对性的科学知识。

---

① 巴鲁赫·斯宾诺莎,《神学政治论》,北京:商务印书馆,1963:第111页。

这种知识是把事物看成一种关系或抽象性关系的组合。这样一来,人们对意义的追寻就不可能再以直观中感悟的方法获得,而是通过理智的分析与演绎的推理方法才能获得。在这种思想指导下形成的结构主义,无论是在语言学还是文艺理论的领域中,都具有这样的性质。结构主义语言学认为语言就是一种由各种关系组成的结构系统,意义就是在这些结构关系的对立与差异中产生,人们可以通过语义—句法的关系规则把预先存在的思维内容固定下来,这就是编码过程。读者的阅读过程是解码过程,即通过同样的语言规则运用语言分析的方法取得已编入的思维内容。翻译活动则是用另一种语言的语义—句法规则再次把这些思维内容编进去而已。他们认为各种语言有着相同的或普遍性的表达能力。用一种语言所表达的东西,完全可以用另一种语言表达出来。

这种语言观与翻译观已把纷繁复杂的思维过程和翻译活动变成了简单化的机械性操作了。它的理解活动成为人人皆可为之,且完全以相同结果来结局的机械化操作了。

这种意义观的"理解"概念在后结构主义那里受到了质疑,但后结构主义的意义观又走上了另一个极端,由绝对主义走上了相对主义,其"理解"的概念也变成了主观相对主义的产物。

4.2.2　相对主义的意义观与理解的任意性

与绝对主义的意义观相反,相对主义的意义观认为意义是不确定的,不是唯一的,更不是精确与客观的。在这一方面,解释哲学是代表性的理论。这种哲学思潮摆脱了认识论主体哲学的主—客观对立的理解模式,把"理解"视为人存在的方式,从而扭转了人们对已给定的外部事物的理解方式,转入了对人的存在的本体性思考。在这一方面,海德格尔是代表性人物,因此,人们认为是他完成了诠释哲学的本体论转折。承认理解是人存在的一种方式意味着任何人在理解之前就已存在于世界之中,他的理解活动并非始于一种空白,而是基于一种对世界的先有、先在、先识的"前理解结构"。这种结构构成了我们理解事物的预期结构,并参与了我们对世界新的理解,从而扩大了人存在的范围和可能,使理解活动变成一种创造性活动。在这种理解活动中存在者遭遇存在的方式得以彰显。在翻译活动中,这种彰显会更明显地凸显出来,因为存在者是在不同的生存环境下存在,其存在方式比同一文化内的存在者更为不同,所以其理解过程将更为复杂和富于哲学意义。伽达默尔继承和发展了海氏的观点,进而把这种前理解结构叫做"合理的偏见"。他认为这种偏见是人存在的历史条件赋予的,一个人降生在一定的历史文化环境中,这种环境就先行地占有了他,他不可能摆脱这种偏见,这正如他不可能摆脱自己的历史性存在一样。这种前理解结构或偏见既是人存在的现行状态,也包含了他的过去。当他以此为基础去理解新的事物时,又把他带到了将来存在的可能,从而开拓了人存在的视野。而作为理解的对象,文本在解释哲学看来,只是被客体化了的主体,这个主体(作者)同样也包含了他的前理解结构,所以意义并非仅在他的心中或口中,也不仅仅在于文本之中;在被读者接受时,这两种知识视域,或前理解结构会发生碰撞与融合,即发生对话,在这种对话过程中所生成的意义才是理解的结果。但由于读者的前理解结构并非完全一样,所以,在对话中所生成的意义也会不尽相同。所以意义不可能是确定的,更不可能由语言结构规律锁定。这样一来,所谓理解问题已不再是主体对客体的关系,而是主体与主体之间的关系了。其结果是原来意义的确定性被打破,唯一性也不复存在。由于主—客观对立的认识关系被主体间对话关系所取代,原来意义的客观性也就随之消失,变成了生成性、开放性和主体间性的。这种理论把理解看成人在世的方式,从而肯定了偏见的合理性,同时又肯定了意义在主体间的生成性。因此,意义就必然向着一切可能开放,从而变得不确定,成为一种带有相对性的东西。由于这种理论并没有给意义的对话生成附加任何限制条件,结果必然导致理解的失范,使得人们无法判断你所得到的意义是否正确,即失去判据。正如艾柯等人在《诠释与过度诠释》一书中所批评的那样,"这种批评方法无异于给读者无拘无束、天马行空地'阅读'文本的权力"。[①]

这种诠释理论受到了来自各方面的批评。其中有来自结构主义的,如罗兰·巴特曾与伽达默尔有过这方面的争论;有来自实践哲学的,如众人皆知的哈贝马斯与伽达默尔的争论;也有来自接受理论对它的批评,等等。

罗兰·巴特主要批评伽达默尔对文本的忽视,认为如果人们对文本

---

① 艾柯,《诠释与过度诠释》,北京:生活·读书·新知三联书店,1997:第10页。

的理解和解释带有任意性,那么文本就失去了作用,也就消失了。接受理论也批评解释哲学对"理解"的解释,如霍拉勃在《接受理论》一书中批评伽达默尔关于对话的概念由于设想的是"两个对话者之间的理想交流,从而歪曲了理解的实际情况,其本身又成为一种掩盖了具体社会关系的思想游戏"①。哈贝马斯则批评了解释学过分强调语言的作用,甚至颠倒了语言与现实的关系。哈贝马斯从实践哲学的观点批评伽氏,说他"用语言所表达了的意识决定实际生活的物质存在",从而走上一种唯心主义道路。哈贝马斯认为语言只是社会现实的一部分,社会现实还存在着其他的构成要素,"语言的这种包括其他成分的从属性以一种理论的现实主义为其先决条件,按照这种理论的现实主义,语言被看作是植根于其自身以外的某种东西之中"②。很显然,这里所说的"其自身以外的某种东西"指的就是现实世界。也就是说,语言是植根于现实世界之中,而不是现实世界存在于语言之中。

此外,哈贝马斯还批评了伽达默尔的解释学的对话性意义生成的相对性问题,并从生活世界的交往实践立场出发,提出了普遍语用学的理论。他不仅重释了"理解"的概念,也提出了人类交往活动的普遍性原则,从而发展了意义理论和有关"理解"的理论。

4.2.3 哈贝马斯对意义的绝对主义和相对主义理论的超越

为了超越上述关于理解与意义理论的绝对主义与相对主义,哈贝马斯重新界定了"理解"的概念。他认为:"达到理解的目标是导向某种认同。认同归于相互理解、共享知识、彼此信任、两相符合的主观际相互依存。认同以对可领悟性、真实性、真诚性、正确性这些相应的有效性要求的认可为基础。……它最狭窄的意义是表示两个主体以同样的方式理解一个语言表达;最宽泛的意义则是表示在彼此认可的规范背景相关的话语的正确性上,两个主体之间存在着某种协调,此外,还表示两个交往过程的参与者能对世界上某种东西达成理解,并且彼此能使自己的意向为对方所理解。"③

---

① 转引自王先霈、王又平主编,《文学批评术语词典》,上海:上海文艺出版社,1999:第439页。
② 转引自霍埃,《批评的循环》,沈阳:辽宁人民出版社,1987:第157页。
③ 哈贝马斯,《交往与社会进化》,重庆:重庆出版社,1989:第3页。

从上述的阐述来看,哈贝马斯关于"理解"的逻辑起点就已经超越了主—客观二元对立的认识论模式,而把理解建筑在"主体际"上了,而且使主体际性成了他建立交往理论模式的核心范畴。但是,应指出的是,他凭借语言符号系统而建立起来的主体际代表着一种"共主体性",有别于解构主义所说的主体性和主体际性,因为在诠释学那里给予强调的是个体主体与个体之间的主体间性(如作者/文本与某读者之间)。哈贝马斯有时也用"两个主体"这一概念,但他指的是整个社会交往过程的一个片段。另外,哈贝马斯把这种交往过程置入一个"规范性背景"之中,这个规范性背景就是指人的社会性,每个人都是以他人作为背景而生存的,社会便是"泛化了的他人"。这样的世界构成了人们交往的背景共识。它为我们每个人与其他人所共同拥有并相互关联。如果我们没有这样一个背景共识,我们的日常实践就会变得混乱不堪,理解活动将成为不可能。这种背景共识是一种规范化了的语境。这种规范化是人们在长期的社会实践中形成的,为人们所接受、所遵守并自觉维护的一些规范与准则。每个主体都在这种社会规范下行动,尤其是交往行动。这些规范与准则对行为有协调作用:在交往中,各交往主体不断地用这种背景中的他者作为参照,来进行自我认识与自我批评。这样就使得社会群体所进行的总的社会经验与行为直接出现在他自己的经验中,使他能在这一社会经验与行为的参照中,协调自己与他人的关系以及调整自己的行为。这是一个使个体的理解行为社会化的问题,所以不是如解释哲学所认为的那样,认为每个人的前理解都是与他人不同的一种"偏见",每个人的知识视域也都各自不同,因此其理解的结果也各不相同。哈贝马斯则强调这种个体主体的社会性的一面,并把社会理解作为个体理解的参照与检验,反对把交往主体视作与世隔绝、天马行空、不受社会限制与制约的主体。这就与伽达默尔和海德格尔所倡导的主—主对话有很大区别。哈贝马斯认为他们的对话理论过分地强调了个体主体间的差异性,把他们的知识孤立化了,忘记了个体的知识对社会知识的依存性。一般说来,个人的知识来源于社会知识,人的有生之初并无知识可言,但受教育的过程以及在社会中成长的过程就是社会理解先行地占有他的过程,从而构成了他的先有、先在、先识这种前理解的基础。社会知识是人类在长期社会实践中不断积累、丰富,经过证实、证伪、归纳、总结、筛选、整合的结果,它为全人类所共享,并成为他们认识的共识性背景。交往行为和交往的过程正是对这些知识的不断扩大和发展。无论个人有什么创见,都是建立在这种背景共识基础之上的,而不是脱离它凭空创造出来的。无论是带有怎样的"偏见"的理解活动,都必然建立在社会理解基础之上。

当然,哈贝马斯也承认个性差异,同时对它十分关注,而且把这种差异性作为交往活动的基本出发点,他所提出的交往目标是"达成共识",这其中就已包括了以个性的差异作为前提条件,否则就无所谓"达成共识"了,人类的交往活动也是多余的。

解构主义的翻译观因强调个体主体之间的差异性,使个体主体的个人意志得到过分的张扬,在强调意义为对话生成中使理解失范,也使意义生成带有任意性,使得"翻译无标准可言"。这正是把个体理解与社会理解脱离,并把它建立在虚无之上的结果,同时也忽视了交往中的背景共识性与交往规范性。哈贝马斯对上述问题的强调就是要克服意义生成的相对主义倾向。

哈贝马斯在他的"理解"定义中还强调了"现实世界"的问题,即把理解活动置于一个同一的"原初语境"之中,这是一个宏大的主—客背景,即人的赖以生存的物质实存世界。没有这样一个物质实存世界,交往活动是无法进行的。这一点正如阿佩尔在《哲学的改造》一书中引用皮亚杰的观点说:"若没有一个实在世界的存在,没有一个在各方面都必然是可表象的,也即可知的实在世界,那么,指号对意义来说就不可能具有任何表达作用。"[①] 人类正是在不断认识和改造这一物质世界的过程中才产生了交往的物质活动和精神活动,人们在这些实践活动中获得的知识是带有自在客观性的,并非仅仅是人类自为的客观性,所以,知识的客观性是不容忽视的交往基础。人们不只是生活在语言构成的精神世界里,也同时生活在物质的实存世界中。伽达默尔和海德格尔把人与客观实存世界都归于语言的存在,必然会导致虚无主义与意义的相对主义。哈贝马斯接受并改造了卡尔·波普尔的"三个世界"的理论,把人们引出语言的魔圈,走出虚幻与相对主义,引向"世界上的某种东西",即外部实存世界,从而构成对理解的客观性约束。因为客观物质世界有着不受主体制约的自在客观性,这种客观性是主体间对话中意义生成的基础,即知识的客观性基础,如果在对话中所生成的意义不符合知识的客观性,我们有权说这种理

---

① 阿佩尔,《哲学的改造》,上海:上海译文出版社,1994:第120页。

解是不正确的。当然,在人文与社会科学领域中人们所说的"客观性"大多指"自为的客观性",它是被社会意识、价值判断与情感判断所公认的一些一致性的认识,这种认识是在社会群体主体的交往中,人们通过协调消除了主观片面性、偏激性而达到的一种共识,这种共识性认识也可以看作一种客观性的东西,即自为客观性。伽达默尔和海德格尔等人只强调了主体间对话性与生成物的差异性,没有看到人们对话与交往的目的并不是从差异性出发而达到新的差异性。恰恰相反,对话与交往的目的是从个体主体的差异性出发,通过交流、论辩、协调,达到一种共识性认识。这一过程正是每一个对话参与者克服各自的偏见而达到新的基础上的认同,这才是意义之真正所在。这也正是自为性客观性逐渐形成的过程。哈贝马斯正是用这两种客观性(自在的与自为的)来遏制意义的相对主义与绝对主义倾向的。

4.3 从言语行为理论到普遍语用学

4.3.1 奥斯汀的言语行为理论

约翰·奥斯汀是英国著名语言学家、牛津日常语言学派的代表人物。他首开了言语行为理论的先河。与人工语言学派不同,他认为哲学应关心现实语言现象,而不是制造理想语言来解决哲学问题。人工语言学派仅把语言看成描绘事实的工具,并把语言看成一种抽象实体,这不仅与世界隔离开来,也大大简化了语言的功能。只有对日常使用中的语言加以分析,认清它的功用才能澄清原来用语言加以区分和联系的那些现象。因为语言与世界的联系是通过言语活动来体现的,只有对言语进行研究才能把语言与广泛的社会生活背景联系起来,并在人际关系中考察语言。奥斯汀接受后期维特根斯坦的语言哲学,把日常语言分析同实用主义和行为主义以及现象学结合起来,形成了他独特的语言哲学思想——"语言现象学"(linguistic pheno-menology)。在这种思想之中,他关心"说的语言"(speech)而不是抽象的语言形式,把人们在交际中的语言使用看成"人们社会行为的一部分"。而最基本和最现实的语言现象就是"言语行为"(speech acts)。

在索绪尔的结构主义语言学中,曾对语言和言语进行过区分,但索绪尔更倾向于前者,即对语言系统的研究,而把言语问题排除在外,认为言语是人们实际使用中的,带有私人性质的语言现象,缺乏规律性。而奥斯汀的看法与索氏不同,他把语言和言语看作言语行为的两个组成部分,且更关心后者,即言语的规律性问题。他认为在人们的交往中,言语本身就是交往活动的模式,所以他把语言研究纳入言语行为的研究之中。他认为这样语言研究才能落到实处,不仅使言语现象具有语言学和哲学上的意义,而且使它具有社会交往和行为规范的意义,因为人们说出的语句不仅受到语义与句法规范与习惯的制约,同时作为一种社会行为也还要受社会习俗和规范的制约。这些习俗与规范是多年生活经验中逐渐形成并为人们所遵守的,具有制度意义。这样奥斯汀就通过对言语行为的特征分析把语言与社会生活联系起来。

奥斯汀的言语行为理论最初是从日常语言的功能开始的,他首先区分了履行式(performatory)说话方式和记述式(constatory)说话方式。前者包括说话人作出许诺、表达感谢、表示同情、发出命令、提出警告等语句,他认为这些语句都是人们使用语词或语句去做某事。而后者是可用真假判断的描述事物状态的句子,尤其是传统上所说的陈述句。他认为履行式是不能用真假来判断的,只是得体(happy)与不得体(unhappy)的问题,从而结束了认为真假二重性是语言普遍特征的认识,让人们看到了语言的多功能性。

但是后来奥斯汀又修正了他的这种划分,认为记述式也只是履行式的一种形式,它是语言的一种基本功能,说与做是不能截然分开的,实际上"说话就是做事"(saying something is doing something),从而开始了他"说做统一论"的理论。所以他在《如何以言行事》一书中经过一番讨论之后说:"It is time then to make a fresh start on the problem. We want to consider more generally the senses in which to say something may be to do something, or in saying something we do something."[①](现在该是我们重新开始这个问题的时候了,我们要更加普遍地重新考察说话可能就是做事或言有所为的那些含义了。)

在奥斯汀的言语行为理论中,他区分了三种不同的言语行为:① 话

---

① J. L. Austin, *How to Do Things with Words*, 北京:外语教学与研究出版社,2002:第91页。

语行为(locutionary act);② 话语施事行为(illocutionary act);③ 话语施效行为(perlocutionary act)。也有人把这三种类型译为① 语谓行为,② 语用行为和③ 语效行为,或① 说话行为,② 非言行为和③ 由言行为,还有人把后两者称为"言外之力"和"以言取效"。

话语行为是指说话人说出某个具有意义的语句的行为,如某人说出"请把门关上"这样一个句子的行为。

话语施事行为是指以某种话语施事的力量说出某个语句。如上面的一句话,除了说话人说出这样一个语句(请把门关上)的行为之外,还对言说对象提出了一个要求,或劝告或命令这样一种行为,这种行为是"非言(或言外)行为"。

话语施效行为是指那些说话行为对听话者、说话者以及他人的情绪、思想或行为产生某种后果性影响,如被说服、劝告、戏弄或打扰等。

奥斯汀把第二种言语行为作为其研究的重点,形成他理论的核心,并把这种言语施事行为进一步分为五类,即① 裁决式(verdictives),② 运用式(exercitives),③ 承诺式(commissives),④ 表态式(behavitives)和⑤ 表明式(expositives)。也有人译为① 评判式,② 行使式,③ 承诺式,④ 行动式和⑤ 解说式等。

但更重要的是,他在研究这种非言行为时提出了对语言维度的新见解,即把言语行为实行中的"适当性"发展为非言行为的要旨(force),而把陈述式的真值发展为说话行为的意义(包括意义和指称),这样一个说出的话语就可以从以上两个维度来划分,即①指陈部分可以用真假来判断,因为在这一部分中,人们是用词语指涉外部世界的事物和事态的,是语言和世界之间联系的纽带,而②施为层面(或实行层面)则是与言说者的意图性相关。例如,"你要离开房间"这样一个语句,它可以是一个请求,也可以是一个命令,还可以是一个预言,这三种非言要旨显然是不同的,它表现出言说者的一种意图性,与它们言说行为意义(说话的意义)是相同的。后来塞尔把这种区分用 $F(P)$ 来表示,$F = force$(非言要旨),$P = proposition$(命题)。同时他又把要旨分为不同强度,从而可以表现在不同人际关系中和不同语境下的语言使用的适当性问题。

虽然奥斯汀的言语行为理论尚未达到系统化的理论程度,但仍不失其重大的哲学意义,对翻译学也有很大的启示作用。

首先这种语言观改变了人们传统上对语言的看法。传统上人们把语言看成与世界相对应的符号系统,它的主要功能是描画世界;这样不仅局限了语言的功能,把语言仅看成传达有关事实的信息,成为表达真假的命题,也很容易把语言系统看成与人无涉的独立系统,从而走向静止与封闭。言语行为理论则把它看成一种人与世界的关联纽带,把对语言的思考纳入人类行为和人与世界这些关系的大背景中重新加以考察,这样可以使人对语言有更为本质的认识。同时这种语言观可以促使哲学的新的转向,即从理论哲学转向实践哲学。

其次,这种语言观把语言学研究建立在生活世界的基础之上。传统的语言学研究把语言与生活世界隔绝开来,使它成为科学研究的工具,而忽视其与现实生活的关联。例如,人工语言学派以及后来的结构主义语言学,都只注意语言的工具性,因此强调它的精确性与意义的单一性,从而突出了语言规律的决定性作用,逐渐形成语言逻各斯中心。这种语言观在很大程度上窒息了人文性,迫使人们在人文与社会科学领域中也按这种观点去理解现实生活世界的语言问题,从而限制了这些学科的发展。言语行为理论打破了语言的封闭性与神秘性,把自然实存世界、社会世界以及主体精神世界这些现实世界联系起来,成了它们的中介,使得语言的人文性与社会性得以突显,从而促进人文与社会科学的发展。

第三,奥斯汀提出了观察语言和研究语言的新维度,即"适当性"问题,这必将促进交往理论的发展。由于它强调了语言使用的合理性问题,这样就引发出交往伦理问题,后来哈贝马斯的交往行动理论也正是从奥斯汀这种思想中汲取了营养,并使这种思想在他的理论中起到了奠基的作用。

第四,奥斯汀的这一言语行为理论也为翻译学提出了研究的新视角,使翻译学走出传统的结构主义模式的局限,也从解构主义模式的混乱与无序中走出来,重返理性,使建构的翻译学研究成为可能。

4.3.2 塞尔对言语行为理论的发展

约翰·塞尔是奥斯汀的弟子,在英国跟随奥斯汀学习,后回美国继续从事研究,是言语行为理论的主要代表人物。他修正和发展了这一理论,使之成为更理论化和系统化的语言学理论。也可以说,塞尔不仅从语言哲学的角度在深度与广度上发展了奥斯汀的理论，同时也把这种语言哲学的研究与心智哲学（或称判断心理学）有机地结合起来。

塞尔把重点放在语言哲学的研究上，而不是满足于对经验语言现象的分类，所以他首先区分了语言学与语言哲学。他指出语言学的主要任务是描写自然语言的实际结构，而语言哲学是从哲学角度揭示语言的普遍特征。他之所以对言语行为研究感兴趣，是因为他把言语行为作为语言哲学的基本概念。他认为"说一种语言就是从事一种由规律支配的行为方式"，[1] 即人们在说话时完成的是一种由规律支配的有意向行为。而人们在交际中，其基本单位就是言语行为。他指出："所有语言交际都涉及言语行为。语言交际的单位不是人们通常认为的符号、词或句子，甚至也不是符号、词或句子的标记，而是在完成言语行为中符号、词或句子的产生和说出。把某个标记当作一个信息，就是把它当作一个构造的或说出的标记。更精确地说，在一定条件下句子标记的产生或说出就是言语行为，言语行为……是语言交际的基本或最小单位。"[2]

此外，塞尔把言说行为的研究与语言理论研究结合起来，他认为，"对言语行为理论的充分研究就是对语言的研究。"[3] 他不是把语言与言语对立起来，而是认为语言理论应是行为理论的一部分，言语行为理论正是从行为的角度对语言本身的研究，因为语言是在各种言语行为中构成和体现的，只有对言语行为进行研究才能对语言系统有更全面和更本质的认识。

塞尔的言语行为理论还改变了传统的意义观。他认为言语行为与意义是密切相连的。"意义"在塞尔看来"是派生的意向性的一种形式"。[4] 他说："说话人的思想的原初的，或内在的意向性被转换成语词、语句、记号、符号等等。这些语词、语句、记号和符号如果被有意义地说出来，它们就有了从说话人的思想中所派生出来的意向性。它们不仅具有传统的语言学意义，而且也具有有意图的说话人的意义。一种语言的语词和语句的传统的意向性可以被说话人用来执行某个言语行为。当一个人执行一

---

[1] J. R. Searle, *Speech Acts*, Cambridge: Cambridge University Press, 1969: p116.
[2] ibid.
[3] ibid., p17.
[4] 约翰·塞尔，《心灵、语言和社会：实在世界中的哲学》，上海：上海译文出版社，2001：第135页。

种言语行为时,他便将他的意向性赋予了这些符号。"①

举个例子来说,如果某人说"天下雨了"这样一句话,它包括了两种意义:一种是语句或语词的意义,另一种是说话人的意义或话语的意义。在这里,说话人的意义包含了他要向听话人传达的意向,即意图,如劝他不要走或提醒他带上雨伞等等。除此之外,他还必须首先完成他要说出这个语句的意向,并使说出的话语具有满足条件的意向,即当时果然是在下雨,这样才能使所说出的话成真,所以这种满足条件是一种成真条件。而当听话人听到这个语句,并理解了你的意图,你这句话才真正产生出交际的意义。

所以,塞尔所提出来的意向性理论是一个非常重要的理论,这一理论把外部实存世界、言说者的内心世界和社会世界通过言语行为这一中介紧密地联系起来了。这样就打破了传统上的意义观,尤其是结构主义语言学由语义—句法规则确定意义的观点,也把解构主义那种意义在对话中任意生成的观点打破。这对我们的翻译学建设是十分重要的。

塞尔改造和发展奥斯汀的语言理论首先是从对言语行为分类开始的。在讨论表达意义和言语行为的区别时,塞尔首先区分了三种行为,这是与奥斯汀不同的:说话行为(utterance acts,即说出词、短语和句子)、命题行为(propositional acts,即指称某人、某物或预示某事)以及言外行为(illocutional acts,诸如陈述、许诺、命令或发问等)。

很明显,塞尔的划分比奥斯汀的分类更清楚,更不会造成含混。奥斯汀曾努力去区分他的话语行为与话语施事行为,但这两者又是紧密相连的,他自己也承认"一般说来,实施一个话语行为可以说也就是实施一个话语施事行为",反过来"实施一个话语施事行为必然要实施一个话语行为",所以"每个真正的言语行为都同时是二者"。他之所以这么做是因为他"要在把意义等同于意思和所指的那个意义上把力量和意义区分开来"。② 这样一来,奥斯汀似乎把一个语句的意义独立或中立于任何一种话语施事力量了。奥斯汀还尽力去区分话语施事行为与话语施效行为。实际上这种区别是没有必要的。因为一个话语如果具有警告对方的言外之意,它就已经施行了"警告"这一行为。至于对方是否在意这一警告,产

---

① 约翰·塞尔,《心灵、语言和社会:实在世界中的哲学》,上海:上海译文出版社,2001:第135页。
② 转引自杨玉成,《奥斯汀:语言现象学与哲学》,北京:商务印书馆,2002:第87页。

生什么效果或做出怎样反应,已是下一步的事,与这个话语的施事行为没有必然的联系了,所以塞尔的区分很不同于奥斯汀,没有把施效行为包括进去。塞尔的分类清晰合理。他认为发语行为和命题行为都是包含在话语施事行为之中的附属成分,命题行为所表达的内容是话语施事行为的内容,而对于同一命题内容可以施以不同的话语施事行为。所以命题就是各种不同的话语施事行为的共同内容。例如:

① 约翰将离开这个房间吗?
② 约翰将离开这个房间。
③ 约翰,离开这个房间!
④ 愿约翰离开这个房间。
⑤ 如果约翰离开这个房间,我也离开。

以上每个语句都是在施行一个话语施事行为。第一句是发问,第二句是预言或对未来事态的断言,第三句是请求或命令,第四句是表达愿望,第五句是对意图的假言表达。从中我们可以看到,在这五种话语施事行为中都有共同的附属性的行为,即命题行为,在这里我们指称了一个叫约翰的人,并述谓此人离开房间的行动。这个命题内容就是"约翰将离开这个房间"。但这一命题行为并不是陈述或断言这样的话语施事行为。当某人说"约翰将离开这个房间"时,他是在做断言性的话语施事行为,所以这其中隐含了"我断言约翰将离开这个房间"这一行为。这时命题行为似乎与断言性质话语施事行为是一样的了,其实它们是不一样的。

塞尔把重点放在话语施事行为的研究上,他以话语施事行为作为分析单位,共划分了五类言外行为,它们是人类使用语言的五种方式:一、告诉别人事物处于何种状态的陈述行为,即断言式行为(assertives),这种行为告诉人们某物如何及说话人对某物的情形,对被表达的命题的真理性加以认定。二、试图让别人做某事的指令行为,或称指引式行为(directives),这种话语施事行为是指说话者要求、命令、祈求、劝告听话人去做某事。提问或质疑也属于这类施事行为,因为它是要求听话人做出回答,因此也是一种话语施事行为。三、说话人答应去做某事的许诺式行为,或称承诺式行为(commissives),这是说话人向听话人就某种未来的行动做承诺。四、说话人表达某种情感或态度的表情式行为(expressives),如感谢、祝贺、道歉、欢迎等都属此类。五、说话人用话语来改变或给世界带来变化的宣告式行为(declaratives),这种话语施事行为是以它的成功实施导致命题内容与现实的符合,例如某人说"我任命你为会议主席",那么你就成了主席。

除此以外,塞尔还提出"间接言语行为"的概念。例如,某人进入你家之后说"你的房间温度不高",这并不是一种断言性话语施事行为,实际上是一种间接的指引性话语施事行为,即建议或要求听话人把窗子关上,或打开空调之类的指令行为,因为这种指令并不是直接以它惯有的表达方式传达的,所以称为"间接言语行为"。

塞尔认为这些话语施事行为都与心理活动有密切关系,可以说言语行为的结构是与人们心理状态结构有密切联系的,即实施一种言语行为就是表达一种心态。例如,断言式的话语施事行为表达的心理状态是言说者对其命题内容的相信,指引的话语施事行为表达了言说者欲求、希望或愿望的心理状态等,而承诺式话语施事行为表现的是言说者表示感激或快乐的心理状态等。

塞尔认为每个话语施事行为不仅与言说者内部心理有关,也同外部世界相关,即"言语和世界的适应方向"(the direction of fit between words and world)是不同的。例如,断言、陈述、描状、解释等话语施事行为是使言语符合世界的,即言语→世界适应方向,而许诺、请求、命令等则是使世界适应于言语,即世界→言语适应方向。这两种不同的适应方向是与心理状态密切联系的,如断言式反映的是言说者相信他所言说的命题内容与世界相符,应是真的,这里"相信"就是一种心理状态。相反,愿望或请求的话语施事行为就是言说者希望世界能满足他的愿望,所以就是世界→言语适应方向。这里"希望"也正是言说者的一种心理状态。

在此基础上,塞尔还提出了意向性理论,这一理论对目前关于翻译主体问题的讨论很有意义。

4.3.2.1 什么是意向性

在言语行为理论中,意向性(intentionality)是一个十分重要的概念,约翰·塞尔曾不止一次地讨论这一问题,他曾专门写过《意向性》这部著作,后来又在《意向性与语言的用法》和《心灵、语言和社会》等著作中反复讨论这一问题。他认为意义与意向性有密切关系,我们讨论言说者话语的意义和强调语旨问题,都和言说者的意向性有关。他为意义所下的定义就是"意义是意向性的派生形式"。这说明塞尔认为意向性是先于语言表达与话语意义的东西,这种思想是后来塞尔研究言语行为理论的前提条件,也说明了塞尔把语言哲学放在心灵哲学中进行研究的事实。

那么,什么是意向性呢?塞尔指出,"意向性是心灵的一种特征,通过这种特征,心理状态指向,或者关于、论及、针对世界上的状况"。[①] 在塞尔看来,意向性是把我们与环境,特别是与他人联系起来的纽带,所以他又指出,"我的主观状态使我与世界的其他部分相联系,而这种关系的一般名称就是'意向性'。这些主观状态包括信念和愿望、意图和感受以及爱和恨、恐惧和希望"[②]。

按照传统哲学的说法,塞尔把精神状态这种指向自身以外事物的特征称为意向性。如果言说者有一个信念,这种意向性就是相信某种东西;如果他有一种担心,那么它就是害怕某事发生;如果他有一种愿望,它就是愿意做某事或希望某事发生,等等。因此,我们说任何一句话,都是首先在你的心中有着某种意向性,因此意向性总是先行于言语行为的。人们说话、行事总是有一定意图的,同人的意识活动密不可分。这一点对翻译研究是十分有意义的。正如前面提到过的,结构主义翻译观把主体的意识性排除在外,强调了语言系统的自足性与语言规则的决定性作用,从而也切断了语言与言说者的联系,而后结构主义又过分地强调了言说个体的权力意志,过分夸大了个人意图性,使得意义生成产生任意性的偏差,这都是对人类的正常交往不利的,给翻译研究也带来灾难。

4.3.2.2 意向性的结构和与言语行为的关系

在意向性中,首先应区分以下的情况,即精神状态指向自身之外事物的情况与指向自身状况的情况。前者指包括信念、担心、希望或愿望等,而后者则指痛苦、得意、烦恼等内部心理状况。我们所说的意向性是指前者。

在这一前提下,我们可以再做下一步的区分,即,对一个意向状态(如信念、愿望、希望、害怕、视觉或知觉,完成一种行为的意图等)的内容和这

[①] 约翰·塞尔,《心灵、语言和社会:实在世界中的哲学》,上海:上海译文出版社,2001:第64页。
[②] 同上。

种状态所属类型之间的区别。如我们可以希望下雨,也可以害怕下雨,还可以相信天在下雨,那么"天下雨"这一部分就成了一个相同的内容部分。而这一共同的内容可体现于不同的意向性样式之中。这就使我们联想到言语行为的结构是由命题内容与语旨力这两部分组成这件事。实际上,这两种结构是完全吻合的。在言语行为中这种结构式可以用 F(P) 来表示,F 代表语旨力,而 P 则为命题内容。以上句为例,"天下雨"就是命题内容,这一命题可以与不同的语旨力结合而构成不同的言语行为,可以是"我希望下雨",也可以是"我害怕下雨",还可以是"我认为天在下雨"。在意向性理论中,意向性也同样有类似的逻辑式——"S(r)",S 代表心理方式,r 表示描述内容(representation)。

在这两种结构中,我们可以看到它们的联系,F 与 S 是相对应的,而 P 与 r 又是相对应的;也就是说,每一个言语行为的底层都是有其心理学基础,即意向性存在的。

意向性理论和言语行为理论不仅在结构的逻辑式上有着对应关系,它们之间还存在着另外一种内在联系,即言语行为理论中的适应方向(direction of fit)与意向性状态的适应指向。

这里,适应指向是一个十分重要的概念,它通过意向性使我们同实在世界相联系,也可以说是心灵用来联结世界的特殊方法。意向性的内容以不同的方式通过不同类型的意向状态与世界相联系的过程我们可以看成言说者用不同的适应职责(obligations of fitting)把命题内容同实在世界相关联的过程。在言语行为中,如果言说者使用的是"断言式"(陈述、描述、断言等)命题,那么就是语词指向世界的方向,而从意向性来说就是心灵向世界的适应指向(mind-to-world direction of fit),这时言说者具有一种心理的信念。这种信念责任就是使言说行为与一个独存的世界相一致。因此,这种言语行为或意向状态是可以用成真条件来检验的。但在另一种情况中,这种指向会相反,即世界向心灵的指向,在言语行为中是世界向语词的指向。这种情况就是当言说者在表达一种愿望或意图的意向状态时,若世界发生变化能如其所愿,就产生了满足条件,如果没有达到,就是没有产生满足条件。这里心灵的愿望与世界的关系就不存在或真或假的问题,只有满足与不满足的问题。

塞尔在讨论这一问题时还提出一种心灵与世界之间没有任何适应指向的情况,如表示高兴或抱歉时,言说者只是表达自己的心理状态,无需成真条件或满足条件,既不是使心灵必须去适应世界,也不是希望世界去满足心灵。这时就叫零适应指向(null direction of fit),这可用"真诚性"来判断。

关于意向性与语言意义的问题。

尽管意向结构与言语行为结构有着十分密切的关系,但它们毕竟是分属于不同层次的。意向性是心理层次上的,言语行为是行为层次上的,前者属于心理状态而后者属于物理现象。例如,发语行为本身就不涉及意向问题,只有物理特征,只有当心灵将意向性赋予所说出的语词与表达的方式时,意向性才能被体现出来。而在这一过程中,意向性也是分为两个不同层次的。所以,塞尔认为"在语旨行为的完成中,意向性有双重层次,一层是在行为的完成中所表达的意向状态,一层是完成行为的意向"[①]。第一层次被称为"真诚条件"(sincerity condition),第二层次被称为"意义意向"(meaning intention),在这两者之中,意义意向才是重要的,它是心灵把自身的满足条件转移给所说出的话语,使它具有描述事态或对象的能力。

这种意义意向之所以重要,是因为它包括三个方面的重要内容。

首先,意义意向区分"描写"与"交际"。如果一个言说者只想陈述或描写一个事实,它就只有描写意向;但是如果他说出这样一句话语的目的并非只止于此,而是想让对方知道这样一个事实,并产生相应的效果,这就产生了第二个意向,即交际意向。在交际中,实际上这两种意向是同时存在于话语之中的。但这两者之中,描写意向又是更重要的部分,是核心内容,因为我们很难想象没有内容的交际,所以交际意向是要靠描写内容来完成的。这一内容就成了言语行为中的命题部分,而交际意向成为意向性的样式或言语行为中的语旨力部分。

其次,意向性决定语言意义的可能性与界限。鉴于前一段的论述,我们可以看到这样的事实:语言的主要功能是它的描写功能,而这种功能是心灵的描写功能派生出来的。但是前面说过言语行为的语旨行为共有五种,即断言式、指引式、承诺式、表达式和宣告式,而这些样式只是意向性中交际意向所派生的,所以意向性不仅决定了言语行为的意义,也限定了它们的表达方式。在这一点上,塞尔反对维特根斯坦认为的人们可以任

---

① 转引自车铭洲,《现代西方语言哲学》,成都:四川人民出版社,1989:第434页。

意创造语言游戏的观点。他认为任何语言表达都是这些意向性形式的变化与延伸,是以它们为基础的。这也从心灵的角度批判了解构主义关于意义生成任意性的观点。

第三,意向性不仅决定了语言的意义,同时也决定了语言的表达形式,因为意向性的形成与语言制度(the institution of language)有密切关系。语言的表达形式并不是像经验语用学所认为的那样,是由语言的使用和语言使用者(language use and language user)的关系决定的,而是制度与交际(institutional and communicative)之间的关系所决定。这种制度性能的形成是人的长期社会交往实践的结果。在不同的地域文化中,人们表达一种意向性总有着这一文化认为是得当的或被人接受的方式。久而久之,这种习俗就形成一种制度性的东西。在人们的成长过程中,这种制度进入人的意识之中,在交际中需要选择表达样式时,这种意识就会帮助我们去做出选择。所以在意向性的底层,有着文化的深层背景。因此我们可以说,合理性就是有意向地遵守合理性的规则问题。

从上述简单介绍来看,塞尔的确把言语行为的研究与个体精神世界、外部世界(包括自然实存世界与社会世界)以言语活动为中介密切地联系了起来。

除此以外,塞尔的另一个重要发展是,他不仅指出言语行为的意义与言说者意图有关,同时还强调意义同样具有约定性,即受背景的制约,也就是一个语句的意义只是相对于一定的背景假定才有其适应性的。当人们说出的语句能被理解时,言说者与听话人都假定了一个由惯例、规定、自然事实、规则性和行事方法规范等构成的背景,在这些惯例与规范的表层表现为社会性的内容,而在其深层则表现为文化内涵的东西。这些理论对哈贝马斯的普遍语用学都起到了基础作用。

4.3.3　哈贝马斯的普遍语用学

哈贝马斯是当代西方马克思主义者,是法兰克福学派的第二代领袖人物,是当代著名哲学家和思想家。在他的思想体系中可以看到康德、黑格尔的影响,也可以看到马克思、韦伯、帕森斯、皮亚杰的影响,但在我们讨论他的交往理论时,一个不可忽视的影响是来自奥斯汀以及塞尔的语言行为思想的,主要是他们的言语行为理论。哈贝马斯的普遍语用学理论就来自这种语言学理论。他给普遍语用学所下的定义是,"我建议用普遍语用学来指称那种以重建言语的普遍有效性基础为目的的研究"[1],它的任务是"确定并重建关于可能理解的普遍条件"[2]。从中我们可以看出哈氏的普遍语用学具有先验性质,它不同于经验语用学,即语言学中的语用学。经验语用学的研究是分析语言使用的特殊上下文关系,即对已说出的话语的分析和研究。经验语用学认为,一个话语的意义仅由运用语言的特殊情景来决定,所以主张对言语行为进行经验分析,而不承认可以用规范分析。普遍语用学与此不同,它认为一个话语表达的意义并非决定于语言使用的特殊情境,而是决定于语句运用规则所构成的言语一般情境的规范性质,所以对于语用问题仍要用规范分析。后来,哈贝马斯又称普遍语用学为规范语用学。在哈氏系统阐释普遍语用学这一理论的《交往与社会进化》一书中,他提出了普遍语用学三个方面的问题,并把它们同传统语言学的一些原则加以区别:首先是关于基本语句的理论,它的应用对象是确定和指谓行为;其次是关于意向性表达的理论,它的研究对象是意向性的言语表达;再次是关于以言行事行为的理论,其应用对象是确立人际关系。

　　哈贝马斯在这一章里曾把他的普遍语用学理论同与之相对应的传统语言学进行了对比性总结。下面我可以看到他所列出的五个方面的对比内容:

　　① 与话语相对的语句。如果我们是从存在于特定关联域中的具体的言语行为开始,并且不去涉及这些话语所具有的语用学功能的所有方面,那么我们所看到的就是语言学的表达。鉴于言语的基本单位是言语行为,语言的基本单位就是句子,划分乃是通过诉诸有效性条件获得的:一个语法性构成完美的语句满足了可领会性的要求;一个交往性的、成功的言语行为除了语言学表达的可领会性以外,还要求交往过程的参与者准备达成理解,要求他们高扬真实性、真诚性和正确性(即适当性)等有效性要求,并且相互予以满足。句子是语言学分析的对象,言语行为则是语用学分析的对象。

---

[1] 哈贝马斯,《交往与社会进化》,重庆:重庆出版社,1993:第5页。
[2] 同上。

② 与一般语言相对的个体语言。语言学的任务首先在于为每一种个体语言提供语法,使得一种结构性描述可与该语言的任何语句相联系。一般的语法理论声称要重建成年言说者的普遍语言学能力,它往往专注于重建某种规则系统,这种规则系统构成了主体在任何语言中创造构成完美的语句之能力的基础。在一种较强的变体中,这种语言学资质意味着发展那种在内在意向的基础上指导语言捕获物的假说的能力;而在较弱的变体中,该语言学资质则呈示着学习过程的结果,这结果在皮亚杰结构主义的意义上被译解。

③ 语言学分析诸方面。每一个语言学性的话语,都至少可以从三种分析侧度加以考察。语音学把语言表达作为基础介质的铭刻物来研究(如作为声音的构成物),句法理论对语言表达的探讨则诉诸最小意义单位的规范联结,语义学理论研究语言学表达的意义内容。显然,只有语音学和句法学是自我充足的语言学理论,而语义学不可能在语言学式的态度中,在无视语用学角度的情况下被彻底研究。

④ 与言语行为的普遍方面相对的特殊方面。经验语用学的任务起始于描述一定背景下的典型言语行为,典型言语行为也可以从社会学、人类文化学以及心理学的角度来研究。一般语用学理论专注于重建这类规则系统:该系统构成主体在任何适宜情境下言说句子之能力的基础。所以,普遍语用学提出了重建成年言说者下列能力的要求:使语句与现实通过交往发展联系,即发挥呈示、表达以及建立合法性人际关系的普遍语用学功能。这种交往性资质通过如下成就得到了表征:释义学使自身程式化为某种艺术;也就是说,它对话语的解释乃是借助于同种语言中相似的关联域来实现,或把它们翻译成外国语言中具有可比较关联域的话语。

⑤ 普遍语用学的诸方面。三项基本的语用学功能(借助于语句呈示世界中的某种东西、表达言说者的意向、建立合法的人际关系)乃是话语在特定关联域中可能具有的全部特殊功能的基础。这些一般性功能的实现要依据真实性、真诚性和正确性(或适当性)等有效性条件来衡量。因此,每一个言语行为都可以从相应的分析角度加以讨论。例如,通常的语义学考察基本陈述的结构,参考及谓词断言的行为;一个还没有充分发展的意向性理论考察意向表达——就它们在第一言说者的语句中发挥的功能而言;言语行为理论从建立某种合法的人际关系的角度出发,考察以言

行事力量(illocutionary force)。①

哈贝马斯的这段总结十分清晰地指出了普遍语用学的理论特点及其同其他语言学理论的区别。

上文中哈贝马斯区分了语言和言语这两个基本概念。这两个概念在索绪尔那里早已得到划分,但是索氏认为言语只是一种个人在实际使用中的语言,因此具有不稳定性,带有私人性质,所以是缺乏规律性的,因此是不可以用规范来分析的,属于外部语言学,不是他研究的对象。他把精力用在内部语言学研究上,注重对不受具体情境制约的语言现象的分析。但哈贝马斯则认为对言语仍是可以进行规范分析的,而且指出对语言中的一个语句来说,只要它具有可领会性这一条有效性要求就可以了(即合乎语义—句法规则)。但在实际交往中,人们说出的语句,即言语,除语言必须是可领会的这一条件之外,还必须具备三个有效性条件,才能被人理解,即在现实呈示中要有真实性条件,在言说者的意向性表达中要有真诚性条件,在确立人际关系中要有正确性(适当性)条件。这就是言语行为的规范性。

在②中,哈贝马斯讨论了语言资质问题,这是哈氏普遍语用学的一部分,是话语的呈示功能。但这种能力只是基础和前提,是这一理论的开始。传统的语言学研究到此为止了,但普遍语用学都把它当作一个开端,因为根据由维特根斯坦所发展起来的意义应用理论,语言学表达的意义只有参照可能适用情境才能得到鉴定。正如哈贝马斯所说:"甚至当他满足了与句子使用时已经被给予的结构相吻合的先决条件时,他也可能只是很好地构造了句子本身而没有同时满足特别指向交往一端的先决条件。这种情形通过诉之于现实的关系——在这种关系中,每一个语句都首先通过言说行为而被嵌入——可以变得十分清晰可辨。要被言说,一个句子必须和下列诸方面发生联系:(1)已被假定是事物现存状态的外部现实;(2)言说者愿意在公开场合作为自己的意向而表达的内在现实;(3)作为合法的人际关系而获得主观际承认的规范现实。这样,一个句子将被置于若干有效性要求之下。"② 而不是仅仅满足语句的可领会性要求,即合乎语言的构成规则。

---

① 以上五点内容的介绍引自哈贝马斯,《交往与社会进化》,重庆:重庆出版社,1993:第32—33页。
② 哈贝马斯,《交往与社会进化》,重庆:重庆出版社,1993:第28页。

在③中,哈贝马斯批评了传统语言学研究的不足,指出传统语言学研究(即结构主义语言学)认为意义可以在语言本身得到确定是基于语言系统本身的自足性,但实际上,在语言学的三个组成部分中,只有语音系统与句法系统是可以看作自足性的,而最重要的一个系统,即语义系统,是不可能自我充足的,要彻底解决语义问题,不引入语用维度是不可能实现的。

在④中哈贝马斯区分了经验语用学和普遍语用学。经验语用学即我们平时所提及的语言学中的语用学,这种语用学是对具体背景下言语行为的研究,因此它可以从社会学、人类文化学以及心理学的角度来研究。而普遍语用学是对言说主体在任何适宜情境中言说句子能力的规则系统的研究。它对言说能力提出三项要求,即呈示、表达和建立合法性人际关系。其中呈示是使语句与现实通过交往发生联系,表达是言说者意向性的传达,建立合法性人际关系是使言语行为具有适当性和得体性,使交往活动得以进行并达到互相理解。

最后,在⑤中,哈贝马斯明确地提出普遍语用学的三个普遍有效性原则。

哈贝马斯的交往行为理论是以普遍语用学为基础的,但其核心问题又是合法的人际关系问题,所以他把言语行为理论作为他的出发点。

哈贝马斯提出了"言语的有效性基础"。他认为一个人要从事交际活动,完成一个以理解为目的的过程,就必须承担满足下列有效性要求的任务,即:

1. 说出某种可理解的东西;
2. 提供给听者某种东西去理解;
3. 由此使他自己成为可理解的;
4. 达到与另一个人的默契。

这里的第一点是要求言说者必须选择可领会的表达,以便使言说者和听者能够相互理解,即说出可以被人理解的语句。第二点是提供给听者一个真实的陈述意向或陈述内容,使听者与自己分享知识。第三点是指言说者要以真诚性使听者相信他所说出的内容。最后一点是选择的表达式应该是得体的,以便使交际成功而最终形成默契,完成交往活动。哈贝马斯的这种言说有效性基础后来即是其普遍语用学的四项原则的基础。

现实领域	交往模式与基本态度	有效性要求	言语的一般性功能
关于外在自然的"那个"世界	认识式,客观性态度	真实性	事实之呈示
关于社会的"我们"的世界	相互作用式,遵从性态度	正确性(得体性、适当性)	合法人际关系的建立
关于内在自然的"我的"世界	表达式,表达性态度	真诚性	言说者主体性之揭示
语言	——	可领会性	——

在该表格中,哈贝马斯对语言的有效性要求只提出"可领会性",说明他没有把重点放在这里,因为在结构主义语言学或语义学中,这一问题已得到充分的重视。在这里,他主要是把重点放在语用方面,并将经验语用学提高到先验层次,变成普遍性原则。

这里首先是对"现实领域"进行划分,即分成外部实存世界(或物质世界)、社会世界和主体的精神世界。这使我们想到卡尔·波普尔的三个世界理论,实际上这的确是哈氏借用并改造了波普尔的这一理论划分。这样就比较全面地涵盖了我们交往活动的全部领域。

其次,指出在不同领域中,我们交往活动所采用的交往模式和言说者的基本态度。当我们的言语行为涉及外部实存世界时,交往模式是认识式的,如我们的科学文本就是最典型的类型,科学文本是我们认识外部世界的记录;我们所采取的态度是对客观性的遵循,如果我们违背这一原则,交往活动就不会成功。这种客观态度不仅表现在对外部实存事物或状态的认识与描写、陈述上,而且还表现在我们所使用的语言表达方式上,如科技文本的语言也应避免用主观性的语句,如人称的不当使用、主动与被动的问题,甚至时态等问题都会影响言说者的客观态度。

在社会世界中,主要是交往主体之间的关系问题,所以交往模式是相互作用的形式,而交往态度是遵从式的。这里的遵从并不是对言说对象的遵从,因为言说者一味遵从对方,交往就会不合理,造成不平等的对话。在这里,遵从是指遵从社会在长期实践中形成的一些惯例和准则,这些已是不成文的法规,人人都应遵从。如果有人违背这些规则,就很容易导致交往的失败,如我们常听到一些中国学生问一些外国人"Can you speak

English?"这样的话,如果该人恰是以英语为母语的人,他会很生气,因为这等于怀疑他的能力,我们只能问"Do you speak English?"。我们在正式的场合使用正式的表达形式,在非正式场合可以随便一些,避免过分正式而造成交往者之间的隔阂;对年长者使用敬称或体现礼貌的句式,等等,这些在不同文化中所形成的社会规范起到协调人际关系的作用。这使得人们在交往之中使用十分得体适当的语言表达方式,进行成功的交际。

在内在自然的"我的"世界,即言说主体的主观世界中,交往模式是表达式。如一首诗、一部文学作品、一般自我表白等都属此类。这类文本是言说者内心世界的表述,如果要想让它打动别人,让别人同情或引起他们的同感和共鸣,它必须是一种由衷的表达,给人以真诚感。

以上三种不同的交往方式是把三个世界通过言语活动互相联结起来,但它们的有效性要求各有不同。哈贝马斯对它们分别提出真实性、真诚性和正确性这三项有效性要求,而这三种不同的交往方式所显示的言语功能也不尽相同:对于客观世界而言,主要是言语的呈示功能;对于人际关系而言,是建立合法的人际关系;而对于言说主体的内在精神世界而言,是揭示内心活动的表达性功能。

以上三项(暂把对语言本身的有效性要求排除)就是哈贝马斯的普遍语用学原则。凡是违背这三项原则的都会导致交往的中断或失败。下面我们用哈代小说《苔丝》中一段文字说明这一问题。

  When he was gone, Durbeyfield walked a few steps in a profound reverie, and then sat down upon grassy bank by the roadside, depositing his basket before him. In a few minutes, a youth appeared in the distance, walking in the same direction as that which had been pursued by Durbeyfield. The latter on seeing him, held up his hand, and the lad quickened his pace and came near.

  'Boy, take up that basket! I want'ee to go on an errand for me.'

  The lath-like stripling frowned. 'Who be you, then, John Durbeyfield, to order me about and call me "boy"? You know my name as well as I know yours!'

  'Do you, do you? That's the secret — that's the secret! Now obey my orders, and take the message I'm going to charge 'ee wi'... Well, Fred, I don't mind telling you that the secret is that I'm one of a noble race — it has been just found out by me this present afternoon P. M.' And as he made the announcement

Durbeyfield, declining from his sitting position, luxuriously stretched himself out upon the bank among the daisies.

The lad stood before Durbeyfield, and contemplated his length from crown to toe.

'Sir John d' Urberville — that's who I am,' continued the prostrate man. 'That is if knights were baronets — which they be. Tis recorded in history all about me. Dost know of such a place, lad, as Kingsbere-sub-Greenhill?'

'Ees, I've been there to Greenhill Fair.'

'Well, under the church of that city there lie —'

'Tisn't a city, the place I mean; least-wise 'twaddn' when I was there —'t was a little one-eyed, blinking sort o' place.'

'Never you mind the place, boy, that's not the question before us. Under the church of that there parish lie my ancestors — hundreds of 'em — in coats of mail and jewels, in gr't lead coffins weighing tons and tons. There's not a man in the county o' South-Wessex that's got grander and nobler skillentons in his family than I.'

'Oh?'

'Now take up that basket, and goo on to Marlott, and when you've come to The Pure Drop Inn, tell 'em to send a horse-and-carriage to me immediately, to carry me hwome. And in the bottom o'the carriage they be to put a noggin o' rum in a small bottle, and chalk it up to my account. And when you've done that goo on to my house with the basket, and tell my wife to put away that washing, because she needn't finish it, and wait till I come hwome, as I've news to tell her.'

As the lad stood in a dubious attitude, Durbeyfield put his hand in his pocket, and produced a shilling, one of the chronically few that he possessed.

'Here's for your labour, lad.'

This made a difference in the young man's estimate of the position.

'Yes, Sir John. Thank 'ee. Anything else I can do for 'ee, Sir John?'

'Tell 'em at hwome that I should like for supper, well, lamb's fry if they can get it; and if they can't, black-pot; and if they can't get that, well, chitterlings will do.'

'Yes, Sir John.'

The boy took up the basket, and as he set out the notes of a brass band were heard from the direction of the village.

试看其译文：

他一走，德贝菲尔便陷入了沉思。他迈了几步，却在路边的草坡上坐了下来，把篮子放在身边。过了几分钟，远处出现了一个年轻人，正走向德贝菲尔要去的路。德贝菲尔一见便举手招呼。年轻人急忙加快步伐来到他身边。

"小子，把这个篮子拿起来！我要你给我办件事。"

眼前那位精瘦的年轻人皱了皱眉头："约翰·德贝菲尔你算什么人物，有什么资格给我下命令，还叫我'小子'？我们俩彼此都不认识！"（应译为：咱们俩谁不认得谁呀！）

"真不认得吗？真不认得吗？（应为：真的认识吗？真的认识吗？）这还是秘密——这还是个秘密！现在听从我的吩咐，好好地去干我叫你去干的事情……好吧，弗雷德，我并不在乎把这个秘密讲给你听：我是一个高贵家族的人哩，这是我今儿下半晌，也就是本日午后才知道的！"德贝菲尔一面发布消息，一面把坐着的身子往后一倒，四仰八叉、舒舒服服地躺到了草坡上的雏菊丛里。

那小伙子站在德贝菲尔面前，从头到脚打量着他。

"约翰·德伯维尔爵士——这就是我。"仰卧的德贝菲尔说道，"那是说，如果爵士跟从男爵一样的话——本来就是一样嘛。关于我的来历嘛，都记载在册了。小子（应译为：小伙子），你是否知道绿山下的金斯贝尔这个地方？"

"知道，我去那边赶过绿山集呢。"

"哎，那个城里的教堂下面就躺着——"

"那并不是个城，我说的那个地方并不是个城；至少我上那儿去的时候，那不是个城。那是个土里吧唧、不起眼儿的小地方。"

"地方大小就甭管了，小子，我们谈的并不是地方。那教区的教堂底下可是躺着我们家祖先呢，共有好几百！嘿！满身盔甲、浑身珠宝，睡的是铅棺材，好几吨重一个。要讲显赫高贵么，南韦塞克斯全区就没有哪一家的祖先能比得上。"

"哦？"

"现在嘛，挎上这篮子，到马洛特的醇沥酒店，叫他们马上给我赶辆马车来，接我回家。在车厢里他们要摆一小瓶朗姆酒，记在我的账上。办完这件事儿之后，你再把篮子拎到我家去，叫我老婆先把要洗的衣服搁一搁，因为她不用再干这种活儿，叫她等我回家，我有要紧的事儿告诉她呐。"

当年轻人半信半疑地站着不动的时候，德贝菲尔把手伸进口袋，从他历来少得要命的先令中掏出了一个。

"这是你的辛苦费,小子(应译为:小伙子)。"

这一下年轻人对形势的估计立即大变。

"是,约翰爵士,谢谢您。还有别的事我可以为您效劳的吗,约翰爵士?"

"你告诉我家里,说我晚餐要吃,唔,炒羊杂碎,要是弄得到的话。要是弄不到,血肠也行。要是血肠也没有,唔,小肠也凑合了。"

"是,约翰爵士。"

年轻人拎起篮子,正要迈步动身,这时,忽然听见铜管乐队的乐曲的声音,从村子那方面传了过来。①

上面这一段情节描述了德伯老汉与同村小伙子弗雷德间几个回合的交往情况。我们发现由于德伯不遵守社会交往规范,欠缺遵从态度,不断违反社会交际规范而导致交往失败,最终不得不改变交往方式,即由精神交往变成物质交往(用一先令去雇佣弗雷德跑腿)的过程。

让我们先分析第一回合的交往情况。

德伯称弗雷德为 boy,并未呼其名,尽管他知道他叫弗雷德,这是因为德伯以为他真的是个爵士,以高高在上的姿态呼唤一个下人,并使用单称命令句,显得语气十分强硬,让对方无条件地去服从。但是在弗雷德眼中,德伯是不具备发号施令的资格的。因此这个命令是无效的,正如奥斯汀所说,只有会议主席才有资格宣布大会的开始,即只有他宣布"大会现在开始",大会才真的开始。别人说这句话是无效的。所以弗雷德给予他的回应是"你以为你是谁?对我这么吆五喝六的。约翰·德伯菲尔,咱们谁不认得谁呀,你竟叫我'小子'!"

从称呼来看,弗雷德呼德伯的全名,其潜台词有两方面含义: 一表示严肃并不乏谴责的态度,以示他对对方称呼他为"小子"的不满;二表明他们彼此都清楚地知道对方姓名。

从语言的表示方式选择来看,是单称命令句,这里虽然没有语言本身的错误,但在人际关系的合法性上来看显然是不恰当的,即具有不正确性。因为德伯是求弗雷德办事,他们只是一般村邻关系,虽然年龄上有一定差距,但德伯仍没有资格以这种严厉命令的口气说话,所以弗雷德非但没有去为他办事,反而谴责他太不客气,导致第一轮交际失败。

---

① 托马斯·哈代,《苔丝》,王惠君、王惠玲译,伊犁:伊犁人民出版社,2001:第 8—10 页。

在第二轮交往中,德伯给弗雷德讲述他的家世,以使之相信他的爵士身份,但违反了普遍语用学中与外部实存世界关系方面的言语有效性原则,即真实性原则。当德伯提到 Kingsbere-sub-Greenhill 这个地方,并称它为"城市"时,弗雷德指出那不是什么城市,是个不起眼的小地方,而且,他还亲自去过那里赶集。这句话说明德伯所言不实,从而使弗雷德更难相信德伯的所谓爵士身份。所以当第二轮交往结束时,弗雷德仍"半信半疑"(the lad stood in a dubious attitude),不愿去执行德伯的"命令"。这样第二轮交往又没有成功,德伯不得不改变策略。为了让村里人和家人看到他改变身份后的神气,他不得不转变交往方式,即用一先令雇弗雷德去安排那些显示身份的事情。于是德伯从卖鸡蛋所得的几个先令中掏出一先令,进行第三轮的以物质交换为形式的交往。

"Here's for your labour, lad."

我们注意到,在语言使用,尤其是称呼使用上,有了明显改变,德伯不再使用 boy(小子)这样显示地位不平等的称呼,而改用 lad(小伙子)这样充满爱意、只显示年龄差别而无地位差异的称呼。这才使得弗雷德接受了这一任务。但是弗雷德内心中是否真的相信德伯的身份了呢?这还是不清楚的,可以说,不同的译者对此有不同的理解,如上面引文中,译者认为弗雷德是真的相信了。而有的译者,如周令仪,就认为弗雷德不相信这种身份。这从他们的译文中可以看出来。让我们比较一下,译文Ⅰ为上面引文,译文Ⅱ为周令仪的译文。

译文Ⅰ:"是,约翰爵士。谢谢您。还有别的事我可以为您效劳的吗?约翰爵士?"

译文Ⅱ:"是啦,约翰爵士。谢谢您啦。还有什么要我为您效劳的吗,约翰爵士?"

显然,这段话语是表达言说者内心世界的想法的,其有效性原则是"真诚性"。由于译文Ⅰ的译者认为弗雷德的话是真诚的,所以言辞表达也是由衷的和诚恳的。而译文Ⅱ的译者认为弗雷德并不相信德伯的爵士身份,但为了一先令,顺便跑个腿也是划算的,实际他心中都在嘲笑德伯的愚蠢,所以话语中明显含有嘲弄的语气。这主要是从汉语语气词"啦"的使用上体现,如"谢谢您啦""是啦"等等。这种言不由衷的感谢和应承,连小孩子都听得出来,可是愚蠢的德伯居然听不明白,这正是后来他女儿苔丝姑娘悲剧命运的原因之一。弗雷德为了一先令答应去为德伯办事，但语含嘲讽，是明显违背普遍语用学的第三条原则的，即与主观精神世界有关的表达式应具真诚性。这里弗雷德有意违反而德伯却分辨不出，正是作者有意安排，以示德伯的虚荣心太盛，头脑太笨，以致后来殃及女儿。

上述例证试图说明哈贝马斯所提出的普遍有效性原则在语言实际使用中或小说中都是有普遍意义的，是值得我们认真研究的。

下面再谈一下"主题化"的问题。

塞尔把一个言语行为分为非言要旨和命题这两个部分，即 F(P)，这是对言语行为的抽象归纳，为后来哈贝马斯的普遍化方案提供了基础。哈贝马斯提出了言语行为的三项普遍性原则，即三个有效性要求：断言型的言语行为总是与认识式的运用相关，并要求陈述的真实性；规制型的言语行为作为相互作用式的运用，要求适当性（正确性或得体性）；表白型的言语行为与自我表达运用相关，要求具有真诚性。无论言说者运用哪一种方式，他都承担了兑现有效性的义务。但哈贝马斯的意思并非只是说每种运用方式都只能承担相对应的某一种有效性要求，也不是说除了这一种有效性以外，其他两种有效性就排除在外了，而只是说相对应的这一项有效性要求被充分强调了，因而处于核心地位，其他两项则处于次要地位，即被强调的那项有效性要求实际上被"主题化"了。下面就是有关主题化的简表：

交往模式	言语行为类型	主　　题	主题化的 有效性要求
认知式 相互作用式 表达式	断言型 规制型 表白型	陈述内容 人际关系 说话者意向	真实性 适当性 真诚性

由于语言仅具可领会性，因此不进入主题化。

下面我们举例说明一下被主题化的因素与非主题化因素的关系。以认知式的交往模式为例。当一个人说"黄河是中国最长的河流"时，这句话的陈述内容是否真实成了听者所关注的重点，是被主题化的部分；如果它与实际不符，即不真实，那么这句话就失去了意义，即言说者在认知上出现了错误。这里同时也已隐含了"听者"，只是听者处于一种潜在状态，也就是说人际关系已经建立了。那么，言说者是否是真诚的呢？虽然这不是一种表白型的话语,真诚性并没有进入主题化,但如果说言说者不是在说谎,即有意欺骗、故意传播错误的知识,我们仍可视之为真诚,因为他内心里真的认为黄河(而不是长江)是我国最长的河流。这说明在这里也存在真诚性的问题。其他两种类型也同样如此,除了被主题化的有效性要求外,也仍存在其他未被主题化的有效性要求。例如,当一个客人称赞主人说"你的夫人真漂亮"时,其适当性就成了主题化的内容,在西方人际关系中,这是很得体的,即很正确的,尽管主人的夫人只是相貌平平。这时真实性就让位给了适当性,但这并不排除其命题的真实性。如果这句话不真实,或不太真实,人们也不会认为这句话因其缺乏真实性而不应该说,而仍认为很得体,只是这里会涉及言说者的真诚性问题。如果只是为了表示对主人的友好而说了言不由衷的话,就是不够真诚了;如果事实上女主人的确漂亮,那么其真诚性就会增强。总之,无论怎样的言语行为,这三个有效性要求都是同时并存的,只是其中之一总是被主题化了。

4.4 言语结构的双重划分与翻译模式的转变

4.4.1 言语行为作为普遍语用学的最小单位

在传统的语言学中,句子被认为是意义的最小单位,或基本单位。但是在言语行为理论看来,一句没有具体语境的句子只是一种构造完美的表达,只体现人们在语法规则方面的正确运用,其意义是不确定的。它在言语行为中只能担任命题行为的内容,如果没有施为行为的参与,它是无法完成意义的传达的。例如,就"今天是星期天"这句话来说,它只是词语或声音的标记性符号,它究竟是传达怎样的意义则应视其是在怎样的具体情境中说出的。如果孩子的父亲早就答应星期天带他去公园玩,孩子向父亲说这句话则是在向父亲提出去公园的要求。但如果丈夫每天都很忙,连星期天也不休息,妻子说这句话则是建议丈夫休息。所以塞尔曾指出语言交际的基本单位是言语行为,还指出所有语言交际都涉及言语行为。语言交际的单位不是人们通常认为的符号、词或句子,甚至也不是符号、词或句子的标记,而是在完成言语行为中符号、词或句子的说出。把某种标记当作一个信息,就是把它当作一个构造的或说出的标记。更准确地说,在一定条件下句子标记的产物或说出就是言语行为,言语行为是语言交际的基本或最小单位。从上面的例子中我们也可以看到塞尔的这一论述无疑是很有道理的。

因为一个只具有语法构成的句子是没有确定性意义的,所以它不可能成为交际中的最小单位,或基本单位。在人们的实际交往中,人们使用语言是以言行事,所以只有言语行为才应该是最基本的意义单位。哈贝马斯的普遍语用学是把重点放在交往行为上的,而言语行为又是交往行为的最初起点,所以言语行为也是普遍语用学的最基本的单位。

4.4.2 言语行为的双重结构

我们已经看到,交际中的一个语言表达只有在具体言说语境中才能使意义得以确定,即不是陈述的内容产生意义,而是在具体情境中言说者的施为行为使这一语言表达有意义。这样一来,我们就已把一个言语行为分别置于两个不同的层面上了。第一个层面是语言表达的陈述层面,第二个层面则是交往层面,即在一定语言情境中语言的应用。因此,每一个施行的表达就都具有了双重意义,一方面是语言学意义,另一方面是制度上的意义。实际上陈述部分只是副语句,施为层面才是主语句。因为它决定着陈述层面内容的具体或真实的含义,正如前面的例子所说明的,这在间接性言语行为中更为明显。前面已提到间接性言语行为是塞尔提出来的。例如,当你进入一间屋子,你对主人说"这里挺热"时,你的意图并非陈述一个事实,实际上你是在向主人间接地建议打开窗子或打开空调等。这种以判断性的陈述完成一项请求或建议式的意图就实施了一种间接的言语行为。从这里我们可以看出,施为层面起着更为重要的作用,它支配着语言表达层面。

这两个层面分别传达着两种不同的意义,同时也遵循着两种不同的规则。在语言表达层面是语言的构成规则,即句法与语义规则,这种规则是构成性的,没有这种规则我们不可能构成语言。但只有这种规则还是不够的,因为它只保证了语言表达的可理解性,并不能保证它在具体言说语境中使用得适当或正确。所以在具体交际中,人们还必须遵守另一种规则,即协调性规则,它可以用来协调人际关系,让言语行为得体或适当,从而促进交流的顺利进行,以达成互相理解。协调性规则是人们长期在社会实践中逐渐形成的,带有规范或制度性质,是人们交往资质的体现。人们在交往中表现出两种不同的资质,一是语言资质,二是交往资质。

对于语言资质问题,乔姆斯基的普遍语法已经做出了回答。他认为语言能力或资质就是指掌握言语生成规则这一抽象体系的理想言说者所具有的能力。乔氏是从唯理论哲学出发,认为运用句子和理解句子的规则体系形成一种内在机制,它自己选择规则以适应语言材料,会自己从有限的原始的语言经验材料中生成无穷多的句子。他还认为这种内在机制是一种潜在的先天的精神构造,它不需要学习每句语言,而是在其控制下以前所未有的方式来解释感觉材料,说出说话者以前从没有听到过的话语。乔氏的理论推翻了以经验主义为主导的行为主义语言习得性理论,是语言理论的一次大的革命,但他的语言能力或资质并不是一种实际运用中的语言研究,仍然带有言说者的价值中立性与语境自由性,即是一种理想语境的语言表达问题。他否认在具体运用中的语言,即言说,是有规范性的,认为言语问题只能用经验分析的方法。哈贝马斯认为不然,他认为不仅语言,而且言语同样可以进行规范分析,因为言语的情境条件也同语言的表层结构一样,似乎是无限多的,但实际上如果按某种标准的规范情境条件来看,任何特定的言语情境中也总能呈现出一些反复出现的带有普遍成分的内容。人们在掌握这些普遍性之后形成一种普遍性的能力,即选择适当方式与人交往的能力。这种能力也是人们在习得语言的过程中,即在一个人语言能力(资质)形成过程中,同时获得的。这种规范性的条件就是普遍语用学的研究对象。在人们的交际中,语言能力与交往能力总是共同发挥作用的,两者是互补的,是不可分割的。一旦有一种能力没有发挥作用,正常的交往都会出现障碍,因为任何交往都是在复合型的平台之上进行的:一方面是在主体间层面上,言说者与听者通过言语建立起了交往关系;另一方面是在对象层面上,言说者与听者对对象及其事态达成共同的理解。

4.4.3　双重结构原理对翻译研究的意义

言语行为结构的双重划分是言语行为理论一项最重要的内容,它不仅对人们认识语言本身有指导意义,对翻译活动与翻译研究同样有重要意义。

首先,它使传统的语义—句法模式的翻译研究变成了语义—语用模式的研究,也就是说它改变了翻译研究的模式。

以结构主义语言学为基础的译学研究只关注句子的语义与句法这两维的内容,相信一个语句的意义是由语词与句法这两个方面确定的,语词负载了语义内容,而句法确定了它们的关系。这两个维度就使这一语句的意义得以确定。那么在翻译中,译者的任务也就是对原语言中这两项内容进行分析,这一过程被称作解码过程,而用另一种语言系统中语义相同的语词按译入语的句法规则重新组织起来,即编码过程,这样就完成了翻译任务。由此可以得出如下的结论:翻译研究的任务就是对两种所涉及语言的语义与句法规则进行对比并找出其转换规律。这样一来翻译活动就成了一种简单的机械性操作,其中许多变量因素都被忽略了。

但是,一旦我们把言语行为作为交际活动的基本单位,又把言语行为进行双重划分,情况就大不一样了。一方面是对语言表达层面的分析,这一点结构主义语言学已为我们做了大量细致的工作,但这只是交际中的副语句,它的意义并不因此而得到确定。它要受主语句,即言语施为层面的支配。那就是另一方面的内容,即交往层面,这里包括了言说者与听者主体间性问题,其中既应有言说者的主观意向性,也应有言说者以何种方式言说出该语句、为什么会如此言说、在何种语境条件下进行言说等一系列问题。也就是说,在语言表达层面上只解决了 know what 的问题,而在施为层面上我们才解决了 know how 的问题,即我们才知道言说者为何如此言说。这样一来它就把我们由原来的语言表层的语义—句法理解带到了交际层面的语义—语用理解。因为在实际的活动中都是有具体言说者与具体语境条件的,这就使得传统上的语义—句法模式的翻译研究变成了语义—语用模式的研究。

其次,言语行为的双重结构划分也必然会使我们对原来翻译中的一些概念,甚至整个翻译观念有所改变。例如,原来翻译的"理解"这一重要概念只是对语义与句法关系的理解,但一旦进入交际层次,理解就变成了一种双重的理解,即增加了交往关系的理解。在这种理解的过程中应把言说者的语言能力与交往能力一同考虑进去,并使两者互相吻合。哈贝马斯批评传统的理解一直把句子作为某种语法的构成物,因此语用功能始终不能在理解中占一席之地。现在我们把语用功能(呈现某些东西、表达某个意向、建立合法的人际关系)引入对话语的理解之后,就可以更全面地理解一个被说出的语句的全部意思。正如哈贝马斯本人所说,"陈述性语句可用于呈示事物的现存状态(或在非断言性言语行为中间接地提及它们);意向性动词、情态、语气形式以及其他等等,可用于表达言说者的意向;施行性短语、以言行事的表征物一类,则可用于建立言说者与听者之间的人际关系。"[①] 所以,如果把一个语句作为交往活动的基本分析单位来看,就只有从语用学的角度来分析才是适宜的。

除了"理解"这一概念以外,这一原理还改变了传统的意义观,克服了在解释哲学中过分强调个体主体意向差别导致的意义的任意性。

结构主义语言学的意义观带有形式语义学的性质。这种语义学以一个命题是真的条件为出发点来考察语言表达的语法形式,并赋予语言以一种独立于言说主体的意向性和表象的性质。因此意义产生于语句本身的形式性质和构成原则。这种语言的表达式在双重结构中只是一个命题内容,其意义并不是确定的,因为它割断了言说主体的意向性,也脱离了具体言说的环境条件;它与外部世界的联系性也只是一种纯粹的理想世界中的真,而不是实际交往的现实世界的情况。这样听者也无法判断和评判这种言语表达。这种意义观过分强调了语言内部构成规则的自律性与语言系统的自足性。

而解构主义的意义观强调了在对话中言说者的主体的个性差异,提出意义在对话中生成的观点。这样的观点忽视了语言表达与外部世界的关联性与语言结构的自律性,使得意义完全成了一种主观性的东西。须知,主体间的对话是有共同的参照背景的,这一背景会制约意义的任意性。同时,语言自身也是有一定自律性的系统,对话双方也同时受到语言规律的制约,所以在对话中所生成的意义不可能是完全任意性的,它们是可以有一定差异性的,但总体上来看是不太可能完全不同,或有很大差别的。

这种言语行为的双重划分使我们把意义确定在交往的双方对外部世界的某一种事物的现存状态取得共同认识的结果上,或在共同参照背景基础上达成对某一事物的一致性认识上。它既不是语言规则所确定的,也不是任何一个主体强加于另一个主体身上的。

再次,这种双重划分原理使我们打破语言的静止性与封闭性,把主体

---

① 哈贝马斯,《交往与社会进化》,重庆:重庆出版社,1993:第29页。

与外部实存世界通过信息中介联结起来,并使对话性得到真正的实现。

哈贝马斯指出,在语言系统的三个子系统中语音系统与句法系统有相对的自足性,而其语义系统从来就不可能是自足性的。语义问题必须依存于言说者的意向性、言说时的具体时空条件以及听者的种种条件和言说者与听者的关系等语用条件。这样的结果就必然在理解与翻译活动中打破语言结构的静止与封闭,使许多被忽视的变性因素得到考虑与考察,如文化习俗、制度规范等。这样一来,原来观念性文本与现实文本之间的隔绝就被言语行为有机地联系起来,从而打破结构主义语言观把语言看成封闭与自足的系统的看法。

如果从对话意义上来讲,我们可以说,只有把言语行为视为具有语言表达与人际关系交往这两个层面,才能走上真正意义的对话。因为言语行为的施为层面正是把语言活动置于主体间际的交往层面上的,而原来的语义—句法模式中,已经把意义确定为语言规则的生成物了,它已是确定的和明确的了,那么对话还有什么意义呢?译者的任务也只能是一种解码与再编码的机械性活动了。所谓对话,必然是一种双向活动,是一种互相理解的过程,是以对话双方共同探讨真理、达成一致性为目的,这一点无论是从柏拉图时代到伽达默尔的阐释学都没有变化。但是自从工具理性的泛滥与逻格斯中心主义盛行以来,这一理论有所中断。前一时期,人们为了打破语言的牢笼而过分强调个体主体的偏见性,使得许多人对"对话"这一概念本身产生了偏见。要理解"对话"这一重要术语,我们要做一番历史性考察。据霍埃的研究,作为现代解释学的术语,"对话"一词是从柏拉图写作对话的具体实践中引申出来的。柏拉图的写作对话是探讨追求真理的方法,他认为对话双方推理的步骤和对话的目的是其言谈的真正目的。在对话中,双方不会因潜藏的共有的偏见以及参与者的主观倾向而受到损害;当他们克服了各自的偏见而使意见趋于一致时,对话就会逼近真理。后来伽达默尔把这一术语引入阐释学。伽氏把对话看成达成"理解"的途径,他认为理解总是以对话形式出现的。对话的过程就是一个问答过程,"理解一个问题就意味着问这个问题,理解一个观点就是把它当作一个问题的答案"。在文本的阅读中,人们通过提问来寻求文本提出的那个问题的答案,问题问得越多,文本说得就越多,就这样阅读主体形成解释主体与解释对象之间的对话关系,并由此进入解释活动。伽达默尔在《真理与方法》这一本书中曾对对话进行过系统的总结,指出

它所包括的四个方面:

① 对话内容。伽达默尔认为出现在对话中的真理是逻格斯,它既非你的,也非我的,相反,它超越了对话双方各自的主观性。

② 对话者的关系。伽氏认为对话者并不需要彼此在认识上的适应,而应当说对话双方都受到对象的真理的影响而逐渐进入一个对话之中,彼此间因此而结合成一个新的共同体。

③ 对话的前理解。伽氏十分强调对话双方的前理解问题,但认为他们各自的前理解所构成的偏见是具有合理性的,它不仅不是互相对话的阻碍,而且正是因各自的偏见才能激发对话;实际上这种前理解上的差异正是对话的前提和起点,在对话中这一前理解不仅延伸到参与者对对方立场的期待中,而且也扩展到对谈话主题的理解与关注中。

④ 对话中聆听的优先性。他认为每个声音都是被听到的声音,而对每一个声音的聆听又必然与内心世界相关联。对话的共同归属总是与能够互相聆听而同时发生。

从这四项内容来看,伽氏的"对话"也并没有把个体主体的偏见视为全部内容,只是一些解构主义者过分地夸大了它。但是我们也看出伽氏对话理论之缺乏实践指向的不足,所以后来有不少批评性意见。例如,霍埃批评伽氏的对话理论只是"一个关于理解文本的隐喻"(《批评的循环》),霍拉勃也批评伽氏的这一理论是"两个对话者之间的理想交流,从而歪曲了理解的实际情况,其本身又成为一种掩盖了具体社会关系的思想游戏"。

法国解释学家利科在《结构、语词、事件》一文中比较明确地提出对话与现实世界的关系和言说者意向关系的问题。他说:"对话是这样一种行为:通过对话,说话者在对他人讲述关于某事的意图中,克服了符号世界的封闭性;通过对话,语言超越了作为符号自身,走向它的参照物,走向语言所能接触到的东西。"[①]

利科的对话理论更接近于实践阐释学理论,但是它也并没有说明读者要怎样才能从观念性文本走向现实的文本。言语行为理论中这一言语行为的双重结构使我们从两个层面上建立起了语言与现实世界(包括外部实存的自然世界、社会群体世界以及个体主体的精神世界)之间的联

[①] 以上论述参考或转引自王先霈、王又平主编,《文学批评术语词典》,上海:上海文艺出版社,1999: 第 438 页。

系。其中语言表达层面描述了外部实存世界的事物与事态,这就构成了对话的共同基础,并导向现实文本;施为层面引导我们走向交往层面,建立起人际关系,这种人际关系是整个世界关系的一个片段或局部。言说者的意图与意向性涉及言说主体的精神世界,只有这一因素的参与才有真正的对话性,因为在结构主义语言观中是没有主体的地位的,所以谈不上对话;而在解构主义的对话理论中只强调了主体的差异性,而缺少他们的意向性,也没有共同的外部参照,对话也是难以实现的。

最后,这种言语结构的双重划分原理使语言成为联结三个世界的中介,也是普遍有效性原则的基础。

哈贝马斯接受了英国著名哲学家卡尔·波普尔关于三个世界的理论,并把它加以改造,用于他的交往行动理论之中。这三个世界就是前面已经提到的外部实存世界、社会群体世界与主体精神世界。而这三个世界又是通过语言这一中介联结到一起的。但是我们这里所谈的语言绝不是结构主义的语言概念,因为在结构主义那里,语言是一种封闭的自足性的系统,它本身就是世界的图像。这里所谈的语言也不是解构主义的语言概念,因为在解构主义那里,语言是存在的家园,我们也只能是语言中的存在。所以这两种语言观中的语言都是不可能成为联系三个世界的中介的。能够担负起这一任务的是言语行为理论中的语言,即,言语行为。言语结构的双重结构划分原理让我们清楚地看到这一问题。语言表达层面是对外部世界事物或事态的描述,它是直接指向现实世界的。而在施为层面上,一方面言语行为是言说主体意向性的具体体现,任何语言表达都是言说主体的派生的意向形式,意向性是主观意图性的内容也是言说主体的精神世界的外现。而另一方面,施为层面是把言说者意向的派生形式(即语言表达的内容)引向交往对象。而在这种交往实践中,言说者又是使自己的言说方式尽量适合于对方接受,即,让它符合于长期社会实践形成的社会交际规范。就这样,一个言语行为就把三个世界联结起来了。而在这种交往的活动中,哈贝马斯分别提出了普遍有效性要求。在这几项有效性要求中,除了语言的可领会性以外,正是与言语行为所联结的三个世界一一对应的,即对于外部世界,言语的一般性功能是事实之呈示,其有效性要求是"真实性";关于社会世界而言,言语的一般性功能是建立起合法的人际关系,其有效性要求是"正确性"(或适当性或得体性);对于言说主体的内在精神世界而言,言语的一般性功能是言说主体性之揭示,其有效性要求是"真诚性"。

所以,正是言语结构的双重划分才使我们看清语言与三个世界的关联性,并为言语行为提出普遍有效性要求提供可能性条件。

4.5 现实文本与观念文本

现在我们面临的问题是,我们前面所讨论的哈贝马斯的普遍语用学原理和它的普遍有效性原则,完全是以现实的客观世界作为基础的,但是在翻译中,我们不是处于现实世界中,即不是同现实世界的人在交往,而是在虚拟的世界中,即文本世界中与人们的交往。那么,在虚拟的世界中哈贝马斯的普遍有效性原则是否仍然有效呢? 也就是说,我们能用它来指导翻译实践吗? 如果不能,那么我们前面的论述岂不是失去意义了吗?

但庆幸的是,哈贝马斯也同样关注了这一问题,并在他的近作《后形而上学思想》一书中有所讨论。

首先,是关于观念文本与现实文本的区分。

4.5.1 观念文本与现实文本

马克思的实践诠释学是诠释学的一次本体论革命,是哲学的又一次转向,即从理论哲学走向实践哲学。它指出,无论是古典的诠释学还是当代的诠释学(即语言论转向之后的诠释学),都是把语言视作一个独立的王国,人们是在这独立王国之中从事理解和翻译活动。也就是说,这种诠释活动始终没有脱离观念性文本。这种诠释学思想反映在翻译学中,就表现为一种结构主义范式的翻译研究和解构主义范式的翻译研究。在结构主义范式中,语言规律居中心地位,一种工具理性的语言逻格斯成了意义的决定者,翻译活动就成了按语义—句法规则进行解码与再编码的语言活动。而解构主义的翻译研究则把语言更进一步神秘化、虚化,使得理解与诠释活动变成在无意义的能指链中一步步倒退,最终使意义播散在这种永无休止的延宕之中。这种把语言所构成的观念文本与现实生活完全隔离开来的做法,在马克思的实践诠释学那里得到纠正。马克思指出:"无论思想或语言都不能独自组成特殊王国,它们只是现实生活的表现。"① 这种实践诠释学首先是肯定了两种文本的存在,一种是有待理解和解释的观念上的文本;另一种是现实生活意义上的文本,这种现实文本就是观念文本所意指的生存实践活动本身。现实文本是隐藏在第一种文本之后的,要真正的理解观念性文本只能通过对现实文本的真正理解。作为理解者必须对自己置身于其中的生活世界的本质达到一种批判的理解基础上,他才能达到对观念文本的真正理解。

观念文本的开放性具体表现为向着现实世界的开放,这样就解构了把语言视为独立王国的普遍幻觉,并把意义活动从封闭化和神秘化的语言中解放出来,使人们在经验世界中探讨语言的所指,认识语言和实践功能。我们采用言语行为理论作为建构的翻译学的语言学基础,正是力求使语言所构筑的精神世界与现实世界相关联,从观念文本走向现实文本。

由理论哲学向实践哲学的转向可以说是目前西方哲学界的普遍关注。因为他们发现西方现代哲学越来越失去对人类实践的自我判断力,所以提出"复兴实践哲学"的口号。现象学大师胡塞尔提出的"生活世界"的概念,就是对将哲学完全奠基于知识本质基础上而使哲学与人的具体实践活动相脱节做法的深刻反思。胡塞尔认为的"生活世界"(life world)就是指人们生活于其中的现实而具体的周围世界,它是唯一实在的,而且能通过感知而实际地被给予并能体验到的世界。它是一切人类实践的基地和领域,与被科学理念所规范出来的世界相比,它是前科学的世界,也是科学世界的基础,科学的归纳并不能改变生活世界,相反,对世界进行科学考察的根本目的仍存在于前科学生活中,即与生活世界相关联。由于科学既是一种发现,又是一种掩盖,以致人们在不断发展科学的同时掩盖了科学自身的自明性,我们只有回到生活世界中才能找到解决科学问题的线索。理解与诠释的问题也是如此,人们在语言的王国里徘徊、徜徉,结果迷失在语言的丛林之中,找不到意义的落脚点。这正是以往在翻译学中所遇到的困境。

与此同时,海德格尔、伽达默尔等哲学家也认识到他们的哲学中忽视生活世界的问题,海德格尔的存在主义哲学所提出的人的此在性问题,就是从观念走向人的存在,但他把人的存在视作语言中的存在,没有最终走向人的社会实践与生存实践,不是很彻底的实践哲学,未能真正走出观念

---

① 《马克思恩格斯全集》第3卷,北京:人民出版社,1960:第525页。

的世界。伽达默尔也力图把他的解释学向实践方向转向,他提出解释学与实践哲学是相通的,解释学在本质上就是理解的实践哲学,反过来实践哲学也是在理解解释学基础上对人类实践活动的理性反思。后期的伽达默尔认识到理论哲学所存在的问题,也认识到科学理性的发展给人类社会带来的灾难,因而提出"批判地对待理性"问题,在他看来,理性要表现和发挥自己的力量,就必须指向人类生存世界,要对这个生存世界进行理性的反思。由此可以看出,伽达默尔已经看到人类生存实践问题的重要,但如何走向实践哲学尚没有明确的途径。在这方面马克思早已阐明,因在前面关于哲学的实践转向一节已有论述,在此不赘述。近年来,德国法兰克福学派的一些哲学家,如阿多诺、马尔库塞、哈贝马斯等人也都从不同的角度对实践哲学有所贡献。本书所采用的哈贝马斯的交往行动理论就是明显的例证。

现在我们从原来的所谓泛文本性中分离出观念文本与现实文本对翻译研究是很有必要的,因为我们前面所讨论的言语行为理论的许多问题都是指现实生活中的问题,那么一旦我们进入翻译学的讨论,问题就会出来:在观念文本中,这些言语行为理论是否仍然具有同样的有效性?如果没有效性,那么,前面的讨论对翻译学的重建就毫无意义了。

4.5.2　不同性质的观念文本与现实文本的不同关系

要讨论前面提出的问题,我们应首先区分科学文本、日常应用性文本与文学文本的区别。因为文学文本以外的其他文本,如哲学文本、科学文本与日常应用文等文本不是一种虚构,而是与现实世界直接联系的,作者就是叙事者本人,接受者就是第二人称的读者,他们与日常交往没有什么两样,它不会把读者带到超越时空的虚拟世界里去。所以这与普遍语用学所提出的语境是没有什么两样的,仍处于现实语境之中。但文学作品则不同,它的作者虚拟了另一个叙事人,这个叙事人所讲的故事把我们带到了一个虚拟的世界中,这种文本中的世界是语言所构成的,不直接与现实世界相连接,正如哈贝马斯所说:"文学文本和日常生活之间一直都有个界限。"[①] 他还指出:"日常生活中的应用文所要求的陈述的真实性、规范

---

① 于尔根·哈贝马斯,《后形而上学思想》,南京:译林出版社,2001:第239页。

的正确性、表达的真诚性以及价值的优先性,既针对言语者,也针对接受者;相反,文学文本中所出现的有效性要求尽管具有同样的约束力,但它仅适用于文本中的人物形象,而不针对作者和读者。有效性的转换在文本的临界点上中断了。从这个意义上讲,文学言语行为不具备以言表意力量。陈述内容的意义与价值之间的内在联系,只对小说的人物形象、第三人称以及转变为第三人称的第二人称人物形象有效,对真正的读者则没有价值。"①

因此,我们下面只对文学文本进行研究,看一下现实语境中言语行为的有效性要求在那里是否仍然有效的问题。这一问题是我们能否将言语行为理论的原则与普遍语用学的理论运用于翻译研究的关键性问题。

4.5.3　文学文本与现实文本的关系

翻译一部文学作品,译者所面对的是一个观念文本,而哈贝马斯的交往行动理论是以现实文本为对象的,他的普遍语用学的有效性原则是否在观念文本中也同样适用? 言语行为理论也是现实交往中的理论,到了观念文本之中肯定会有所不同,因为在这两种不同性质的文本中,语境是不同的。在现实中,你要理解一个语句的同时要满足一个有效性要求或履行一项义务,或作出行动上的反应。但在虚拟性的观念文本中,语境是虚构的,是似真非真的,你可以从行为中脱离出来,你只是一个旁观者的立场。哈贝马斯早就认识到这一问题,他在《后形而上学思想》一书中指出:"文学文本和日常生活之间一直都有一个界限,……在日常交往实践中,言语行为的活动领域是行为的具体语境,其中,参与者必须熟悉所处环境,并且——或许愚蠢——要处理一些问题;在文学文本中,言语行为的目的是让人接受,接受又使读者从行为中解脱出来;他所遇到的环境以及他面临的问题和他都没有切身关系。文学并不要求读者采取日常交往所要求于行为者的那种立场。虽然两者都卷进了历史当中,但方式不同。我们要想阐明这种差异性,只有从意义和有效性的关系着手。"②

从中我们可以看出文学文本与现实文本的差异,至于它们之间的联

---

① 于尔根·哈贝马斯,《后形而上学思想》,南京:译林出版社,2001:第240页。
② 同上,第239页。

系前面早已说过,任何观念性的文本都是以现实文本为基础的,不管虚构文本如何颠倒、离奇、荒谬,我们都可以从现实生活中找到解开它们的钥匙。因为马克思早就指出过:"意识在任何时候都只能是被意识到了的存在,而人们的存在就是他们的实际生活过程。"①

我们现在的工作主要是看观念性文本与现实文本之间的这种差异能否抹平,而使现实生活中的普遍有效性原则在虚构的文学文本中也具有有效性。哈贝马斯认为要说明这个问题,只有从意义与有效性的关系入手才行。那么,我们看一看哈贝马斯是如何讨论这一问题的。

哈贝马斯指出抹平观念文本和现实文本之间的差异性不能凭借后结构主义的一些哲学理论,如凭借海德格尔的语言是存在的家园,把一切存在归于语言中的存在,从而把现实置于语言之中的方法来达到。这只能靠人类所特有的审美经验,即来自文学和文学理论领域的证据。在这方面,哈贝马斯举出了一位既是富有想象力的叙事作家,又是文学理论家的依塔洛·卡尔维诺的例子来说明这一问题。卡尔维诺从一个作家的角度讨论"文学中的现实层面"的题目。他写道:"我写荷马讲到奥德赛说:我偷听到了女妖的歌声。"② 对于这样一句话他分析了作者所创作的不同的现实层面。为此,(a) 他对他的写作活动进行反思(我写……);(b) 虚构出另一个叙事者(荷马);(c) 小说中所出现的人物的体验,(奥德赛说……);(d) 讲述其体验内容(我偷听到了女妖歌声)。从中可以看出只有(a)层面才是真正的现实层面,而从(b)到(d)都处于虚构的现实层面。所以这一句话中的两个第一人称的"我"实际上不是同一个人,在第一层面中是现实的言说者,而在第四层面中已是虚构的言说者,在这一虚构领域里文本并不要求所叙述内容或记录事实是真实可信的,相反,正如卡尔维诺所说的:"要求文学文本在阅读的过程中特别可信,因而这是一种括号中的可信性,就读者而言,它就是科勒律治所说的'把不信悬搁起来'的态度。"③ 即明知是虚构的事件,读者也还是把它当成一种想象中的真实,并如真实的事件一样加以体验。这种想象中的真实主要来自语言的现实观:在作品中,它居于绝对地位,并可以囊括一切。

哈贝马斯认为,"如果文本这样来总括虚拟的现实,那么,它首先就得

---

① 《马克思恩格斯全集》第3卷,北京:人民出版社,1960:第29页。
② 于尔根·哈贝马斯,《后形而上学思想》,南京:译林出版社,2001:第226—227页。
③ 同上。

对它所处的三种世界关联进行追补反思,它们是与作者生活和创作所处的世界之间的关联,虚构和现实之间的一般关系,以及与叙事中铺染开来的、起码看上去真实之间的关联。文本与它自身之外的现实之间发生关系主要表现在三个地方,即它摆脱作者思想的地方,它坚持虚构世界和现实世界之间有所差别的地方,以及文本的可信性取决于读者的地方。读者把叙事内容和他所设想的文本之外的现实世界联系了起来。"①

在具体做法中,哈贝马斯仍然利用卡尔维诺的分析,从四个层面论述作者与虚构叙事者、虚构世界与现实世界的差异是如何被淡化和消失的。

在第一个层面(a)中,哈贝马斯提出的方法是:"文本与作者之间的距离可以由文本克服。具体做法是把作者当作第一人称叙事者接受下来。"② 这一点如卡尔维诺举的例子那样,《福楼拜全集》的作者福楼拜把《包法利夫人》的作者福楼拜从自身投射出去;《包法利夫人》的作者福楼拜又把爱玛这个鲁昂已婚中产阶级妇女的形象从自身中透射出去;而中产阶级妇女的形象又把她梦想要成为的爱玛·包法利从自身中透射出动去。③ 就这样,在文本和作者之间最终必须构成一个语义学的圆圈,用福楼拜的那句经典名言来说就是:"包法利夫人,就是我。"看来,古今中外成功的作品都必须使文本与作者之间最终进入这样一个语义圈,让读者在不知不觉中进入这个圈内,忘记是谁在讲述,而只沉湎于虚构的故事之中,并与文章中的主人公同悲同喜。我国著名学者、作家郭沫若在写《蔡文姬》这一历史剧本时也曾说过"蔡文姬就是我",这是因为他们都有流落异邦思恋故国的情感经历,所以在他们写作时就把作者本人与书中人物融为一体了。尽管作者作为叙事者与文本中的角色可以是定位在不同位置上的,但结果都是进入这样的语义圈之中。只是以往读者只关注文本中的人物,而忽视了叙述者在文本中的重要角色地位。现代叙事学的理论建立起了作者、叙述人、人物、读者以及叙述人、人称视角、故事之间的关系,这两组关系内部复杂而微妙的变化可以引起文学作品表达方式的变化和效果的变化。例如,叙事人即文本中主人公的第一人称叙事,但作者并非叙事人,这样的例子如鲁迅的《狂人日记》,鲁迅是作者,狂人是叙事人,但鲁迅不是狂人。《大卫·科波菲尔》作者是狄更斯,但叙事人是大

---

① 于尔根·哈贝马斯,《后形而上学思想》,南京:译林出版社,2001:第226—227页。
② 同上,第227页。
③ 同上,第228页。

卫。叙事人与作品中人物的关系还可以是次要人物叙事,以旁观者的身份,仍然是第一人称,但不是主人公,如《孔乙己》中的"我",只是一个酒店小伙计。当然其他还有隐身叙事,作家叙事,傀儡叙事等等。这样一来,使得我们把作者看成他自身作品中的一个独立的变项,使我们越过作家的自我层面,看到不仅属于作家个人的而是集体文化和历史时代的深层积淀,使真正的写作主体看上去离我们越来越远,越来越淡漠,越来越模糊,使作者与文本之间渐渐地融合起来。

哈贝马斯在谈到第二层面的时候指出:"文本不仅可以吞噬作者,也可以把虚构和现实之间,在范围上的区别吞没得一干二净。"具体做法是,在自身范围内把创造一个新世界的操作过程揭示得一清二楚。这一层次就相当于卡尔维诺所说的"我写荷马讲到……","我写"是处在现实层面的,而"荷马讲到"则已进入虚构文本,即虚构与真实就通过叙事人引进一个人物形象,对两个世界相互之间的冲突加以体验和加工,通过这个人物形象,文本在自我关涉中也表现了解释世界的操作过程,而这一过程就使得这一文本本身成为一部文学作品。

哈贝马斯在讨论第三层面时指出:"文本和它外在现实相遇之处同样在于它所虚构的叙事经历和叙事行为的对象关系;文本要想可信,其人物形象所关联的世界必须能被假定具有客观性。读者必须对所表现的内容认真。……要想满足现实期待,文本就得控制和掌握住其读者在本体论上的期待视野。作者是他自己文本的同时代人,作为一个读者,他回过头来体验其作品的效果时则是另外一个样子,也就是说,他会从一个全然不同的语境去接近一部他很陌生的文本,而且没有一上来就和这部文本发生内在历史效果联系。……至于文本如何才能获得所假定的叙述事件的现实问题,只能通过文本与读者之间的联系加以解决。因为读者假定的现实决定着文本能否发挥作用,真正'把不信悬搁起来'。"[①]

这就是说即使在虚构的世界中,作者也必须注意写作中的细节问题,正如鲁迅所说在小说中情节可以虚构,但细节必须真实,即让读者看不出虚构与现实的区分,一切都与读者的日常感受一样。更主要是读者在这种语境中就容易做好自身角色的转变,使他由第三人称的旁观者变成第二人称的参与者,"飘荡在虚构和他所处的现实世界之间,他既在其内又

[①] 前面几处引语均出自于尔根·哈贝马斯,《后形而上学思想》,南京:译林出版社,2001:第228页。

在其外:在其内,作为众多的虚构人物之一;又同时又在其外,因为阅读到的读者形象引起了真实读者的注意,并立刻到书外去寻找一个所指。由于小说和它的读者建立起了联系,因此,它打破了虚构的界限,……"①

4.5.4 情感的读者与理性的译者

通过上述分析,我们可以看到作为一个作者,他必须充分地利用文学手段与写作技巧,把虚构的世界与现实世界之间的差异抹平,让读者感受到与现实世界相同的真实性。但另一方面,作为读者要能真正地进入文本世界,作为其中人物中的一员,也必须首先要失去自我,全身心地进入文本世界,把虚假当作真实,并以自己的直观感受去体验文本世界中人物关系与命运,尽管文本中的话语并不要求他真的去做什么,但也必须以真情实感去对待它,体验它,和现实世界中的参与者一样去理解它和阐释它。要使读者对文本的内在有效性要求所持的立场和日常外在立场保持一致性,就要透过文本看到交往的本质,从而打破虚构性。就运用话语的普遍性原则而言,文本语境应同现实语境没有区别,因为作者所创造的虚拟语境并不会是完全的虚构,是以现实世界作为依据的,是根据作者合理的想象而构成的。作者的这种自我超越的虚构是受制于虚构法则的,他想用文学作品说明的内容,必须在作品中表现出来,这种法则就是:"作品向生活的过渡以及阅读当作对生活的筹划。"②作者在他的文本世界中成了他"第二个自我",即,我们前面所说的,他本人充当了叙事人,他以自己的真情实感融进作品之中,把它当成真实世界并以第二自我的身份参与其中。

读者也应以第二人称的身份参与其中,而不做第三人称的旁观者,但作为译者是如何的呢?人们习惯上说译者就是读者,这句话并不错,但不完整。因为读者只是译者的必要前提,但不能只停留在读者的身份上,他并不只是以真情实感投入文本世界之中就可以了,他必须要在进入文本世界之后再走出来,与之保持一定距离,对它进行审美批判,没有距离是无法进行批判的。因为审美批判不仅需要情感还需要理性。

---

① 前面几处引语均出自于尔根·哈贝马斯,《后形而上学思想》,南京:译林出版社,2001:第235页。
② 于尔根·哈贝马斯,《后形而上学思想》,南京:译林出版社,2001:第238页。

同审美批判一样,对文本内在有效性要求也要进行反思与批判,尤其是当一种观念性文本转换成另一种观念性文本之后,在新的现实语境中,文本内在有效性要求有无变化,应作如何调整,这也需要译者不仅要进入文本,同样也要走出文本,回到现实世界,用论证的方法进行检验与批判。

4.5.5 普遍性原则与论证性原则

在现实生活的语境中,我们把言语看成一种行为,它把言说者和听者带到实际的交往语境中去,而文本则是作者使用的一个话语集合,把读者带到虚构的语境中去,它并不要求读者对它负有任何责任与义务,也不必去采取任何行动,尽管读者也曾如上面所讲的那样,以第二人称的角色进入文本语境中,使他如在现实中一样,但毕竟他并非真的负有什么义务或做出行动上的反应。那么哈贝马斯所提出的普遍语用学的几项有效性要求是如何发挥作用的呢?

下面让我们再回到这几项普遍有效性要求上来:

世　　界	有效性要求	话　语　行　为
客观世界	真实性	断言式
社会世界	适当性(正确性)	调节式
内心世界	真诚性	表达式

这个表说明的是在现实世界中普遍语用学的几项有效性要求:在陈述事实或道理时,人们使用断言式话语,其有效性要求是真实性;表达社会关系时,话语行为是调节式,有效性要求是正确性或适当性;而对内心世界的表白或情感抒发则使用表达式话语,其有效性要求是真诚性。唯其如此,人们才能建立起合理的交往关系,并凭借语言中介把这三个世界联系起来。但是在文本世界中,读者并不真的参与这些言语活动,而是体验和感受它们,并用自己的感受和体验来验证并检验文本中的陈述是否真实,书中人物交往关系是否得当,以及文本世界中人物的情感表达是否真诚,所以读者(或译者)实际上是文本世界中交往行为的评论者或检验者,从事的是论证性工作。这一论证性工作也与普遍性原则有必然的联系。哈贝马斯曾指出,社会科学家必然也是交往活动的参与者,原因有四:(1)对事态的描述总是含有价值判断;(2)这种判断是否合理需要一

种衡量尺度;(3) 阐释者必须对阐释对象表明立场;(4) 这种立场总是以自身为尺度。这样一来,作为译者的读者和一般读者的区别也就消失了。因为实际上他们都必须有以上的阐释资质,对言说者所说的每一句话都有一个以自身为尺度的检验和衡量过程。而他们和现实语境中的话语接受者的区别也仅仅在于给出一种评价或进行验证的问题。哈贝马斯所提出来的普遍有效性原则在验证或论证过程中起到了判据的作用,使得检验或论证有了依据和理由,是一种标准和参照。哈贝马斯把论证的话语形式根据实际情况分为五种:理论讨论、实践讨论、美学批判、治疗性批判和解释性批判。

详见下表:

论证形式	涉 及 范 围	
	有问题的表达	论证的运用要求
理论讨论	认识工具	命题的真实性,合目的行为的效率
实践讨论	道德实践	行为规范的正确性
美学批判	评 价	价值标准的合适性
治疗性批判	有表情的	表情的真实性
解释性批判	……	象征性构思的可理解性和合适性

从以上表格中不难看出,对于各种论证形式都有相应的要求,而这种要求与普遍有效性要求是相符的。如对客观世界中事物或事态的陈述应有真实性,而在检验和论证这种话语时,它们主要问题是出在认识工具上,即语言本身,它的验证要求命题(即语言表达式)能真实地描述外部事物或事态。日常交往中的话语是一种实践性问题,问题往往出现在交往资质上,即对社会准则与规范制度的违背,属于道德实践问题,无涉句法语义等语言本身问题,所以论证和检验也应从这一角度出发。如果是诗学话语,它是一种主观内心情感的表露,无论是交往行为的直接参与者,还是一个社会科学研究者(即文本读者或文学评论家)都不是对它做出什么反应,而只是一种评价,即审美批评。文学翻译就是这样一种美学批评范畴,它要求做出评价,看价值标准是否合适,而不是是否正确。治疗性

批判,只适用于心理治疗,如弗洛伊德对精神病患者的临床实践,以及传统意义上的怡情养性。在哈贝马斯的理论意义上是一种治疗晚期资本主义社会综合病症的方案。哈贝马斯认为形象问题是一种解释性的讨论,这在翻译中常常遇到,它的论证要求是看它在译文语言中其象征性构思是否同样可以被理解,或是否适合于译入语世界。

4.6 底线限制性:建构主义翻译学的翻译标准特征

4.6.1 传统翻译观念的颠覆

后现代主义是20世纪六七十年代在西方兴起并很快波及全世界,具有重大影响的文化思潮。它冲击着文艺学术、社会文化以及哲学等诸多学科领域,颠覆了许多传统观念,带来了一场深刻的变革。尽管人们对它褒贬不一,毁誉俱来,但有一个事实是不可否认的,即无论我们是否愿意,我们已经身不由己地被卷入其中了,也不管我们是否有兴趣,我们都得去面对它,因为"后现代"并不是一个时代的到来,我们可以身处其中,不去管它,照样生存,它实际上是一种新的思维方式,是一种与传统思维大异其趣的新的思维方式。只要我们还在思考问题,我们就自然而然地面临着一种思维方式的选择。目前,在翻译界争议颇多,也很激烈,其实质也正是这两种思维方式遭遇的结果。关于翻译标准问题的争论,就是其中一例。

传统思维方式是以主体作为基础和中心的,认为人是外部现实客观世界的解释者,他可以通过理性认识并把握世界。所以,这种思维方式所追求的是一种抽象的事物观,认为纷纭复杂的事物下面都有一种一致性的基础。这种思维方式的特点是对基础、中心和统一性的迷恋与追求。而后现代主义思潮正是要颠覆这种基础,消解中心与破坏统一性,有一种很强的反本质主义性质,它强调反思,带有较强的怀疑主义倾向,它突出不确定性,所以具有一种"破坏性"。它就是要破坏瓦解西方形而上学信仰和理性主义传统,它强调多元性而反对一元性。以语言为例,传统思维方式与后现代思维方式有着根本的不同,这也是两种不同思维方式产生区别的重要根源之一,翻译上的许多争论也源于此。传统的思维方式认为语言是一个封闭的自足与自明性的符号系统,是人这一主体认识与把握世界的工具。因此就要求它具有确定性、明晰性。尤其是结构主义语言学的地位确立之后,语言更成了理性与规律性的代表,形成了一个逻格斯中心。正如皮亚杰所说:"语言结构主义越向前发展,它就越走上通往逻辑—数学结构使材料得到丰富的抽象模式道路。"①

但是,后现代主义思维方式并不是这样看待语言的。它指出语言不仅仅是"指向""表明"或"反映"外部世界,它同时包括对"本身的表述"。同时,它不可能是自明性和自证性,而是错综复杂的和晦涩费解的。因为它很难既是对象,同时又是这一对象的观照。后现代理论还指出了传统观念只注意到语言的工具性一面,而忽视了主体性的一面的弊病,即语言与其他工具不同之处在于它必须与主体同时存在。语言只存在于人的言说之时,且其意义要随说话人的情绪变动而变动,环境的变迁而变化。其结果将是每一种说法都可能有不止一种意义。原来认为的"确定性"也会随着主体的参与而变得不再确定,并且不再是主体之外独立存在的一个自足体系。在后现代理论中,它已成了人在世的一种方式。原来认为的语言通过规律而设定意义的观点已由于主体的介入而受到颠覆,变成了主体间对话的生成物。它已和语境及历史的层积性交织在一起,有了彼此联系互相解释的互文性质,因此词语间明晰的界限也随之消退。

在这种思潮的冲击之下,翻译研究活动变得既艰难又活跃,争议与碰撞的现象比以往任何时候都更激烈。虽然原来的传统观念受到颠覆,语言设定意义的基础已经坍塌,已取得的一些理论成果受到无情的否定,原来的翻译标准被粉碎,但是长期以来所形成的思维定式并没有一下子就消失,它不时还在左右与支配着人们的思维,有时还很强烈,即使是对那些努力接受新的思维方式的人来说,也不免仍然会回到旧模式的窠臼。这一时期出现的一些争论就明显地反映出这些问题。例如,"如果按照后现代主义的理论,在同一文化语境中意义都没有确定性,那么翻译,这种跨文化语境的活动还有可能吗?"和"按后现代主义的理论,翻译没有一个统一的标准,那如何判断是非呢?"等等。

对翻译活动可能与不可能的问题,我们不可以先用某一种先验性的理论去论证它是否可能,因为它已是一个客观存在并且众所周知的事实,

---

① 让·皮亚杰,《人文科学认识论》,北京:中央编译出版社,1999:第30页。

一种时刻在发生着并且一刻未间断的社会现象,可以说自古有之,于今尤烈。我们应从研究这种现象入手,并在研究与观察中去发现它的性质与特征,逐渐形成一种理论,而不是反其道而行之。如果按传统观念为翻译活动所下的定义,那翻译当然是不可能的了。因为这个定义把翻译规定为把一种语言所表达的信息用另一种语言表达出来,并在语符转换过程中保持信息的内容不变。从此,这一定义便成了人们研究翻译活动的基础和起点,并一直控制了我们的思想,我们以往的努力也一直是为了证明它的有效性。但是,长期以来的实践对这种有效性从来没有提供过有力的证明。连标榜"信、达、雅"的严复先生,这位我国近代译界先驱,也没有提供。他的译文可以说是地地道道的改写,一种为明确目的的再创作,是原作在译入语环境下的一种变形和改造。其他的情况就不必——细说了,因为同一部原作的不同译本有着较大的差异,不同时期的译文也有显著的区别的现象可以说比比皆是。那么,面对这样的事实,我们不该去反思那个传统的定义吗?难道它不值得我们去怀疑吗?这时,如果你再仔细思考品味一下后现代主义理论中的一些有关论述,你就会感到它似乎有些道理,因为倒是它能为原来所不能解释的现象提出令人信服的说明。

事实上,翻译活动并没有因为传统观念受到颠覆而停止,而且在世界越来越频繁的交流活动中显得更为活跃。这说明了什么呢?这说明我们应重新给它下个定义,原来的不合适了(或者说一开始就是错误的)。我们认为翻译活动就是一种人类文化间借助符号所进行的交流活动。它包括了对信息的接受、译解、加工、创制这样的复杂过程。它绝不是文本间的语符转换,更不是一种机械复制和模仿,它是一种对话性活动,一种信息的传播活动。在这一过程中不可能避免误读的产生,也不可避免地会出现新意义的生成,人类的知识也正是在这种对话生成中得以深化和增长的。

4.6.2 传统翻译标准的破碎

传统的翻译标准是以追求译文与原文的一致性为宗旨的。无论是"信""忠实",还是"等值",甚至"等效"都没有摆脱以原文为中心和力求译文与原文对等的模式。因为根据传统观念,原文中的信息是通过原文语言符号按语法规则设定的,其意义具有确定性。在翻译时,译者只需经过对原文语符进行解码,即看一看这是用怎样的符号组合形式传达某一信息的,然后再尽量以相同的组合模式用另一种语符进行重新编码,就可以了。即使有信息的流失,只是因为两种符码在组合方式的不同或是两种文化有着一定差异而已。因此作为翻译研究者的全部任务与使命就只是寻找应付这些差异和不同的对策。实际上,文本的意义不是自在存在的,也不是永恒不变的,它也不完全归属于作者的动机与意图。人们只能在人的社会历史实践中及后来对它理解与解释的过程中来实现对它的把握。关于这方面已有许多后现代主义的理论论述过。如德里达的意义播撒和延异的理论、胡塞尔的意义意向性理论、伽达默尔的解释哲学的对话理论,都说明了意义的主体性与主体间性,意义的不确定性与生成性。在有关文本本身的理论方面,接受美学已不再把文本视为封闭的疆域,而看成是开放的世界,看成是中间充满空白、空缺和不定点的图式框架。而这些空白、空缺和不定点,均需读者(译者)在阅读过程中通过自己的前理解去填充和弥补。而在这一过程中,读者(译者)必须面临着种种选择,不同的人会有不同的选择结果。选择本身就是理解者前理解的一种重要功能,读者利用这一功能把自己的视域与文本的视域进行融合,形成一种"期待同化",而读者的选择也是带有期待性的,所以也是一种"期待选择"。视域融合过程就是一种对话交流过程。既然是对话,就不可能没有差异性,没有误解,没有矛盾和冲突。这种视域冲突与矛盾就是两个视野的互相否定,这时必然会导致新的,即原文和译者都不曾有的视域,这样会使得原来视域扩大和变化,这也正是新的意义生成的契机。所以,后现代主义的理论对于阅读理解活动已不再简单地解释为解码和编码的符号过程。胡塞尔早就说过符号本身并没有意义,而是人的意向性行为"赋予"了符号以意义,意义是在意向活动中显现自身的。符号本身只是意义的纯形式(pure form of meaning),用胡塞尔的术语来说只是"表达式",在人们尚未通过意向性活动赋予它意义之前,它具有统一性、同一性和不变性。它只为这一表达式的具体意义提供了一个模式,而具体意义又是通过意义—意向过程才形成的,即意义—实现。这种具体意义是与具体的人、事、时间、环境等因素紧紧相联系的,因此,它也是多样性的和不确定性的,不再是确定、同一、一致的了。正因为具体意义具有这种性质,所以在翻译活动中寻找一致性与确定性也就成了不可能。对于一句话的不同解释成了一种正常现象。传统的翻译标准也因此而颠覆。

4.6.3　建构主义翻译学的翻译标准问题

也许有人会说,如果按这种说法,翻译岂不是没有标准了么?不是怎么都行了吗(Anything goes)?那又如何来判别一种译文的对错与优劣呢?我认为旧的标准之所以受到颠覆,是因为它缺乏合理的理论依据,或确切些说是其理论依据从一开始就是错误的,因而也失去了实际指导意义。意义确定论的失败必然宣告"忠实"与"信"的标准的退场。这是无须多论的。那么,在新的语境下,标准又是什么?我们认为这里讨论的问题当然不包括那些望文生义、连语法都理不清的胡译乱译,而是指在真正的阅读理解中所发生的不同阐释的问题。在这方面,我们认为以下三个方面可以作为一种标准来看待。

① 不违背知识的客观性,② 理解的合理性与解释的普遍有效性,③ 符合原文文本的定向性。

关于知识的客观性问题,应该说是一切理解活动的基础。要说明这一问题,我们可以借用著名思想家卡尔·波普尔关于三个世界划分的理论。他把物理客体和物理状态的世界称为世界1,而把意识形态与精神状态称为世界2,把思想和精神活动的世界称为世界3。这三个世界紧密相连,互相作用和反作用。波普尔对世界3尤为关注,他认为这一世界一方面是人类智力活动的产物,又有超人类,即超越其创造者的一面。故既有主观性一面,又有客观性一面,它不仅仅是主观意义上的知识或思想,而且也是客观意义上的知识或思想,即"完全独立于任何人自以为是的知识,也独立于任何人的信仰、赞成、维护或行动的意向","是没有认识者的知识,也即没有认识主体的知识。"[1] 所以在文本阐释这一类精神活动中也不仅仅是有主观性的一面,也必然要涉及知识的客观性问题,而且这种客观性是主体间的社会传播和批判机制的有力保证,是理解和解释活动的共性基础。没有这一基础,任何包括理解与解释在内的对话活动都成为不可能。所以,我们强调对话性活动的主观性时,还必须注意到知识的客观性方面的问题。以翻译为例,原文文本视域本身就包括了知识的客观性,是作者生存环境与生存方式的反映。这就是这一视域的存在基础。

---

[1] 戴维·米勒,《开放的思想和社会》,南京:江苏人民出版社,2000:第45页。

作为译者来说,他的前理解,即先有、先在、先识之中,也是包括这种知识的客观性的。所以,这种译者与作者通过文本的对话交流之中,两个视域的冲突与碰撞也在很大程度上依靠知识的客观性为评判尺度的。因此,它也是我们判断一个译文对与错的首要条件。例如,我们据此可说下面一段译文是有错误的译文,因为它不符合知识的客观性。

雨声渐渐地住了,窗帘后隐隐地透进清光来,推开窗户一看,呀!凉云散了,树叶上的残滴,映着月儿,好似萤光千点,闪闪烁烁地动着。——真没想到在苦雨孤灯之后,会有这么一幅清美的图画!

凭窗站了一会儿,微微的觉得凉意侵入。转过身来,忽然眼花缭乱,屋子里的别的东西,都隐在光云里;一片幽辉,只浸着墙上画中的安琪儿。——这白衣的安琪儿,抱着花儿,扬着翅,向着我微笑。

——冰心《笑》

国内有一个译文是这样译的:

As the rain gradually ceased to patter, a glimmer of light began to filter into the room through the window curtain. I opened the window and looked out. Ah, the rain clouds had vanished and the remaining raindrops on the tree leaves glistened tremulously under the moonlight like myriads of fireflies. To think that there should appear before my eyes such a beautiful sight after the miserable rain on a lonely evening!

Standing at the window for a while, I felt a bit chilly. As I turned round, <u>my eyes suddenly dazzled before the bright light and could not see thing distinctly</u>. Everything in the room was blurred by a haze of light except the angel in the picture on the wall. The angel in white was smiling on me with a bunch of flowers in his arms, his wings flapping.

这段译文除了个别地方以外译得很精彩,但要指出的是其中有一处违背了知识的客观性(请注意画线部分的英文),译者把"眼花缭乱"的原因归结在室内的"明亮的灯光"(bright light),显然是错误的。因为室内再亮的灯也不会令人"眼花缭乱",以至室内一切物件都隐藏光晕之中,而唯有白色的画还隐约可见。仅凭生活常识我们也可以判断这是一种误解。如从黑暗的走廊中走进灯光明亮的屋里,我们也不会眼花缭乱。相反,假使从灯光不太明亮的室内走进黑暗的走廊,才会一时难以适应,显得眼花缭乱。原文中正是与后者的情况相似,作者凭窗望明月,久久凝视,突然转回没有灯光的室内,才有些不适应,看不清东西。那么何以见得室内没有灯光呢?文中已有暗示,"苦雨孤灯之后",而且凭光学常识也可以判断,如果室内灯光明亮耀眼,那么窗外的月光又如何能隐隐地透过窗帘呢?只有室内无灯(或者至少是暗于月光的灯),才有这种可能,因为强光之下是显不出弱光的存在的!

这就是有违知识的客观性,所以是错误的译文。类似的译例还是有很多的。记得在前几年有位译者发现自己的译文中出现"海龟的叫声"时,不禁心里打鼓,问自己"海龟会叫吗?"原来是他把原文相当于turtledove(斑鸠)的古英语词 turtle 译成"海龟"了,这当然也是明显与客观性的常识违背了。至于缺乏考证的历史知识与地理知识等而导致的错误信息的产生,当然也是不合格的译文,对于这些译文,我们有权说它是错误的,因为它不符合知识的客观性。

除了前面讲的符合知识的客观性以外,还应该保证译者对原文理解的合理性与解释性的普遍有效性。这后一点,也可以说是"普遍可接受性"。我们把这两者结合在一起来说,是因为它们之间的关系密不可分。解释哲学认为理解就是解释,但我们为什么又分而述之呢?因为按我们一般的用法对它们加以区分更容易接受,也便于说明翻译中的问题。

翻译活动是一个十分复杂的思维活动,它是一个由表及里,又由里及表的过程。我们面对一个文本的一句话时,一般总要经过这么几个阶段,对自己问这几个问题:① 原作者实际上说了些什么?② 他是怎么说的?③ 他的真正意谓是什么?④ 作为译者我该怎么说?⑤ 我所说的是否是他所说的和他所意谓的?所以,实际上,我们可以把第①和第②步称为理解阶段,而第③则为解释阶段,而第④和第⑤就是表达与校核了。各个译本不尽相同的表达结果可能主要产生在第③个层次上,即在解释的层次上,当然在其他几个层次也都会出现差异。所以,我们为了论述方便还是把"理解"与"解释"分开来论述。

为论述方便还是通过一句实例进行分析。

  In the late summer of that year we lived in a house in a village that looked across the river and plains to the mountains.

——*A Farewell to Arms*

这是海明威《永别了,武器》中的开卷首句,国内有一个译本把它译为:

> 那年晚夏,我们住在乡下一间小房子里,从我们那座房子,看得见隔河的平原,平原和山连在一起。

我们认为这个译文的译者只做了利科所说的"表层词义学"的解释,即"肤浅的解释学",而没有进入"深层词义学"的解释,即"深邃解释学"层面,因为他只问了自己第一个问题,"作者实际上说了些什么?"甚至他根本没有注意到作者是怎么说的这一问题。因为这一句话与海明威的一贯风格大相径庭。海明威的风格历来简练,极少重复,句式简洁明快,而这句话则行文滞重,少变化,多重复,拍子徐缓,一开头七个词 In the late summer of that year 慢慢地拉得很长,隔了两个字就出现了 in a house in a village,似乎很笨拙地把一个介词 in 重复使用三次,looked 一词不是直指句末的 mountains,而是中间隔了 river 和 plain。这种写法的特点在上述译文中给全然破坏了,变成了简洁的三句话。实际上,作者的意谓所在正是在"怎么说的"这一层次中暗示出来的,阐释也就从此而开始。作者是通过这种冗长少变化、多重复、几无顿挫感的句子,目的在于表达一种郁闷、低沉与怅惘的情感,并试图引起读者的同样感受。这正是作者的意谓。这种"深邃的解释学"是透过语言表层而深入其内部结构,从中去研究文本的主题,达到在理解和解释过程中文本所展示的可能世界,即从文本表层指称到揭示出文本的可能语境。前面可以是我们平时所说的"理解",而后者则是"解释"。

在这一过程中,我们必须注意理解的合理性与解释的普遍有效性之间的关系。当然,前面提到的知识的客观性是它们的基础,但要起保证解释的普遍有效性又必然涉及社会群体的解释与理解问题。一般来说,理解与解释都带有较强的个体特征,因为这些活动都是从个体开始的,所以它是社会理解与解释的基础。但个人的理解与解释都是带着各自的"前理解"或"偏见"去参与文本对话的。因此有时难免会有褊狭的看法,其解释就不会有普遍可接受性,因而受到排斥。所以在个人理解与解释中还应以社会理解为参照,注意人类之间解释的共性与普遍性。当然,这也不是说我们就必须人云亦云,完全以社会理解为基础,为起点。其实,这也是不可能的,因为个体与个体之间的解释与理解总是显示出差异性与相对性的。

事实上,有些译文的译者对原文中一些空白和不定点的解释就可以为人所普遍接受,而有的则不行,就是出于上述原因。

例如在《新凤霞回忆录》中,新凤霞讲述新中国成立前演员生活艰难中有一段是这样的:

> 工头拿着皮鞭从大门出来,像轰牲口一样轰人,一个挨一个地用粉笔在人们背上写上号码,这个号码就是上工的证明。当这个小工真不容易,经常是排了一早晨队,大门才开;画了不多号,工头就说:"没号了!没号了!"那种失望心情别提多难受了!有一次是夏天,连阴天,连着回戏。我只好去排队找活干。还好,因为去得早,没等多久就画上号了。<u>回家时</u>忽然下了大雨,一路跑回家,我完全想不到自己被淋,只想着背上面的号,要是被雨淋掉,<u>工就做不成了</u>。

戴乃迭女士的译文是这样的:

> The foreman came out with a whip, as if herding cattle, and chalked a number on our backs, one by one. That number showed that we were taken on. But such small jobs were really hard to come by. Often, when we'd queued up for hours before the gate opened, after chalking a few numbers the foreman would say, "That' all! No more hands needed!" At that we felt too disappointed for words! One summer a spell of bad weather closed down our theater, and I went to queue up. I was lucky. Because I went early, before long I had a number chalked on my back. <u>By the time we knocked off</u> it was pouring with rain. As I ran home I didn't mind being soaked. I was only worried that if the rain washed off the number on my back <u>I wouldn't be able to go to work the next day</u>.

请注意画线部分的原文与译文。显然,原文中有空缺或不定点,"回家时"是指画完号就回家,之后再上工,还是指当时就紧接着上了工,下工之后才回家?"工就做不成了"是指当天做工做不成,还是指第二天不能继续做工? 即这一粉笔号是当天有效还是长久有效? 原文中均未交代。戴乃迭解释为"当天早晨画过号就上了工,下工时下了雨,怕号淋掉第二天不能继续上工"。而这里当然可以有不同的解释。但无论如何,戴乃迭的这个解释是可以为人们所普遍接受的,即具有普遍有效性。

但有的译文的解释则缺乏普遍有效性。例如,老舍的《骆驼祥子》一书,Evan King 的译文就有类似情况。

原文是:

> 拉车的方法,以他干过的那些推、拉、扛、挑的经验来领会,也不算十分难。

Evan King 译为:

> Nor did he find it difficult to pick up from his own experience the various methods of handing his rickshaw — of pushing it back, pulling it, lifting it up, and using his shoulders.

此处,原文中的空缺是完全可以用生活经验正确理解并填补的。即祥子干过许多卖力气的活儿,所以有经验,但并非指拉黄包车。可是在译文中 Evan King 理解并解释为把黄包车又推、又拉、又扛、又挑。这显然是理解不合理,其解释也没有普遍有效性。因为这与现实生活中的事实不符,人们大多不会这样理解,所以就没有解释的普遍有效性。在一般情况下,个人理解与社会理解是大体一致的,尽管在表达方式上有些个人风格与特征,因为个人的前理解中所包括的知识是带有普遍性能的共性知识的,不完全是与众不同的。所在一般情况下个体理解也是一种社会化了的群体理解,而这种社会化的群体性理解就是普遍可接受性的一个基础。

符合原文文本的定向性,是强调文本对译者的制约性,因为翻译活动不同于一般的解释活动,它不是完全自主性的活动,有文本的定向性与框架的制约性。前一段时间有人在解释学的原理的学习中,忽视了我们是在研究翻译这一基本点,所以产生了忽视这些功能的倾向。虽然,翻译研究可以用各种理论来研究,但我们毕竟是在研究翻译。它与普通的阅读阐释不同之处在于译者只是一个中介人,不是终端,而译文读者才是翻译活动的终端。他们要通过你的译作去与原作者对话交流,也不仅是在与你这个译者对话交流。在许多不懂外文的读者看来,你的译著就等于原著。就如我们党中央号召党的高级干部要多读些马列主义原著,这并不意味着让他们先学习德语或俄语,然后去读德语或俄语的原著,而是指不叫他们更多地读那些别人对马列主义思想所做的讲解性辅助材料。所以,作为一个有责任心的译者,应尊重原文文本的框架结构,尊重原文本的定向性。

在一些具体情景的翻译中,上下文的语境也会赋予一定的定向性,要求我们的理解活动在一定的范围内进行。例如,海明威《永别了,武器》是以战争为背景的,这就是一种语境的定向性,而下面的一段译文就没有注意语境的定向功能:

> There was much <u>traffic</u> at night and many mules on the road with boxes of ammunition on each side of their pack-saddles and gray motor trucks that carried <u>men</u>, and other trucks with <u>loads</u> covered with canvas that moved slower in the traffic.

国内有一个译本译为:

> 晚上<u>交通</u>甚繁,有许多骡子走过,鞍子驮着军火箱子,灰色的摩托货车装着<u>人</u>,此外,还有一些装<u>货</u>的货车,上面帆布盖着,走起来慢一点。

<u>显然</u>,这一段中 traffic、men、loads 等词的译文没有考虑到原文对情景的定向作用,即战争的背景,故应改为:"运输""士兵""辎重"。因为根据上文,这里白天都极少有行人,为什么到了夜里反而"交通"繁忙呢?显然,这里是军队向前方输送"辎重"的车辆的"运输"车队,车上也不是一般的"人",而是"士兵"。这样才有战争的氛围。译文应改为:

> 夜间,这里<u>运输</u>繁忙,路上有许多骡子,鞍的两侧驮着弹药箱,灰色的卡车上装满了<u>士兵</u>,还有一些<u>辎重</u>车辆,用帆布盖着,在路上缓慢地行驶着。

原文文本是一个开放系统,不再是封闭的系统;所以它可以有不尽相同的译本,对一些问题可以有不同的阐释,这是它有空白、空缺和不定点的原因。但接受美学的理论也同时指出它是一个框架结构,有一定的定向功能。"有一千个读者,就有一千个哈姆雷特。"但哈姆雷特还是哈姆雷特,不会是贾宝玉,也不是阿 Q,也不会成了任何别的人物。他的身份、地位、为父报仇等这些事实是不可以改动的。至于他为父报仇为何延宕不已、迟缓不决的原因可能各人有各人的解释,这一点是开放的;因为莎士比亚并没有告诉我们,这成为个空缺和空白,成为不定因素。就是说,翻译者可以在那些空缺与空白之处发挥他的想象,并用他的先有、先在、先识的知识去解释去填充,在不定点之处去用你的思想去确定,并不是去改变原作的图式框架。例如前面提到的 Evan King 把老舍的原作(《骆驼祥子》)的结局篡改了,原来的悲剧结尾变成了祥子与小福子结合了,这就是不尊重原作的定向功能,因此也引起了老舍的极度不满。

这种定向功能与框架制约是我们理解活动和解释活动的前提条件和基础,或者说是一种引导和导向,作为译者必须给它以尊重,否则你就是在创作而不是在翻译了。

4.6.4 新旧翻译标准的比较

本文所提出的三条标准与传统的"信"与"忠实"等相比,可以看出以下几方面的显著区别:

1. 新的标准采取最低限定标准式,即底线标准而非传统的以最高限定标准为准则即顶线标准。即,不是让译者必须达到怎样的要求,而是引导译者怎么去做。因为在翻译过程中不仅译者的解释与理解与其他读者或译者会有差别,而且任何两种文化都难以处于完全平等的地位上去进行对话,如强势文化与弱势文化之间,中心文化与边缘文化之间等,在一个信息从一个文化传输到另一文化时变形、改造、重塑的情况不可避免,而且作者与译者又必然受各自传统与价值观等因素的制约。在不同文化时期,译者的价值取向也会有所不同,加之不同的翻译目的性,有所针对的期待读者群的不同,文本本身性质的不同等都对译者有不同要求。所以,对待纷繁复杂的翻译活动难以制定出一个高度统一的终极性标准。"忠实"与"信"只能作为一种译者所采取的态度,而不应作为一个衡量译文的尺度。有鉴于此,本书以为设立最低限度标准是可取的。正如目前世界各种文化交汇在一起,又各有各自的价值观、道德伦理观以及文化意义等,所以各国之间不设立最高的道德伦理标准,而设一个最低、人人皆可接受的标准。我国学者北京大学著名哲学教授汤一介先生提出以孔子"己所不欲,不施于人"为最低标准或最起码标准。这是任何一个国家和文化都可以接受的。那么为什么对复杂的翻译活动不可以设一个最低限定性的标准呢?这种标准就可以有助于使翻译活动带有开放性,而不是封闭性。

2. 新的标准使翻译有多元性可能,而不是一元性的规定。因为这一新的标准是体现为开放型而非封闭性。它允许不同阐释的存在,它不为不同性质的原文文本的翻译做统一的规定,它承认文化的差异与不同文化时期的不同特征。它对不同性质的翻译都有最低限度的要求,不反对对某些翻译会有某些特殊要求。如法律文体与科技性质的翻译显然与一般应用性翻译不尽相同,即使在文学作品中,小说、散文、诗歌也会很不一样。在这一最低限定标准基础上,制定一些特殊的要求也是完全可以的。这样就打破了一元论的简单划一的硬性规定,通向了多元化开放的可能。

3. 这是一个主观性与客观性相结合的标准。传统标准以追求客观一致性为准则,它认为只有客观一致性才能成为标准。而实际上,在人文和社会科学中的所谓客观性与自然科学中的所谓客观性是有很大区别的,在自然研究中的客观性是自在性客观性,而在人文社会科学中,客观性表现为自为性客观性。伽达默尔认为人在社会中的存在及相应的价值关系在制约着人的理解活动,因而在对人文或社会历史性的文本释义时,企图追求其结果保持价值中立,一种纯客观的客观性是不可能的。就是在自然科学中也不是总能保持这种纯真的客观性的,因为人是研究自然界的主体,人们对一些自然界中现象的研究也常常以主观的观察和判断为基础,但在未证实这种观察和判断是错误的之前,也认为这是一种客观事实。如当声频超过人耳所能接收的限度时,你认为没有声音是否是正确的?在一个标准大气压时,水在零度结冰,这是不是说在任何情况下水都在零度结冰?人类自身受到的局限在任何学科领域都会有的,海森堡的"测不准原理"就是自然科学的一个原理,更何况在人文与社科这类既是研究人的又由人来研究的学科呢?新的标准的第二条强调了理解与解释的问题,实际就是强调了主体的参与性。因为在人文与社会科学这类既由人来研究,又是研究人的活动中,主体性被排除在外是不可思议的,但作为一种标准的制定,不考虑客观性也是不可思议的,我们只能把这两者都考虑进去。在第一条中的与知识的客观性相符就是对客观性的第一层考虑,因为它是人类生存与存在的环境,也是文本存在的基础,在第三条中又强调文本的定向性与框架功能是对客观性的第二层考虑,因为我们认为文本世界反映的外部现实世界应有它的真实性与作者的真诚性。以上三条分别是客观的外部世界、社会群体世界以及读者与译者的主体参与和文本世界的综合考虑,它们彼此相联系又各有不同,作为翻译活动只能以这三者为参照,而不能以超然的、纯客观的、规定划一的标准去衡量。

第五章

翻译伦理学

  翻译活动是文化间交往的社会实践性活动,它还应受道德理性的制约,没有道德理性作为基础,这种交往活动就会失范,就会被歪曲或被恶意地利用,从而造成不平等的交往关系。因此,在国际间的文化交流中应有为各国都能接受的普遍性道德标准,即翻译的伦理学。这虽然是 2001 年在另一本拙著《跨越文化障碍——巴比塔的重建》中第一次提出的新的概念,但实际上并不是新鲜的东西,因为哈贝马斯的《商谈伦理学》一书对社会中的交往问题的伦理观念早有阐述,只是从未被译界所关注罢了。

  目前,西方话语是有强大的力量的,它对非西方文化的压抑、控制和改造、同化在翻译领域是十分明显的,因此造成了极不对称的东西方文化交往关系。因此建立翻译的伦理学理念是十分必要的,也是迫切的。

5.1 翻译活动中的权力与话语

  由于受结构主义语言学的影响,结构主义文学批评也同样把文学活动视作与外部世界相隔绝的纯话语运作。这种思想也形成了对传统翻译观念的理论支撑力量。所以在文学翻译中,也曾经把一部作品当作一个抽象结构的系统,把它当作一种符号体系来研究。将翻译活动看成是把文本放进逻辑推理和分析中,并从语言层面上去寻找对等物,而根本不去考虑作为文本的创作者,以及解释文本的读者(译者)是否真的可以保持一种价值的中立,他们的思想是否真的是一片清空、一片纯净。

  事实当然不是如此。这种结构主义思想在 20 世纪 60 年代形成后不久,就受到后结构主义思潮的猛烈冲击。美国新历史主义批评家福克斯-

吉诺维斯就曾指出:"文本不是存在于真空之中,……作为社会和性别关系的表现形式的文本本身就构成了种种关系,不是与历史无干的关系,而是由时间、地点和统治所构成的历史联系,""文本自身是人类存在中无以避免的政治本质的产物。……是从它们无法从中彻底抽身的政治关系中产生出来的。""甚至技巧、才能和读者反应本身也是从历史和政治中产生的。"[1] 文本之所以如此是因为创作文本的作者从未能逃脱政治的束缚。文本只是思想的迹化,是一种客体化了的主体。文本的政治参与、文化表现、道德伦理的渗入,都是作者的潜意识使然,尽管他可能并非有意识地去这样做,但是作为一个社会人,他所受的教育、文化和熏陶、道德伦理传统的一切习俗都会潜移默化地影响他,占据他思想深层的重要位置,形成他的价值判断和情感倾向,成为他先有、先在、先识的知识的一部分内容。这就是马克思主义批评家弗雷德里克·詹姆逊所说的"政治无意识"。他利用弗洛伊德释梦的原理分析了这一现象。他认为人们在一定社会环境下所受到的这些影响已形成一种潜意识,它无时无刻不在支配着人们的思想与行动。以创作为例,他所创作的文本就如同"显梦",它的底层结构却是"潜梦",即一种潜意识。而潜意识则以伪装、变化、变形重新组合了显梦形式的出现。所以他提倡一种"元解释"。他认为作为一个文本最先需要加以解释的东西,不是我们如何能够正确地解释一部作品,而是我们为什么需要解释这部作品。每一种文学解释都必须包括对它本身的解释,即阐明这部作品之所以成为可能的条件。这必然就要和作品产生的历史条件有关,也与解释者身处其中的历史处境有关。作品存在于其中的历史处境同作品的内容相关而构成了作品的意义。但这种意义作为一种无意识的东西并不直接表现于作品之中,而是处于被隐蔽的状态。所谓"元解释"就是一种"去蔽"活动,是揭示作品中的无意识,恢复被压抑的东西。詹姆逊的这一种思想对翻译来说就更显重要,正如他在《境遇》一书中所说的:"每一个社会或每一个历史时期都根据自身的需要重写和同化其他文化和地方的文化丰碑。因此把文本及其评论者寓于历史的境遇之中就等于揭示被审查者所压抑的文本的原始信息和力量。"[2] 也就是说,任何翻译活动是根据译入语文化的需要对原作的一种重写和同化。

---

[1] 转引自张京媛主编,《新历史主义与文学批评》,北京:北京大学出版社,1993:第62—63页。
[2] 谢少波,《抵抗的文化政治学》,北京:中国社会科学出版社,1999:第50页。

这类例子在中外翻译史上可以说是不胜枚举。作为翻译者没有必要也不可能去思考自己的潜意识问题,因为在他看来,他的意识是一种自然而然的事。但对于翻译研究者来说则不然,因为他必须要考虑原文文本形成的历史条件,同时也必须研究译者为什么以此种而非别种手法去重写,或为什么产生一些变异,如被译入语文化同化的现象等。因为无论作者与译者都是受着各自文化传统、政治制度等"权力话语"制约的。"权力话语"理论是法国当代思想家、哲学家米歇尔·福柯所提出来的。他认为一切对人们思想行为形成控制力与支配力的东西都是一种权力,如教育思想、文化传统、道德观念、政治制度等等。它们形成一个庞大的网络,制约着人们的思想和行为,它告诉人们可以做什么,不可以去做什么,可以接受什么,不可以接受什么,尽管人们意识不到它的存在,但它无处不在,无时不有。它的表现形式是"话语",就如显梦与潜梦一样。显意识所表现出来的是话语,而处于潜意识层的才是这些权力。一部作品的形成与它的被解读或被翻译,都是权力话语的操作。翻译活动是更具代表性的在两种权力话语控纵下的对话活动,是两种权力话语的碰撞与较量。

　　福柯的这一思想在西方引起很大反响,它对人文科学的自我认识的深度与影响是前所未有的,正如西方有人评论说,"由于他的著作的跨学科性质,每一种学术性学科……都能从他那里得到某种启发。"[①] 他指出人文科学本身只是一种权力和知识相结合的产物,它只能是某一时期控制的产物,同时也是这一时期思想控制的一部分。翻译活动是很有代表性的活动,因为它是跨越不同文化、涉及不同语言、穿越不同时代的活动,其中各种权力话语错综复杂,纵横交错。这种交错、交锋与碰撞无不在译文产生过程中发生。在这种思想启发下,当代西方许多翻译研究者如赫尔姆斯、图瑞、勒菲弗尔等人从全新的视角来对翻译进行研究。他们放弃了以原文文本为中心的研究模式,而把翻译活动放到社会与文化的大背景中去观察和研究,即从文本内部走向外部进行翻译研究。翻译研究中的文化转向或翻译的操控派研究正是在这一背景下产生的。这种研究打破了以结构主义思想为指导的原文文本中心论,拓宽了翻译研究的视野,增强了人们对翻译活动本质的认识。虽然福柯始终没有给"权力话语"下

---

① 转引自徐贲,《走向后现代与后殖民》,北京:中国社会科学出版社,1996:第156页。

过十分明确的定义,但我们不难看出,它指的就是一切控制力与支配力,其中有有形的,如社会系统、社会组织等;也有无形的,如意识形态、道德伦理、文化传统与习俗,以及思想和宗教的影响等等。在不同的文化和不同的历史时期,这些权力是变化的,是不同的。它们左右着人们,但又不易被觉察。福柯对于"话语"的概念,也早已超出语言学和文艺学中所说的话语的概念。它指的是权力的表现形式,权力是通过话语来实现的,所以权力的实质就是说话的权力。话语不仅是施展权力的工具,同时也是掌握权力的关键,这两者是不可分割的。任何一个社会中的各个层面都是具有特定的话语的。这些话语组合起来形成一个缜密的网,驾驭、控制着社会成员的思想和行动,以及组织规范和条件,使社会所有活动都受到这种特定的话语定义和限制。文艺创作与翻译活动都不是私人事务,不是文人雅士书斋里的消遣或文字游戏。它们受着各种权力话语的制约,从而成为一种人为操纵的产物,是一番以作者或译者为一方、而以社会机制和实践为另一方的谈判(negotiation)后的产物。

从上面的论述我们可以看出话语与权力的结合实际上是从内部与外部两个方面来进行的,其中一些来自潜意识的影响是内部的,还有来自社会的、制度的、团体组织的一些外部干预。话语作为社会实践的一种形式,绝不仅仅是个人行为和情景变量的折射,它与社会结构的关系是十分密切的,它一方面受社会结构的控制,另一方面参与社会结构的构建。我们接受福柯理论的过程中更多地强调了话语受权力控制的一面,而没有突出话语对社会、文化等方面的建构性。实际上话语从三个方面进行着建构工作,首先是对身份的建构,其中包括"社会身份"(social identities)、社会"主体"的"主体地位"(subject positions)以及"自我"(self)等。其次是通过话语对社会上人与人之间关系的建构,即建立起主体间性。第三是对知识体系以及信仰体系的建构。

其中第三点是不言而喻的,而第二点是已有许多人讨论过的问题。这里我们只想说一下第一点,即对身份的建构,因为这一点在目前的翻译中显得十分重要。当然,以上三个方面是互相关联的,通常情况下一个话语同时完成着两三种功能,只是现在我们只着重探讨第一种功能,即身份建构功能。

在殖民时期和后殖民时期的各种文学文本中,我们不难看到作家们是如何通过他们的笔把西方的文化主体形象刻画和凸显出来的。在殖民时期,在西方的小说中"欧洲人将自己的统治和规范强加于另一种文化,从而实现自我。"① "随着时间的推移,帝国建立了一套证明自身合法性的形式,主事久了,受无处不在的帝国心理的驱使,自然就产生了一种惯性。帝国似乎成了一种必然,成了一种温和的天命之力。"② "别的国家的文化被有意安排成了突显英国文化之老成厚重的陪衬。"③ 我们都知道,像《鲁滨孙漂流记》这种殖民主义浪漫小说在殖民小说中有着巨大的影响力和范型力量,从海难沉船、异地扎根到建立文明、驯化奴隶的过程,正是殖民主义扩张和发展的原型。这类小说题材反复地被借用与复制,如《金银岛》《珊瑚岛》等等,几乎都是白人是主人,黑人是奴隶、仆人的格局。在这些复制与模仿中,这种主人形象变得越来越年轻、能干,越来越无往不胜,如约瑟夫·布里斯脱的《帝国男孩》(Empire Boys),从而把英国帝国主义的那种自信越来越生动化、具体化,而反之则是奴隶或仆人地位的"他者"越来越失去自我表达的能力。最典型的是 J. M. 科埃齐在 1988 年出版的《敌人》(Foe)一书,这早已是后殖民主义时期,也是迄今最后一部以《鲁滨孙漂流记》为原型以后现代手法创作的小说,"它以象征性速记的笔法,清晰地表现了殖民地土著获得自我表达的过程。这部小说中星期五这个人物不能说话,这正好反映了殖民地人民不能表达意义这个问题。他转着圈跳舞,用笛子吹奏乐曲,他只能写一个字母 O,表示什么也没有,表示嘴巴里面空空的。"④ 通过这些文艺作品,话语发挥了对西方(欧洲、殖民者、白人)世界主体地位的塑造,而非西方则是客体,处于边缘,是白人的仆人、奴隶,没有表述自身的能力。正如后殖民主义理论家霍米·巴巴所说的,对白人形象的重复,实际上是对权威表征的置换。在前面曾列举过的例子中,有美国英译日本小说的例子。在 20 世纪 80 年代以后美国选择的日本小说中,我们也同样可以看到这样的事实,日本由于"西化"的成功,变得经济腾飞,充满朝气和活力,而对它进行西化的也正是美国。这里主体与客体的关系已不言自明了。

这些例证无不证明了话语并非仅仅被权力所控制,成为权力的表征形式。同样,话语也构建权力,有着建构主体的功能,有塑造文化身份、政

---

① 艾勒克·博埃默,《殖民与后殖民文学》,沈阳:辽宁教育出版社,1998:第 69 页。
② 同上,第 46 页。
③ 同上,第 39 页。
④ 同上,第 195 页。

治身份的作用。而在翻译研究中以操控派为代表的解构学派那里,似乎把话语置于权力操控之下的情况更多一些。这样不仅不利于对话语本身特点和本质的看法,也会制约翻译的研究,从而看不清翻译活动中权力与话语的双向作用。

实际上,权力与话语这种相互作用的功能在翻译中都发挥着功效。尤其是在西方的翻译活动中它们发挥到了极致。他们一方面利用文化优势与强权的政治通过翻译典律的制定和拟译文本选择,极力地把非西方文化排斥到边缘,或改写、歪曲他们的历史,丑化其人民,而另一方面又通过他们自己的文本极力树立文化主体和世界主人的政治形象。无论在殖民时期,还是在后殖民时期,虽然翻译典律不断变化,拟译文本不断更新,但其宗旨是始终没有变的。

下面我们从殖民时期与后殖民时期的西方翻译活动的分析来看一看这种不对称的文化交往是如何形成的。

5.2 不对称的文化交往

现在人们已经认识到,长时期以来,我们当作经典来阅读的文本中,隐含了一种不平等或不对称的中西交往。正如萨义德指出的"东方是西方人凭空制造出来的地方",东方人是按照西方的文化传统和道德标准以及价值体系制造出来的"他者",代表着落后、懒惰、堕落、愚昧与无知。长期以来,可以说自殖民时期到后殖民时期的今天,这种不平等与不对称的交往活动一直在进行着。萨义德在他的《东方学》一书中直言不讳地指出这一点:"东方是为西方而存在,或至少无以数计的东方学家是这么认为的,这些东方学家对其研究对象的态度要么是家长式地强加于其上,要么是肆无忌惮地凌驾于其上——当然,那些古典研究者除外,对他们来说,'古典的'东方是**他们**而不是令人叹惜的现代东方引以为荣的资本。于是西方学者的工作得到了许多东西的加强,而这些东西在现实的东方社会中却找不到其对应物。"[1] 东方人在西方人眼中是异质性的他者,是"未开化"的代名词,"与所有那些被赋予诸如落后、堕落、不开化和迟缓这些名

---

[1] 爱德华·W. 萨义德,《东方学》,北京:生活·读书·新知三联书店,1999:第261页。

称的民族一样,东方人是在一个生物决定论和道德—政治劝谕的结构框架中被加以审视的。因此,东方就与西方社会中某些特殊因素(罪犯、疯子、女人、穷人)联系在一起,这些因素有一显著的共同特征:与主流社会相比,具有强烈的异质性。"[1]

下面我们看一下西方是如何在不同时期把东方一步步推到边缘的,而他们自己又是如何一步步树立起其文化主体的身份的。

5.2.1 殖民话语与翻译的境遇

一般来说,1947年印度从英国殖民统治下独立被看作殖民时代的结束,尽管当时还有许多国家仍在殖民统治之下。在此之前被视作殖民时期,此后视为后殖民时期。翻译活动在这一时期发挥着很大作用,作为一种实践,它集中地体现了西方权力话语的力量,构塑了殖民状态下极不对称的权力关系,因此而成了殖民制度的基石,正如特贾斯维莉·尼南贾纳在其论文《为翻译定位》中说:"在这样的殖民情境下,构成翻译问题体系的一组相关问题便导致了某种概念体系的产生。……在殖民情境下的翻译同时也产生并支撑了一个概念体系,而这种概念体系又逐步渗入到西方哲学的话语里,成了一个哲学素。"[2]

西方殖民者通过翻译活动建立起西方主体地位,通过运用再现他者的程式而使得被殖民者处于客体的地位。也正如这位后结构主义翻译理论家所指出的:"在制造连贯又明晰的文本和主体的过程中,翻译经由一系列的话语,参与了对殖民文化的定型过程,使其看上去不是历史的产物,而似乎是静止不变的东西。翻译的功用在于透明地表现一个业已存在的东西,不过'本原'实际却是由翻译而带来的。"[3] 即,使这些翻译的东西成了事实。

这一点正如赛义德在《东方学》一书中所描写的,"西方与东方之间存在着一种权力关系、支配关系、霸权关系,……之所以说东方被'东方化'了,不仅因为它是被19世纪的欧洲大众以那些人的耳熟能详的方式下意

---

[1] 爱德华·W.萨义德,《东方学》,北京:生活·读书·新知三联书店,1999:第264页。
[2] 特贾斯维莉·尼南贾纳,《为翻译定位》,见许宝强、袁伟选编,《语言与翻译的政治》,北京:中央编译出版社,2001:第117页。
[3] 同上,第178页。

识地认定为'东方的',而且因为它可以被制作成——也就是说,被驯化为——'东方的'。"① 因此,西方总是主体,东方是不能表达自己的,他们只能被表达,即只能以客体形式出现,在他者的地位上出现,因为"东方人的大脑,就像其生动别致的街道一样,显然缺乏对称性。他们的推理属于最不严谨的描述一类。……他们常常不能从他们会认定为真的简单前提中得出明显的结论"。②

下面我们再看几例,东方是如何被西方权力话语"东方化",从中也可以看出翻译是如何被西方话语所操纵的。

尼南贾纳指出:"自欧洲启蒙运动时起,翻译就一直被用来支撑着种种主体化的阐述,对殖民民族来说,尤其如此。"③ 她在文中举出一个十分有力的例证,就是当18世纪末的英国想要了解在它殖民统治下的印度,而作为欧洲人了解印度的蓝本正是作为翻译家和学者的琼斯的翻译,他把印度通过翻译文本化,并使它成为在欧洲影响最大的文献,成了印度"真实情况"的"再现"。而琼斯"翻译"文本中,第一要旨是:"由于土著民对其自身的法律和文化的阐释不足为信,所以必须由欧洲人来做翻译。"在此前提下,其"翻译"就是要成为"一个立法者,给印度人制定他们自己的'法律'",其结果就是"'净化'印度文化,并代为其言"。④ 在他们的眼中,或经由他们所"构建出来的'印度人'是一副懒懒散散、逆来顺受的样子,整个民族无法品味自由的果实,都企盼被专制独裁所统治,且深深地沉溺在古老宗教的神话里。"⑤

在文化史、法律和历史领域是这样,在文学作品的翻译中也是同样,都是西方主体的一种殖民话语运作,同有形的压迫一样,是为了遏制和控制翻译,以形成一种与他们一样的统识性文化。爱德华·菲茨杰拉德是曾翻译过《鲁拜集》的翻译家,他在1851年评论他译波斯人诗歌时的感觉:"对我来说,愿意怎样对待这些波斯人,就怎样对待他们,这真是一种乐趣,这些波斯人……不足以作为诗人使人们不敢去对它进行翻译,他们的确需要一些艺术去塑造自己。"⑥

---

① 爱德华·W. 萨义德,《东方学》,北京:生活·读书·新知三联书店,1999:第8页。
② 同上。
③ 许宝强、袁伟选编,《语言与翻译的政治》,北京:中央编译出版社,2001:第120页。
④ 以上三处引言均出于上书,第127页。
⑤ 同上。
⑥ Susan Bassnett, *Translation Studies*, London and New York: Routledge, 1988: p3.

就语言系统本身来说,西方话语也是以主体的身份改造和归化其他语言,认为边缘文化中语言是不完整的、有缺欠的、模糊的、缺乏逻辑性的,所以始终是弱势的。塔拉尔·阿萨德曾指出:"粗略来说,由于第三世界各个社会(当然包括社会人类学家传统上研究的社会)的语言与西方语言(在当今世界,特别是英语)相比是'弱势'的,所以,它们在翻译中,比西方语言,更有可能屈从于强迫性的转型。其原因在此,首先,西方各民族在它们与第三世界的政治经济联系中,更有能力操纵后者。其次,西方语言比第三世界语言有更好的条件生产和操纵渴望占有的(desired)知识。"①

甚至可以说在殖民时期,一些边缘文化中的语言也是由西方语言归化而成的。在约翰·克拉尼奥斯卡斯名为《翻译与跨文化操作》一文中说:"据巴托默·梅利亚所说,耶稣会士们对瓜拉尼语言也实施了与政治宗教归化一样的归化行动,……这样独特的归化采取了三种形式:第一,将瓜拉尼口语译成为拼音字母文字;第二,发明一套语法(首先主要用于向欧洲人教授瓜拉尼语);第三,编撰一部双语词典,这被认为是瓜拉尼语言和文化的'宝库'。我在此仅简要地论及第一和第三种形式,因为这两种形式与翻译活动有着十分清楚的关系——第一种是在不同符号间展开的,第三种是在不同语言之间展开的,这些对殖民主义的各个进程都是至关重要的。"② 这样一来,正如作者所讲,通过词典和语法书籍的编撰,从当地一些语言和方言之中寻找一个占主导地位的语言形式,加以整理,使得瓜拉尼语的一种特有变体便成为殖民地结合体所使用的一种语言,并且在殖民主义之后的巴拉圭继续保持其存在,并以"经典"瓜拉尼语言形式而著称。

综上所述,我们不难看出两点,一是西方殖民主义的权力话语借助翻译之名改写着殖民地民族历史与文化的事实,使之成为殖民统治的一种形式。其二,这种所谓翻译从实质上来说不是我们今天所说的那种翻译,即不是用西方语言去表述非欧洲语言所讲述的事实,而是用西方所拥有的话语权构建了一个非欧洲的"事实"。正如尼南贾纳所说的:"殖民话语为了遏制而去翻译,又因为象征性宰制同有形压迫一样至关重要,便为了

---

① 许宝强、袁伟选编,《语言与翻译的政治》,北京:中央编译出版社,2001:第207页。
② 酒井直树等,《西方的幽灵与翻译的政治》,南京:江苏教育出版社,2002:第107页。

翻译而去遏制和控制。"① 如果用安东尼奥·葛兰西(Antonio Gramsci)的话来说,他们是用教育、神学、历史编纂学、哲学以及文学翻译来制造一种统识(hegemony),即市民社会的一种共识,它同国家强制性机制(如军队、警察、立法机关)一样起到巩固权力的作用。这种统识性以意识形态的形态渗透到社会实践中,从中制造出"主体"来。而其中"影响广泛的翻译活动召唤了殖民主体,把某些关于东方的描述加以合法化或权威化。这些描述继而便获得了'真诚'的地位。甚至在创造了'原'著的国家里也就是如此。"②

为了达到这样的目的和取得如此的效果,他们的"翻译"方法是"归化"。

西方殖民主义者一向认为他们的文化是主流文化,是中心话语,起着主导作用,而非欧洲话语和文化则是边缘的,是落后的,甚至是野蛮的。在所谓西方殖民话语进行回归化"翻译"的同时,他们正是在进行着"同化"工作。即把翻译活动完全看作是殖民化进程的一种手段,是一种殖民话语的跨文化操作形式。归化在汉语中是"入籍"的旧称,也就是说把野蛮民族驯化、同化为与之相同的文明民族,即按照其道德观、价值观和意识形态改造他们,使之"入西方文明之籍"。正如约翰·克拉尼奥斯卡斯在《翻译与跨文化操作》一文中描写殖民者"归化"印第安人的样子,"我们把那些印第安人的村镇都叫归化(区)。这些印第安人生活在山里,生活在山冈上、山谷中,隐匿的小溪边,三户、四户或六户人家一群,两三个,抑或更多的群落相互分散开来。他们都在传教士们的不懈努力下归化于大型群居生活,归化于政治和文明化生活,穿起了用棉花做的衣服。"③ 这就是西方殖民者竭力依照欧洲人的模式来改造"野蛮"民族的方式,是一种精神上的征服。把"归化"一词用于翻译活动最初意义并没有改变,只是后来归化一词才仅限于语言表达形式与风格的归于译入语规范的狭义内涵。

从上述内容我们不难看出,在殖民时期的所谓"翻译"实际上只能称作是一种"跨文化操作"而不是今天意义上的翻译。它是殖民话语直接表

---

① 许宝强、袁伟选编,《语言与翻译的政治》,北京:中央编译出版社,2001:第143页。
② 同上,第142页。
③ 酒井直树等,《西方的幽灵与翻译的政治》,南京:江苏教育出版社,2002:第105页。

现的结果,是对用它们的话语描述的,或者准确地说构建的"事实"的表述。今天人们所热衷的"翻译研究的文化转向"实际上是从文化的角度来解构殖民话语的文本,揭示殖民主义一手制造的"白色神话"。它只适用于纯粹的文化研究而不适合于今天的翻译研究,因为在这些殖民话语的文本底下只是西方殖民主义才有的企图和用心,并不是非欧洲文化的真实文本。那时所谓的"忠实"与"再现"也只是给人一种假象,让人们误以为在他们殖民话语的文本下真的存在一个被他们忠实再现了的真实文本。

5.2.2 后殖民主义语境下的翻译研究

人类社会进入20世纪中叶以后,原来的殖民地国家民族运动的高潮结束了宗主国的殖民者地位,从而进入了后殖民时期。民族意识的觉醒也使原殖民地人民认识到自己身处被发现和被表述的客体地位。但是这种客体地位并不是轻易改变的,因为长期以来的殖民统治已经造成了被殖民者的失语症,更为主要的是,在殖民时期结束之前,殖民者早已为不在场的殖民主义和间接统治作了充分准备。正如美国后殖民主义批评学者特贾斯维莉·尼南贾纳在另一篇文章《表述文本和文化:翻译研究和人类学》中所指出的:"由于第二次世界大战的突然爆发,英国人文学的翻译事业在国家资助下变成了职业化,突然有了保证殖民主题与战时募款相合作的需要;而且由于民族主义的斗争力量的强大,殖民地政府准备放弃直接统治,并为不在场的殖民构成条件。在制定殖民地的政策方面,行政官员和人类学家的合作比以前任何时刻都多,马利诺斯基描写了行政官员寻求本地人利益的职业化的和含蓄的职责,而当地人没有也不可能分享决定他们自己命运的权力。"[①] 在这项工作中,"人类学家则利用他们的翻译帮助了两个大陆上(印度和非洲)的行政官员。"[②]

也就是说,在宗主国的地位丧失以后,殖民主义仍以一种间接方式操控殖民地的意识形态、价值观念、文化生活,这就构成了后殖民阶段文化批评(包括翻译批评)的一个主要内容。今天,权力话语概念仍然具有效

---

① 张京媛主编,《后殖民理论与文化批评》,北京:北京大学出版社,1999:第302页。
② 同上,第303页。

应。西方以其经济军事以及科技方面的优势继续控制着话语权,正如福柯所揭示的权力话语的关系中隐含着战争的性质。它体现为以一种隐性的手段教化与归化边缘文化,使之去异质而与中心文化保持一致性。

而这种新形式的归化行为是从两个大方面进行的,一是随着经济发展的互相依赖性增强,在强调经济全球一体化的同时推进文化的全球化进程;二是把变了形的殖民话语以隐蔽的方式推广到文学、文化等其他领域中,使后殖民主义渗透到跨学科领域,从而影响整个学术界。

全球化是当前世界性的话题。它产生的主要原因有两个,一是世界经济发展的原因,另一个是信息技术发展的原因。

经济的全球化是指在当今经济发展阶段,各国之间的互相依赖性增强,金融贸易国际化,跨国公司与世界性经济合作或贸易协定把原来民族—国家的界限打破,形成了一种"以世界为工厂,以各国为车间"的新的生产方式,也是世界财富、资源重新分配和组合的过程。这使得拥有雄厚资金和先进技术的西方国家,尤其是美国,占有着绝对的优势,他们通过世界性经济贸易的契约迫使谋求发展的第三世界国家不得不放弃原来的经济政策,与之接轨,从而首先从经济体现上改变他的立场,进而在政治与意识形态上同化他们,如以契约或公约的形式为保障向他们输入其文化产品,这样不仅要改变他们工业生产的组织形式和经营方式,同时还要改变他们的文化生活方式,在经济全球化的基础上带动文化的全球一体化。所谓全球化实际上是西方努力推行的西方中心化,或美国中心化。关于这一点,正如沃尔特·D.米尼奥罗在《全球化进程、文明进程及语言文化之再定位》一文中一针见血地指出的:"全球化进程前三个阶段分别打着基督化(西班牙帝国)、文明使命(大不列颠帝国及法国殖民)、发展现代化(美国帝国主义)的旗号,而它们的战略宗旨……是对人类同时代性的否定。……全球化的最后一阶段(跨国公司及技术全球化阶段)为空间思维而不是时间思维创造了条件。……经济全球化为否定'对人类同时代性的否定'这一知识上的任务提供了条件。"[1] 而且西方也一直把全球化进程视作为文明进程。即,使野蛮人学会文明,东方人被西方化,不发达国家被现代化,最后形成以西方文化为核心的全球化文化。

与此同时,在整个人文领域,尤其是文学、影视等文化领域中,西方文

---

[1] 弗雷德里克·杰姆逊、三好将夫编,《全球化的文化》,南京:南京大学出版社,2002:第37—38页。

化霸权的思想仍然占据主导位置,一切以西方文化作为衡量标准,一切是为西方中心主义服务的,是殖民主义文学的一种继续。殖民主义文学充满欧洲文化至上和帝国有理的观念,充满"咄咄逼人的自信和蛮横地排斥本土文化",那些本土文化总量被描写为帝国文化的陪衬,从而显示出其民族优越和理论的强势。久而久之他们就建立了一套证明自身合法性的形式,并使之成为一种惯性和意识。致使在殖民主义结束以后,本土知识分子和作家仍处在这种阴影之下,因为这些人也大都是接受了殖民时期的帝国教育,而这种教育也是来自欧洲模式,所以欧洲主宰地位和西方文化权威大体上不受质疑,他们的地位仍不稳固,不可能以平等的姿态与宗主国的文学艺术进行对话。他们仍面对歧视,作为艺术家的自我表达还要受到限制。甚至在语言的使用上也受到限制,要么用英语或其他主要欧洲语言创作,要么用民族语言创作而不被西方社会所接纳。

第二方面是信息技术的发展把世界带入了后工业时代,即进入信息时代。这种新型通信技术和网络的发展已改变了世界的生活方式,在此之前,我们生活在一个以地域为界限的空间,我们的种种经验由那些在场的事物提供塑造,我们的知识由书籍带来,但这种新型技术为我们提供了一个虚拟空间,不在场的事物为我们提供了各种经验,从而把地域、国别界限打破,国际之交流与合作接触不一定在物理空间进行,大洋彼岸的信息可以几乎同时在瞬间得到。由于这种技术来自西方发达国家,所以欠发达国家仍会被置于被支配的地位,要赶上这一时代的发展不得不再一次走上与西方接轨的道路,这样民族性的东西又一次被排斥到边缘。

正因为上述种种情况都集中地反映了一个问题,所以翻译理论界的一些学者试图从文化的角度进行后殖民批评,认为这是翻译理论研究的中心课题。自 20 世纪 90 年代中期以后以此为题的论述不少。后殖民批评的主要策略是以解构主义为理论指导,拆解西方文化中心和解构宏大叙事结构,倡导多元文化和多维视角的翻译研究,从语言研究走向文化研究,提出翻译研究的文化转向。所以翻译的目的论、操控学派、文化论派、阐释学派等多种理论学派等众声喧哗的局面应运而生。西方翻译研究学派(translation studies school)正是对后殖民时期西方霸权话语的抵抗。在我们国内这一时期的研究也集中在这些论题上,作为对西方译界的回应。

这种多元新视角的研究打破了原来只关注语言规则、对等规律的单一视角,拓宽了翻译研究的领域,打开了一种新的局面,使翻译深层次的内涵得以展现,其意义是不容忽视的。

但是这种研究翻译的方式也容易使翻译本身解体,宣告真正翻译本体研究的终结。因为从这一时期国内外的一些翻译学专著和论文来看,越来越缺乏实践指向,逐渐走向文化、政治、意识形态的研究,使得翻译研究失去了对翻译活动本体的关注,失去了对语言问题的关注,而把语言外部的诸因素当成了研究重点。

产生这一问题的原因很多。下面简要分析一下。

首先,我们认为一些翻译研究者没有把文学创作与翻译活动严格区分开。他们把文学创作活动与翻译活动混为一谈了。文学活动和文艺创作是一种艺术活动,但更是一种意识形态活动,文学作品可以通过虚构的手法,按照作者的意愿构建一个他理想的人物或环境,尽管弗洛伊德和荣格都强调过无意识是艺术创作的原动力(其中弗洛伊德强调个体无意识,荣格强调集体无意识),但是一旦进入实际创作过程,这种创作心理的原动力必须上升,并进入意识范畴,形成一种创作目的相对明确的动机。可以说殖民主义时期的大部分文学作品都直接或间接地参与了殖民运动。这一点正如英国文学评论家艾勒克·博埃默在《殖民与后殖民文学》一书中指出的:"这些宗主国的文学,如狄更斯的小说,或特罗洛普的游记等,即使它们没有直接涉及殖民问题,但在形成并强化不列颠是主宰世界的强国这一观念方面,它们是参与其中的,在让帝国主义变成一种看似合乎事理的认识方面,这些作家是起到了这样或那样的作用的。"[1]

在后殖民时期,民族主义作家努力抵抗殖民话语的力量(尽管仍不免受到它的制约),力图摆脱边缘地位,用民族话语进行自我表达,他们的写作同样有着明确的目的性。所以无论宗主国作家也好,殖民地的作家也好,"他们的作品都不可避免地具有一种文化上和政治上的确定性"[2]。

从这里,我们可以看出文学创作与社会文化、意识形态、政治等因素有着十分直接而密切(密不可分)的关系,而作者的创作动机又是隐含其中的。所以说文学是社会的产物,是社会的一面镜子,它虽虚幻但又是以真实作为基础的。但翻译与创作有什么不同呢? 首先一点是,经由作者的创造,文本已成了一个自为存在之物,它已脱离了创作当时的社会背

---

[1] 艾勒克·博埃默,《殖民与后殖民文学》,沈阳:辽宁教育出版社,1998:第3页。
[2] 同上,第163页。

景,超越了时空,已相对地独立于它了。译者所面对的不是一个能产性的社会,而是作为自为存在物的文本,所以这时语言构成物的文本是译者所要面对的,因此,语言问题更先于文化、政治、意识形态等因素,因为翻译者正是通过语言中介回溯历史,而不是如作者那样受历史当下性的驱使而创作文本,所以解构主义翻译研究在强调文化、政治、意识形态等因素时忽视语言问题,正是犯了这样一个错误:把翻译误当作写作。

第二方面,是解构主义翻译研究者把语言的客观意义与主观意义混为一谈,或者说过分强调了主观评价性意义而排斥了客观的所指性意义。我们知道,一个语言符号有能指与所指两个方面。结构主义语言学认为它们之间就可以构成意义。但解构主义批评了这一观点,把言说主体的主体性增添了进去,认为这才构成意义,即一个语言符号的意义是由所指所代表的客观意义和言说者主体的主观评价性意义共同构成,后者也可以是文化意义,是在一个文化中人们价值观的反映。这一点是非常有意义的,但解构主义翻译理论家过分地强调了语言中的主观评价性意义,而排斥了客观性意义,因而导致了语言的不可译性。例如"中国"一词译成英语就是 China,这是毫无问题的,因为它是世界版图上明确标记着的、事实上也存在的一个国家。但至于我们中国人如何以它为自豪,而西方怎样仇视它,或反对它,那是另外一回事。如果我们只强调主观评价方面的意义必然会认为语言之无法翻译。

解构主义翻译理论家在讨论翻译时,过分强调文化、意识形态在翻译中的作用,使翻译研究远离翻译本体,这必然会导致翻译研究的终结,而被文化、政治、意识形态研究所取替,使翻译活动完全变成它们的附庸。这正是文化批评所谓的文化研究的"翻译转向"。

第三方面是权力与话语的关系问题。

解构主义者从福柯那里接过权力话语的武器打破了语言结构的自足性和封闭性的论点。但是又把这两者密不可分地结合在一起,没有辩证地对它们进行分析,真正找到这两者的关系。在这一方面法国社会学家布迪厄做出了精辟的分析,他指出"语言的权威来自外部"[①]。这种权力并不处在作为表现形式的符号系统中,而是处于一种确定的关系中并被这种关系所确定。"这种关系创造了人们对言辞的合法性以及说出这些言

[①] 皮埃尔·布迪厄,《实践与反思》,北京:中央编译出版社,1998:第 195—196 页。

辞的人的合法性的信念,而且,它正常运作的条件就是那些承受这种权力的人要认可那些施展权力的人。(随着构成宗教的社会关系世界的土崩瓦解,宗教语言的效力往往也急剧下降,在这一过程中,上述论述的要点清晰可见。)"① 所以对权力话语的解读,布迪厄采取双重解读的策略,而这种解读又以双重拒绝为基础,他以对海德格尔的哲学著作解读为例。他认为如果对他的作品进行分析,"一方面,它要拒绝接受哲学文本对绝对自主性的声称,及与此相关的对其外在关联的否认;另一方面,它也拒绝将哲学文本直接化约为生产和流通这一文本的最一般性环境。"② 他之所以举海德格尔的例子是因为海氏是著名哲学家,而另一方面,海氏在二战期间又是一个纳粹党徒。那么,如何从权力话语、语言与意识形态或政治立场这两方面去解读海德格尔呢?布迪厄认为必须要"避免两种互为表里、彼此开脱的错误:一种错误在于将这些产物视为自足的实体,而另一种错误则是把它们直接化约为各种最一般的社会和经济条件"③。所以在解读海氏哲学著作时应注意到他的哲学是受到哲学生产场域的特定监督约束的。这一场域有着自身的规律性和特定逻辑,从哲学的角度来说,它是一个公开宣称的体系。这是问题的一个方面,他的纳粹思想则是一种暗自压抑的体系,是问题的另一面,它与前者远非一种直接关系,必须通过哲学升华的方式才能体现那些决定了他追随纳粹的行为的政治原则和伦理原则。因此对他的作品的解读是作为哲学文本解读和作为政治解读既有分别,又是不可分离的两个方面。文学作品的解读也是同样。结构主义语言学的翻译理论是把一部作品看成是自足的实体,仅关注其内在理论逻辑;而解构主义翻译理论强调外在因素,努力去破除迷信崇拜的结构主义解释上面,没有注意到话语与权力这两者既有不可分离性又是不同的两个概念体系这一事实。所以,在他们的翻译研究中语言因素完全被忽视了,甚至排除了,剩下的只是文化与政治和意识形态的因素了。

从上述三个方面的分析可以看出,目前在文化转向之后的翻译研究中存在一种只重外部因素而忽视内部理论逻辑的倾向,我们认为这样的结果会导致翻译研究的终结,而以文化研究、政治研究、意识形态研究取而代之,使语言消弭在外部因素之中。

---

① 皮埃尔·布迪厄,《实践与反思》,北京:中央编译出版社,1998:第195—196页。
② 同上,第200页。
③ 同上,第201页。

5.2.3 系统对生活世界的殖民化对翻译活动的影响

哈贝马斯认为社会上交往的合法化危机主要源于系统(system)对生活世界(life-world)的殖民化。在哈贝马斯看来,生活世界是由文化(culture)、社会(society)以及个人(personality)这三个部分组成的。任何交往活动都与这三者相关。从文化层面来说,生活世界是文化资料的储存库,是人们在一个共同体(社会)中共享和共有的,它是使人从自然人变成社会人的途径,即人通过文化的濡化(enculturation)而变成为社会化的人,而文化资料就是其媒介,在沟通的过程中文化得以传递和复制。但是与此同时,当一个个体的人在受到文化濡化的同时也会受到这一文化长期形成的行为模式的制序(institution)的制序化(institutionalized)。这种制约人们行为和思想的文化制序就是从文化中分离出来的系统,它在一定程度上规范和规定着人们的文化行为、观念,以及价值判断和一切关于其有文化意义事物的选择,从而使人不能完全自决,要受社会制序的约束与制约。其积极性在于社会形成有序的运动,但另一方面也有限制人合理的自由问题。

从社会角度来看,交往与沟通不仅仅是调节不同意见的社会行为,也是社会整合的重要方式和促进社会进步的媒介与桥梁。社会与文化层面密切相连:一方面文化制序形成后就成为社会的规范,这些规范又成了调节人们行为的准则和判断是非的标准;同时,文化之间的传播又会促进文化观念的改变和变迁,从而推动文化制序的变化,这样也就会使社会发展和进步。人们说文化是社会制序的镜像,正是这个道理。

同时,作为生活世界一部分的社会也同样是人们生活得以组织和协调的机制,没有它人类将混乱无序,生产活动也无法进行,那么人们也将无法生存,因此它是人类生存的一种保障机制,没有它,沟通与交往也会面临危机。但从另一方面来讲,社会也会制约和压抑人类的自由交往,造成交往的合法化危机。这在任何社会中都存在。因为社会是一个组织严密的科层制体系,拥有很大的权力,它可以根据自身的利益而提倡一些东西,也可以压抑或反对某些东西,它可以采用法律的手段来制止某些行为,包括交往行为,抵制某些文化的播化等等。例如,中华人民共和国成立以后,出于当时国情的需要,我们翻译的西方作品多局限于揭露西方腐朽、没落的内容或反映下层人民生活的内容,以证实"世界上有三分之二的人仍处于水深火热之中"的说法,从而反衬我们制度的优越,所以所选择作家主要有马克·吐温、德莱赛、杰克·伦敦等人。这种翻译典律的制定者就是社会层面的有关机构。那么俄苏文学的译介情况又如何呢? 自"五四"以来,以鲁迅为代表的一些革命作家和翻译家翻译了大量的俄苏文学,1949年以后,苏联的文学作品翻译更是翻译的主流(并不是从数量上来看),似乎我们已译介得很全面了,但是赵稀方同志的《翻译与新时期话语实践》一书指出,为了"本土利益"的需要,我们所译介的俄苏文学都是作为意识形态材料而进行的,而非文学作品的译介。因为有一大批文学性很强的著名作家的作品,在国内一直是闻所未闻的,甚至这些作家的名字也十分陌生。他列举了一长串名字,如梅日列科夫斯基、勃留索夫、吉皮乌斯、茨维塔耶娃、别雷、皮里尼亚克、曼德尔什塔姆、布尔加科夫、明斯基、索洛古勃、洛扎诺夫,等等。这种权力的制约遮蔽了苏联文学的发展状况的全貌,造成不对称的交往。① 这正是社会系统对生活世界的殖民化的结果。在这里,从社会中分离出来的系统就是社会的种种制度和组织,它们影响着人们的生活。它们控制了生活世界,哈贝马斯把这种情况称为系统对"生活世界的殖民化"(coloniation of the life-world)。

个人(或译为"人格"),就是指生活在任何一个社会中并构成这一社会的人,它是组成社会的单子,它是一种"理性的存在"。在西方哲学中"个人主义"就是指这样的个体的人。当然,当个人主义这一术语从西方"旅行"到中国时,已完全改变了原来的样子,已成为"自私自利""损人利己"等贬义词,但在西方哲学中,它却有完全相反的概念内涵,如让·雅克·卢梭说:"人是最高贵的存在物,根本不能作为别人的工具。"② 按康德的话说是"每个人都作为目的的本身而存在,他完全不是作为手段而任由这样或那样的意志随意使用。他的一切行为,不论对于自己还是对其他理性的存在,都必须始终把他同时当作目的",所以"理性的存在叫做人"③。作为人,有着一些必要的原则,它的第一条原则就是人格的尊严,

---

① 参见赵稀方,《翻译与新时期话语实践》,北京:中国社会科学出版社,2003。
② 皮埃尔·布迪厄,《实践与反思》,北京:中央编译出版社,1998:第46页。
③ 转引自史蒂文·卢克斯,《个人主义》,南京:江苏人民出版社,2001:第47页。

"单个的人具有至高无上的内在价值或尊严"①;第二条原则就是自主,"个人的思想和行为属于自己,并不受制于他所不能控制的力量或原因"②。自主是自由主义的一个核心概念,当然"自主自由"一词在中国已经完全不同于西方哲学术语的原义了。在西方,"自主自由"是一种基本的政治概念,一种哲学和社会运动,也是一种社会体制构建和政策取向,它还是一种宽容异己、兼容并包的生活方式。它把自由当作政府的基本方法和政策、社会的组织原则以及个人与社区的生活方式③。

而文化制序与社会系统对于生活世界的殖民化实际上就是压抑个人的自由,使他不得不放弃自决原则,他的判断与选择都受系统的制约与压制。

在西方哲学与社会学中个人主义与自由主义是紧紧缠结在一起的。我们只要看一下几位西方哲学家与社会学家关于自由主义的归纳就一目了然了。当代著名政治哲学家约翰·罗尔斯总结了自由主义的几项原则,可以说每一条都与个人主义相关。

1. 自决原则:个人的生活只有在他们是自我决定的即自由选择的意义上才是有价值的;

2. 最大限度的平等自由:国家应当保障每个人与他人的同等自由相容的最大的个人自由;

3. 多元主义:由于个人确实选择自己的生活方式,他们有可能做出不同的选择,简言之,存在善的观念的多样性;

4. 中立性:从前三项原则可以推出,国家应当在各种生活方式与善的观念之间保持中立,反对至善主义;

5. 善的原则:应当公平分配资源,以使所有人都有追求其自身善的观念的公平机会;

6. 正当对善的优先性:正义(正当)原则约束个人对其自身善的观念的追求。

而另一位哲学家戴维·斯皮兹则从自由主义者的角度归纳了十条准则,他认为作为自由主义者应当做到:

---

① 转引自史蒂文·卢克斯,《个人主义》,南京:江苏人民出版社,2001:第43页。
② 同上。
③ 顾肃,《自由主义基本理念》,北京:中央编译出版社,2003:第3页。

1. 尊崇自由甚于其他价值,即使是平等及正义也不例外;
2. 尊重"人"而不是尊重"财产";但是不要忽视财产在促进人类福祉方面的积极作用;
3. 勿信任权力,即使权力出自多数亦然;
4. 不要相信权威;
5. 要宽容;
6. 坚信民主政治;
7. 尊重真理与理性;
8. 承认社会必然会发生变迁的事实;
9. 勿耻于妥协;
10. 最主要的是保持批判精神。[①]

由此可见,要解决系统对生活世界殖民化问题,主要是要提倡自由主义原则,使得人们在包括翻译活动在内的各项活动中有充分的自决权,在译界就是不让翻译活动成为系统的工具,即不成为系统对生活世界殖民化的工具,而让翻译真正成为沟通世界各国的桥梁。应该指出,我国的改革开放后,系统对生活世界殖民化的程度已大大减轻了,原来的一些禁区、禁限已拆除了,各类思潮涌入,各类作家的作品已不设禁地译介,这样才能增强文化的播化,从而促进文化制序的变迁,推动社会的进步与发展。

5.2.4 自我中心主义与文化霸权主义

人类习惯上总是以自我作为判断的标准,因为一个人不能离开他和事物的认识关系来认识事物,也不能和任何不依赖于他意识的对象发生关系。也就是说在任何认识活动中,都必须有认识主体(即人类的自我)参加,所以自我就成了一种尺度与标准。对于文化也不例外,在一个文化中成长起来的人,他的文化观念就属于这一文化,他就会以这种文化的是非观来判断事物。例如,当欧洲人进入美洲领地之后,他们会认为美洲的土著人野蛮、落后、不文明,因为他们没有先进的器物文明,没有欧洲的文学、艺术等,但土著人也可能会认为这些欧洲的入侵者野蛮、不文明,因为

---

① 顾肃,《自由主义基本理念》,北京:中央编译出版社,2003:第3—4页。

他们砍伐森林,污染河流,破坏了自然。这一点正如晚清时期中国人与西方人的关系一样,都认为自己的文化才是最先进的。

　　这实际上就是一种自我中心主义。当这种自我中心主义扩大到民族、国家和文化制式方面之后,就会产生一种民族优越感、大国沙文主义或文化霸权等思想和观念。当处理民族、国家和文化间的事务时,一方总想让对方服从于自己的观点,或以强制手段,或以和平的方法。而情况往往如此:强势一方取得话语权,占据中心地位,剥夺弱势一方,努力使之边缘化,或极力以归化的手段同化之。在人类历史上,这类例子不胜枚举。但人类历史也同时证明在各种文化的交汇碰撞中,任何强势一方都无法消灭弱势一方并取而代之,相反,只有文化之间的交往才能推动彼此互鉴,达到知识共惠和社会进步。任何企图以经济、军事等强势为后盾来消灭其他文化的霸权最终都要失败,因为文化是一个民族的生存方式的总和,只要这个民族存在,其文化是不可能消失的。但是文化之间的交往与交流又会促进文化观念的变化和文化制序的变迁,使之向更理性的方面发展。即使在若干年后,文化真正地"同一"了,它也不会就是现在的某一种文化,而是一种全新的文化,它包括了现有不同文化的优点,并有利于那时社会的发展。所以,现在的全球化的内涵只是经济活动层面的,而不是文化层面的,在文化上仍是多元性的。

　　现在的文化间的交流与交往中,仍然存在着严重的不对称现象,正如人们在文化批评中所揭示的那样。要解决这种不对称和不平等的状况,我们只能都放弃自我中心主义的文化立场,谋求平等交往的原则,本着服从"更具有说服力的观点"的原则,创造一种国际间对话的理想语境。因为人类只有携手共同努力才能更快地进步,世界的经济活动已经开始向以共同发展为目标的全球化经济迈进了。那么即使是为了自己的利益,也应努力促进文化上的交流与合作。在这一方面美国社会分析家弗朗西斯·福山在《大分裂——人类本性与社会秩序的重建》一书中所举的"斯拉格"现象就很说明问题。斯拉格(slug)产生于1973年的美国,当时为了应付石油危机,政府把从南郊进入哥伦比亚特区的95号公路那一段宣布为HOV-3(high-occupancy vehicle),即在高峰期这里只限不少于3人乘坐的小汽车通行,因为这里是最拥挤的路段之一,这样一来有一些人就必须搭乘别人的汽车进入市区,大大减少了车辆数量,减少了塞车、行速迟缓的现象,也减少汽油的消耗。而不乘别人车的人为了使自己的车被允许进入市区,也十分愿意多搭载 2 个人,否则,他一人独驾的车会被拦在市区外面。① 这个例子说明,为了自己的利益有时也必须对别人做出必要的让步,这样就可以形成一种新的社会秩序。国际间目前已在原料、生产和市场等方面紧密联结,形成一种相互依存关系,这有利于在文化上互相交流和互补互惠,而不是如殖民时期那样以武力征服或二战时期以种族灭绝的方式处理文化问题,而只能承认文化多元性的事实。在这种前提下,重要的应是如何建立文化间合理交往的制约机制的问题。那么,就有必要建立翻译的伦理学理论,先从理论上解决这一问题。当人们统一认识、取得共识后,经过国际组织的协调建立起国际间共同遵守的契约,在尊重异文化和保证自由交往的基础上进行文化交流与合作。

5.3 翻译伦理学

5.3.1 何为翻译伦理学

翻译伦理学的宗旨是建立跨文化交往活动的行为准则。它是一种以承认文化差异性并尊重异文化为基础,以平等对话为交往原则,以建立良性的文化间互动关系为目的的构想。

伦理是人际关系中的道德规范。交往活动是主体间性的,即社会性的,所以,交往伦理是人类交往行动中的道德规范,而翻译伦理学则是跨文化交往活动中的道德规范。

虽然,翻译伦理学(Translative Ethics)是在 2001 年拙著《跨越文化障碍——巴比塔的重建》中首次提出的新术语,但它并非是无中生有的凭空捏造。它是根据哈贝马斯的交往伦理学(Commnicative Ethics)或称作商谈伦理学(Discussethics)而提出来的。

交往伦理学是哈贝马斯的一个重要思想,他在《交往行动理论》第二卷中已有所涉及,而主要的论述则见后来出版的《道德意识和交往行动》(1983 年)一书中。哈贝马斯指出,交往伦理学是一种普遍化原则,它包

---

① 参见弗朗西斯·福山,《大分裂——人类本性与社会秩序的重建》,北京:中国社会科学出版社,2002。

括两个原则:"第一,规范的有效性具有认知的意义,并可以被看作类似于真理的东西;第二,关于规范和道德命令的证明只能产生于真正的对话协商,而不能产生于独白式的理论论证。"① 哈贝马斯之所以强调他的伦理学是一种认知主义性质的,是因为他不怀疑理性的意义与必要性,不主张以任何直观知识来否定理性,因为直观知识是可以带有私人性质的,任何个人对事物的观察都可能产生错觉或产生偏见,而这些错觉或偏见是很难从主观角度得到纠正的,只有在与其他主体的对话与交往当中,经过质疑、诘难、争辩和论证才能得到纠正。当主体之间就某事物通过对话、协商、商谈而达成一致性意见时,就达成了共识。当这种共识带有普遍性质时,我们可以把它当作一种真理来看待,即"类似真理的东西"。这种主体间的对话与交往、协商与商谈是一种任何有交往能力的人都要以平等的身份参加的,同时他们必须遵守被语言和生活共同体所承认和接受的准则和规范,这样才能取得共识性。这种准则和规范是道德与伦理的范畴,它们不是以科学主义的观点进行的是非判断,或真假判断,而是"得体"或"适当"与否的道德判断。

  道德规范的有效性依赖于它的普遍性,伦理问题也是如此,这一点正如哈贝马斯所说,道德规范力量存在于这个事实之中,即它们体现了普遍的利益,而且集体的统一性就在于保护这种普遍利益,对于这种道德规范的结果与利益而言,哈贝马斯认为:"所有相关的人都能够自主地接受普遍遵守规范的结果和副作用,而这种对规范的普遍遵守被预期能满足每个人的利益。"② 只有这样,道德规范才能够得到辩护。哈贝马斯认为关于道德辩护是需要所有与之相关的人们共同参与才能完成。"一个规范应该为所有与其相关的人们所接受,而且可接受的规范是能够满足每个相关者的利益的,也就是说,可辩护的规范是体现了普遍利益的规范。"③

  从哈贝马斯所提出的交往伦理学内容我们可以看出,要在不同的道德或不同的道德文化主体间进行合理的交往,应该做到下面几点。

  第一,参与对话的双方必须本着平等和公平的原则进行,因为在任何文化中,道德和伦理的概念都是以公平和平等作为基本内涵的。翻译是在不同文化之间展开的活动,而文化之间所具有的差异性会在翻译中表

---

① 转引自姚大志,《现代之后:20世纪晚期西方哲学》,上海:东方出版社,2000:第45页。
② 同上,第453页。
③ 同上。

现出来,如不能正确对待文化的差异性,就会导致交往的不平等,如文化霸权主义、文化民族中心主义等,他们会故意以自己的文化尺度去改造译出语文化并同化它们。

第二,交往理性还要求包容他者的精神。尊重文化多元的事实,在保持自己的话语权力的同时,以宽容的态度对待"异"文化,做到异中求同,通过对话达到互相理解,采长补短,彼此借鉴。不同文化反映了不同民族的价值观,在两种文化和不同价值观的碰撞和辩论中,要以宽容的精神对待对方,这样才能做到承认异文化和尊重异文化,并真心地吸取和学习异文化中有益的成分。这尤其是指强势文化或中心文化所应持有的态度,宽容是他们首先需要的精神。

第三,在交往或对话过程中必须遵循普遍语用学的有效性要求。即,道德主体必须使用可领会的语言,在认知型的断言性话语中做到陈述的真实性;在交互作用型的规制式话语中做到得体性或适当性;表达型的主体表白式话语要求真诚性。交往双方如果都保证满足这些普遍有效性要求,就是使交往活动得以顺利进行的最基本保证,所以,交往伦理学是以普遍语用学为基础的,交往中的话语要进行语用学的论证。

第四,创造"理想性语境"是交往伦理学的保证。哈贝马斯认为理想语境是由对话规则构成的。这种对话规则共有三条:

① 每一个具有言语能力和行为能力的主体都应该被允许参与对话;

② A 每一个人都被允许对任何主张提出疑问,

　B 每一个人都被允许在对话中提出任何主张,

　C 每一个人都被允许表达其态度、欲望和需要;

③ 不允许以任何内在的或外在的强迫方式阻止言说者履行其由第①条和第②条所规定的权力。[①]

从哈贝马斯的这三个对话规则来看,我们注意到这种理想语境就是一种道德的对话程序和话语准则。首先它强调了一种"平等"的精神。要求每一个道德主体都具有一种平等意识(sense of equal footing),即,每一个参与对话的人在对话过程中都享有平等的地位,否认任何权威中心,或对真理的独占,反对以任何权力强制对方接受,或剥夺对方发言权的做法。

---

① 转引自姚大志,《现代之后:20世纪晚期西方哲学》,上海:东方出版社,2000:第452页。

在跨文化的交往中，往往存在两种倾向，一种是过分自信，总以为自己的文化模式是最佳模式，而不容易易位思考，不能认真地对待异文化。另一种倾向则与之相反，即完全缺乏自信，以为自己什么都不行，什么都是别人的好，结果出让自己的话语权，把自己变成一个患失语症的人，从而失去积极思考和积极参与对话的权利。这样就不会产生对话中的见解与智慧的互动，不能产生新的视界，听任别人的视界完全占领自己的视界而失去自我判断力。

实际上，在任何一个对话参与者的积极对话过程中都包括一种自我反思和自我批判的意识。我们上面说到的两种情况（过分自信与过于不自信）都缺乏这种自我反思与批判精神。缺乏这种意识就不可能真正地建立起理想的语境，从而也无法进行真正的对话和交流。

其次，我们从这几条规则来看，宽恕与包容的道德规范不仅是一种道德人格的表现，因为它提倡开放的胸怀和积极探索真理的精神，与人坦诚合作的态度，这样才能使对话双方在不断反思与批判中使交流不断深入地进行下去，产生源源不断的新的意义。同时也是民族间交往的文化道德品格，尤其是处于强势的文化必须承认不同于自身的文化，并尊重它的存在合理性，善于容忍其异质性，而不是排斥与压抑它，这样才能建立起文化间的合理交流。

从哈贝马斯的交往伦理学的主要内容来看，它是完全可以适用于翻译研究的，同时也说明应建立起相应的翻译伦理学的这样一种观念。

5.3.2 翻译活动更需要道德与伦理规范的制约

交往伦理学是社会交往中的一种道德规范，它用来调节人与人的关系，使交往活动得以正常进行。翻译活动是跨文化的交往，为了使文化之间进行健康的交流，更需要有道德规范的制约。多元文化的共存是一个不容否认的事实，文化之间的差异性是有目共睹的，文化之间的对话是更富有哲学意义的对话。因为人是文化的存在，不同的文化造就了人的价值观和意识形态，形成了看待世界的独特视角。久而久之，就形成了他的主体自我意识，这种自我意识的形成完全是通过自身形象和自我行为观照的。如果不与其他文化相比较，总是生活在封闭的我性世界之中，这样极容易产生自我优越感，从而缺乏自我批判性，走向停滞和衰退。这一点正如卡西尔在《人论》中所指出的,"人总是倾向于把他生活的小圈子看成是世界的中心,并且把他的特殊的个人生活作为宇宙的标准。但是,人必须放弃这种虚幻的托词,放弃这种小心眼儿的,乡下佬式的思考方式和判断方式。"① 如何能克服这种偏见呢? 那就是与他者交往,通过与他者交流来影响自我评价,克服文化上的自我坚守,形成真正的自我意识。文化之间的交往,正是可以促进文化之间的相互体认,取人之长,补己之短,使文化交流成为发展自身的驱动力。

如果从人类历史的文化交往情况来看,可以说正是不同文化之间的碰撞冲突、交往与交流,才使得人类文化取得一次又一次的飞跃和发展。

但是,我们已经看到在后殖民主义时期有一段政治意识形态的对立。在冷战结束后,原来的政治意识形态方面的对抗让位给了文化意识形态之间的冲突,文化霸权主义和文化殖民现象还十分严重。一些强势文化对弱势文化的排斥或同化是普遍现象。在翻译领域中也有十分明显的趋势。一种西方中心主义强劲的势力或隐或显地影响着西方译界,而边缘文化在中心文化的强大的权力话语面前显得十分软弱,甚至患上失语症。这不仅反映在翻译的数量与质量上,还主要表现在译者对待异文化的态度上。

因此,在翻译活动这种跨文化的对话中,道德与伦理的制约就更显得重要了。要进行文化之间平等的对话和交流,就应将翻译伦理学建立起来。但是,至今仍有人认为翻译不可行,企图另辟蹊径以解决文化交流问题。

这些人认为语言是一种约定俗成的有结构的符号系统,用来表达各种事物和一定文化社群的人的经验和情感等,而语言又是文化的载体,各种文化都会给词语打上这一文化的烙印,因此它是传达信仰、价值观念的手段,甚至它与人们的思维方式也有密切的联系,常常影响一个民族的思维类型,所以有些人认为由一种语言所表达的内容是不能译成另一种语言的。因此,人们曾做过努力去寻求一种通用的、完美的语言来传达人们所了解的一切,从而消除文化间的差异性。这一点在科学领域内获得了较大的成功,如数学语言、物理语言,它们的翻译对于这方面的行家来说是不困难的,而且可以没有什么差异。但是,我们能用那些科学上的分类

---

① 恩斯特·卡西尔,《人论》,上海:上海译文出版社,1985:第20页。

语言进行日常生活的表达吗？当然不能，所以正如意大利著名思想家恩贝托·埃柯所说的那样："我们没有一种像元语言那样的通用语言。"语言之间总是负载不同文化和价值的，所以"语言学家和语言哲学家都同意一个原则，即全世界的人都赞同的仅有的几个原因之一，就是完全的同义是不存在的"[①]。那么，我们又如何看待翻译的可行性呢？埃柯说："从我们阅读译著这一意义上讲，翻译是可行的。"[②] 埃柯所提出的可行性依据是承认差别的策略，他指出："你们可以看出如果在没有同义和通用语言的情况下，运用翻译原则的唯一方法，恰恰是承认这些外来的东西及其差别极大的变化归属。一旦承认了它们，就应该将之还原本色并翻译出来。因此即使在最好的翻译中，也必须意识到在不同的语言中的两句话之间，是没有一致与统一的。确切地说只有差别。"[③] 因此，我们必须放弃建立通用语的梦想，"必须建立多种语言的思想[④]。"而且埃柯还认为："懂得彼此的语言是使宽容成为可能的因素之一。"[⑤] 他认为"差别是存在的，必须强调差别"，而且"承认和忍受差别没有丝毫坏处"[⑥]。但是应以"差别共存与相互尊重"[⑦] 为指导。这是欧洲大陆为新的千年制定的目标，我们认为这一目标也很适合于翻译研究。

还有人认为要克服文化障碍造成的交往困难可以走同经济全球化一样的道路，即，文化的全球化，这样就会消除文化差异。这种想法即使不是以西方文化来归化和同化全球文化的设想，也只是一种单纯的幻想。正如我国老一代哲学家张世英先生所分析的那样，虽然经济与文化有密切关联，因为经济也是文化的一部分，但它处于文化的边缘，而不居中心，"一个民族，一个国家的文化是中心，经济是周边；具体地讲，观念形态居于最中心的地位，生产是边缘，制度、器物、金融、科技等则是这个圆所包含的不同层次的周边。"[⑧] 我们现在所讲的经济全球化主要是指生产的全

---

① 以上两处引文引自乐黛云、李比雄主编，《跨文化对话》（四），上海：上海文化出版社，2000：第4页。
② 同上，第5页。
③ 同上，第7页。
④ 同上，第8页。
⑤ 同上，第9页。
⑥ 同上，第3页。
⑦ 同上，第1页。
⑧ 张世英，《文化多元化乃是顺应经济全球化的一种精神产物》，转引自乐黛云、李比雄主编，《跨文化对话》（二），上海：上海文化出版社，1999：第33页。

球化、金融的全球化和科技的全球化。它们处于一个圆的边缘,所以一旦这个圆与其他圆发生相互作用,其外围的东西是变化最快的,而居于中心的东西则是变化最慢的,也是相对稳定的,因为它是观念性的、深层性的,是无形的。它的转变是缓慢的、最惰性的、不易见的,所以往往是观念滞后于经济和生产的变易。

在今天经济全球化的进程中,文化的多元化仍是必然的,它是与经济全球化并行的,是顺应经济全球化的一种必须采取的文化立场。

但是,经济的全球化使得世界各国的彼此接触频繁并在发展中互相依赖,这样必然能促进文化之间的交流。文化间互相吸取有益的营养也从此丰富自身文化。在这方面翻译是起了中介桥梁作用的。

翻译若从表层来看是一种语言文字工作,这似乎是不困难的,因为不同语言之中总有表现同一事物或相同经验的词语。但若从深层来看,就不那么简单了,因为语言是文化的载体,它的深层和实质上的东西是文化的内涵,代表着言语者的主体性文化(subjective culture),是一种内在结构(internal structure)。它蕴含了主体的经验视界、个人情感、宗教信仰、价值体系、时空观念、思想意识乃至世界观、宇宙观等大问题。既然文化是不可能同化为一的,各文化都有其生存和发展的权利,那么,承认这一事实为促进它们的交流与对话就是十分重要的了。英国哲学家罗素曾在1922年的《中西文化比较》一文中说:"不同文明的接触,以往常常成为人类进步的里程碑。"[①]

但在对待不同文化的态度上也有不同的观点:一是民族文化中心主义的文化观,二是文化相对主义的文化立场,三是文化交流主义的文化立场。

第一种文化观是站在"文化自我"的立场上的,它把自己的民族文化视作唯一正确的和最先进的文化,是文明的典范,而把异质文化均视为应该被改造或被归化、同化的客体性文化。这种文化观是导致文化冲突的根源,是文化霸权的温床,也正是我们所揭示出来的殖民时期和后殖民时期西方文化所存在的问题。

第二种文化观与第一种有所不同,它站在相对主义的立场上,承认他文化存在的合理性,并尊重差异性,但并不积极倡导文化间的互相交流从

[①] 转引自乐黛云,《跨文化之桥》,北京:北京大学出版社,2002:第6页。

而走向各自封闭的立场,因此有消极性的一面。

第三种文化立场才是积极性的。它既承认各种文化的合理性,也十分尊重它的存在,同时,也对文化的差异性给予重视,并力图通过对话的途径促进文化间的彼此交流,从而达到人类的共同繁荣和进步。

所以,我们只能把这第三种文化立场作为我们的立场,并努力寻找在跨文化交往中各种文化都能接受的交往准则,并在翻译活动中建立起一种伦理规范。

从上述两个方面来看,翻译活动建立起道德规范不仅从理论上看是必要的,从多年来的翻译活动的实践方面来看,也同样是必须的。

目前,国际上各国社会科学与人文科学界所关注的一个热点问题也正是普世伦理问题。例如,1993 年来自各国 120 多个宗教组织的 6 500 名代表聚集芝加哥举行了世界宗教会议,并通过和发表《全球伦理宣言》。时隔不到两年,在 1995 年,时任德国总理勃兰特所组织的"全球政治管理委员会"召开会议并发表了《全球是邻居》的报告,其中主题是以"全球公民伦理"来应对全球不同文化差异问题。还是在 1995 年,联合国前秘书长德奎利亚尔领导的"世界文化与发展委员会"发表了《我们创造的差异》的报告,其主要精神是呼吁建立全球伦理。紧接着在 1996 年,由 30 多个国家前任政府首脑组织了"互动委员会",倡议制定"全球伦理标准",以促进民族与文化间的互动交流。1997 年 3 月联合国教科文组织在巴黎召开会议讨论"世界伦理计划"问题,并在同年 12 月在舒波里举行第二次会议。1998 年又在北京召开了区域性会议讨论同一主题。虽然到目前为止,普世伦理问题尚未形成任何最终的文字性文件,未达成协约或公约,但它已引起全世界各国各界人士的关注是一个不争的事实。

对普世伦理的理论研究到目前为止也已取得很多成果,许多新的理论不断出现,一些学派在逐渐形成。例如,自 20 世纪 70 年代以来,西方普遍主义或普适主义的理论有了较快发展,其中有布兰特和斯马特的"新功利主义"、罗尔斯的"新自由主义",还有诸如"共同体主义"以及我们本书所依据的哈贝马斯的"交往伦理学"等都是在这方面的理论探索。在我国,汤一介先生提出"和而不同"的伦理原则,以及"己所不欲,勿施于人"的底线普世伦理标准,万俊人教授应新加坡东西文化发展中心所约而撰写的专著《寻求普世伦理》已出版,还有其他学者的许多有关这一主题的著作也相继问世。

不仅在伦理界人们关心普世伦理问题,在目前国际关系学界、国际政治学界也都在关心这种普遍道德问题。虽然这些学界主要是以政治内容为主,但政治法则的根源仍是人性,例如,国际政治现实主义理论体系的创始人德国著名学者汉斯·摩根索就把人性作为国家间政治本质的一个不言而喻的前提。他认为人性法则是国际政治理论的一维之轴,国家自助是另一维之轴,在这两轴所形成的平面上有着政治行动的道德准则。因此,在国际政治领域的许多研究最终也汇集到国际间的道德准则这一方面。只是视角是不一样的,他们不是从文化角度而是从政治的角度来探讨国家与国家、民族与民族、文化与文化之间的关系问题,但最终还是殊途同归的。这说明世界人民经历了殖民主义、后殖民主义以及冷战等历史时期之后都认识到谋求一种普遍性的道德规准已是其时了。

后　记

　　历经几个寒暑,《翻译学——一个建构主义的视角》一书终于问世了。这是自20世纪90年代末以来笔者对译学的研究和思考的一个小结。2001年,也是在外教社,我们出版了一部为专业硕士研究生写的《英汉翻译教程》(2012年再版时更名为《翻译学导论》),那部书可以看作译学的机体框架,而这一部则是理论框架。机体框架应该说是相对稳定的,但理论框架则不然了。它实际体现着不同范式的嬗替和更迭。这部书正是在对以往几种范式(语文学、结构主义语言学以及解构主义范式)翻译研究的反思与批评基础上提出的新的范式——建构主义范式。前几年,解构主义多元范式的译学研究在国内外都是主流,现在已明显式微,今后译学应如何发展,这正是我们在本书中所思考的问题。但这思考与摸索的几年确实是十分艰难的。一方面是没有前人的成果可供借镜,全凭自己摸索和思考;二是作为一种新的范式的知识基础所涉及的学科众多,尤其是哲学的、认识论的、语言学的,以及真理理论和理性理论等,而这些知识又均非我们的专业范围,全要靠自己去学习,很有力不从心的感觉,但是对译学的浓厚兴趣与对它的不断深究竟使我们像受着海妖西壬歌声的引诱一般不断向前闯去。而这一经历又很像五柳先生《桃花源记》中的渔人所遇到的情形,"林尽水源,便得一山,山有小口,仿佛若有光,初极狭,才通人,复行数十步,豁然开朗。"当然,当已进入另一种境界之后的喜悦是可以想象的,可是我们又十分清楚地知道,这只是一种新的开端和一个新的视界,还有许多后续性的工作要去完成,而这又绝非几个人可以完成的,它需要众人的支持与参与。需要在此提及的是,拙作中关于对以往范式的反思与批评的内容中,有一小部分是我在《跨越文化障碍——巴比塔的重建》一书中曾论述过的,但为了本书的完整性和连贯性,仍采用了部分内容,特此说明,还望读者批评与谅解。

　　我们只是对译学这一新兴学科的建设奉献一点绵薄之力而已,是微不足道的,但是让我们不能忘记的是在这项工作中,曾大力支持过我们的朋友和同志们,以及在这几年中使我们有关建构主义翻译学的观点得以发表的是一些热情扶持新生事物的学术刊物,如《外国语》《外语与外语教学》《中国翻译》《外语学刊》以及《四川外语学院学报》,他们对我们的支持和鼓励让我们有决心写下去,并让译界的一些同志对我们所做的工作有所了解。

我们要感谢上海外语教育出版社的庄智象社长、孙玉总编,在他们的大力支持下,这本书可以在这次译学丛书中顺利出版。策划室的梁晓莉同志对这项工作周密的策划与安排,特约编辑郑敏宇同志的高度责任感都让我们感动。没有他们的辛勤与汗水以及无私的奉献,不会有今天令人满意的结果。我们由衷地表示诚挚的谢意。

老朋友杨自俭在百忙之中撰写了八千字的序言,为拙作增辉不少。杨自俭是我们的良师益友,他为人治学都堪称楷模,他在序文中所倡导的治学精神也是我们应永远记取的。

最后,我们期待的是译界同仁的批评与指正。

吕俊、侯向群
于南京龙江公寓
2005 年 4 月 20 日